『ニッポン国VS泉南石綿《いしわた》村』製作ノート

「普通の人」を撮って、おもしろい映画ができるんか？

原 一男
Kazuo HARA
＋
疾走プロダクション【編】

現代書館

『ニッポン国VS泉南石綿《いしわた》村』製作ノート

「普通の人」を撮って、おもしろい映画ができるんか?

★目次★

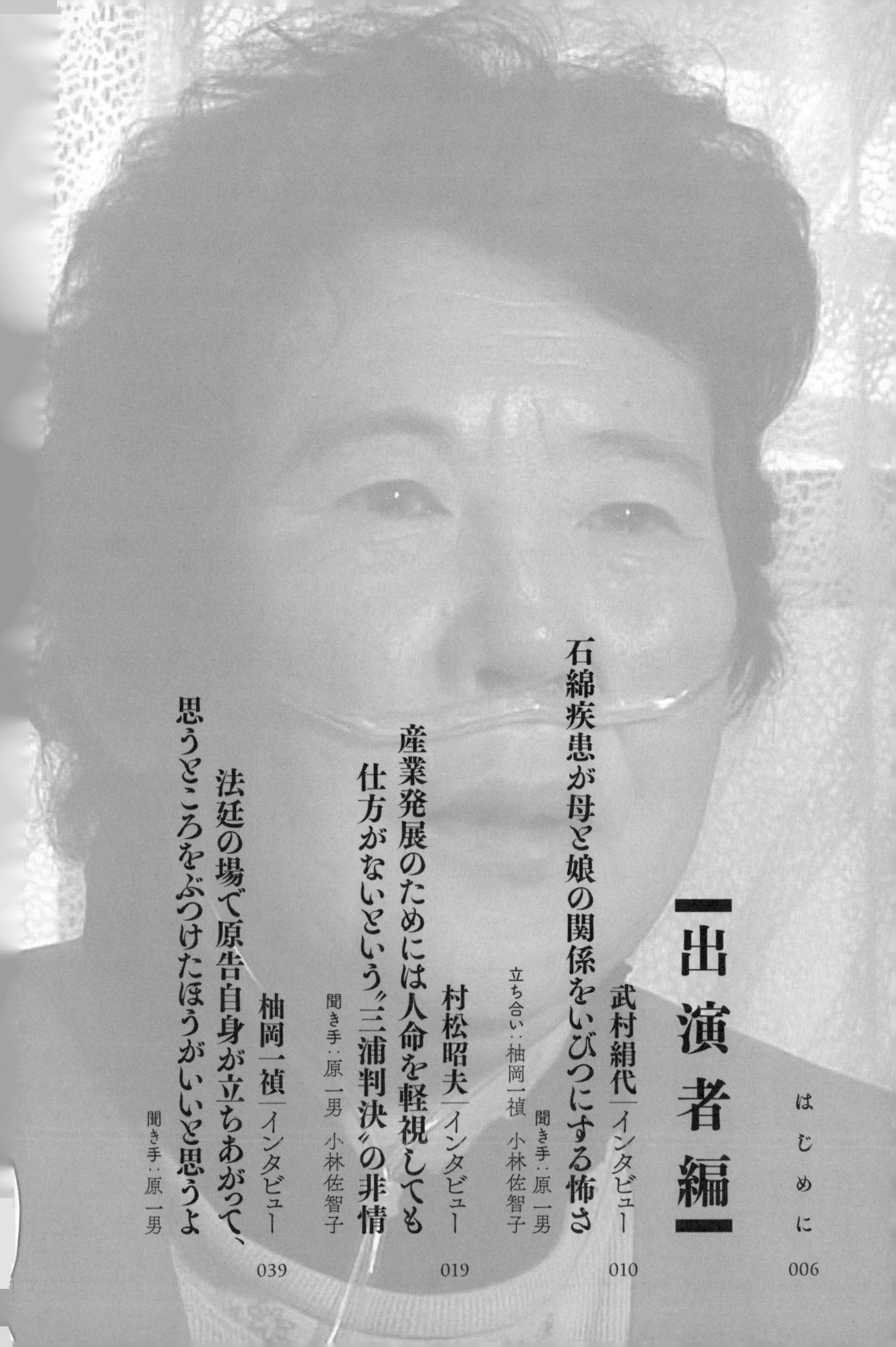

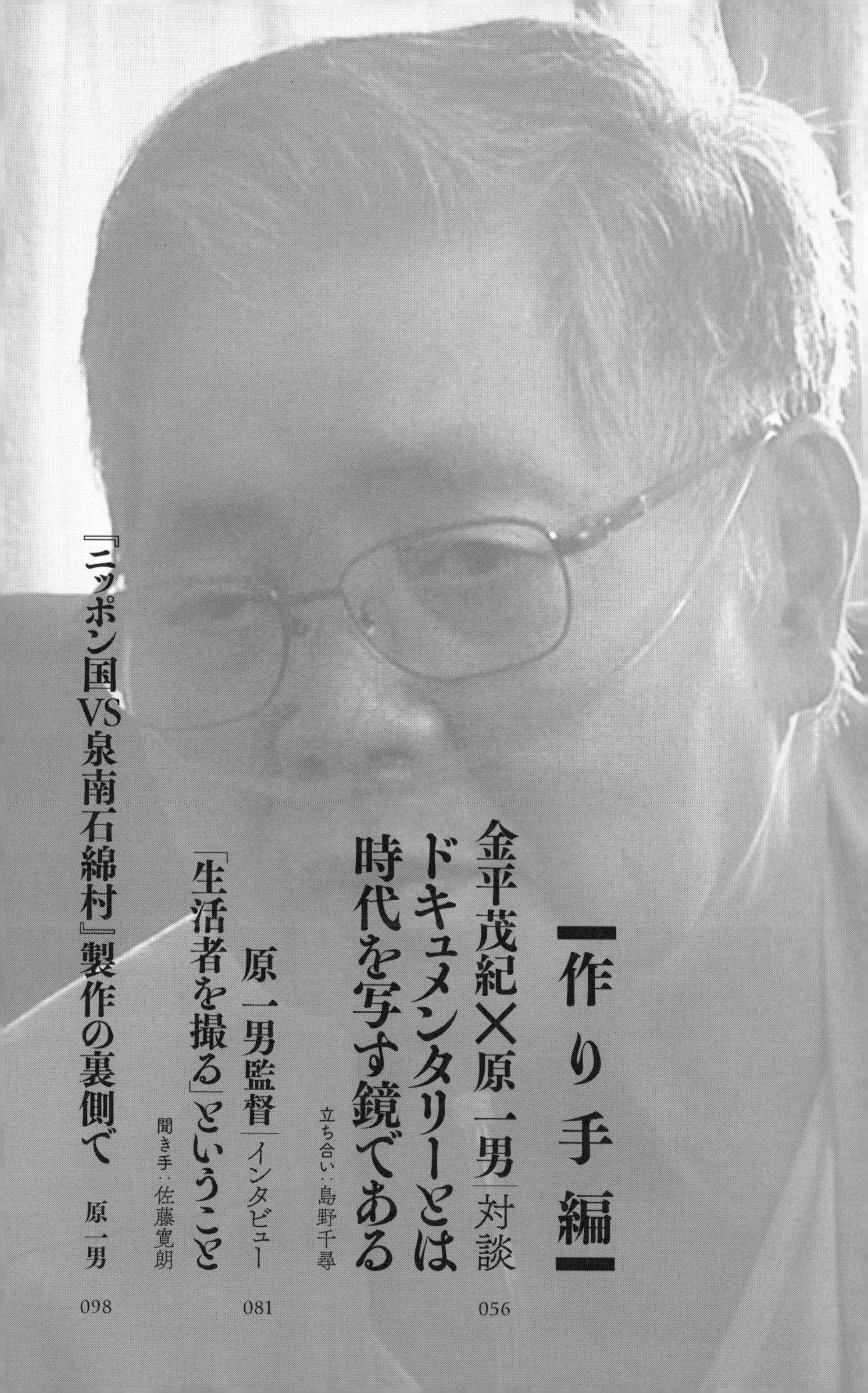

【作り手編】

資料編

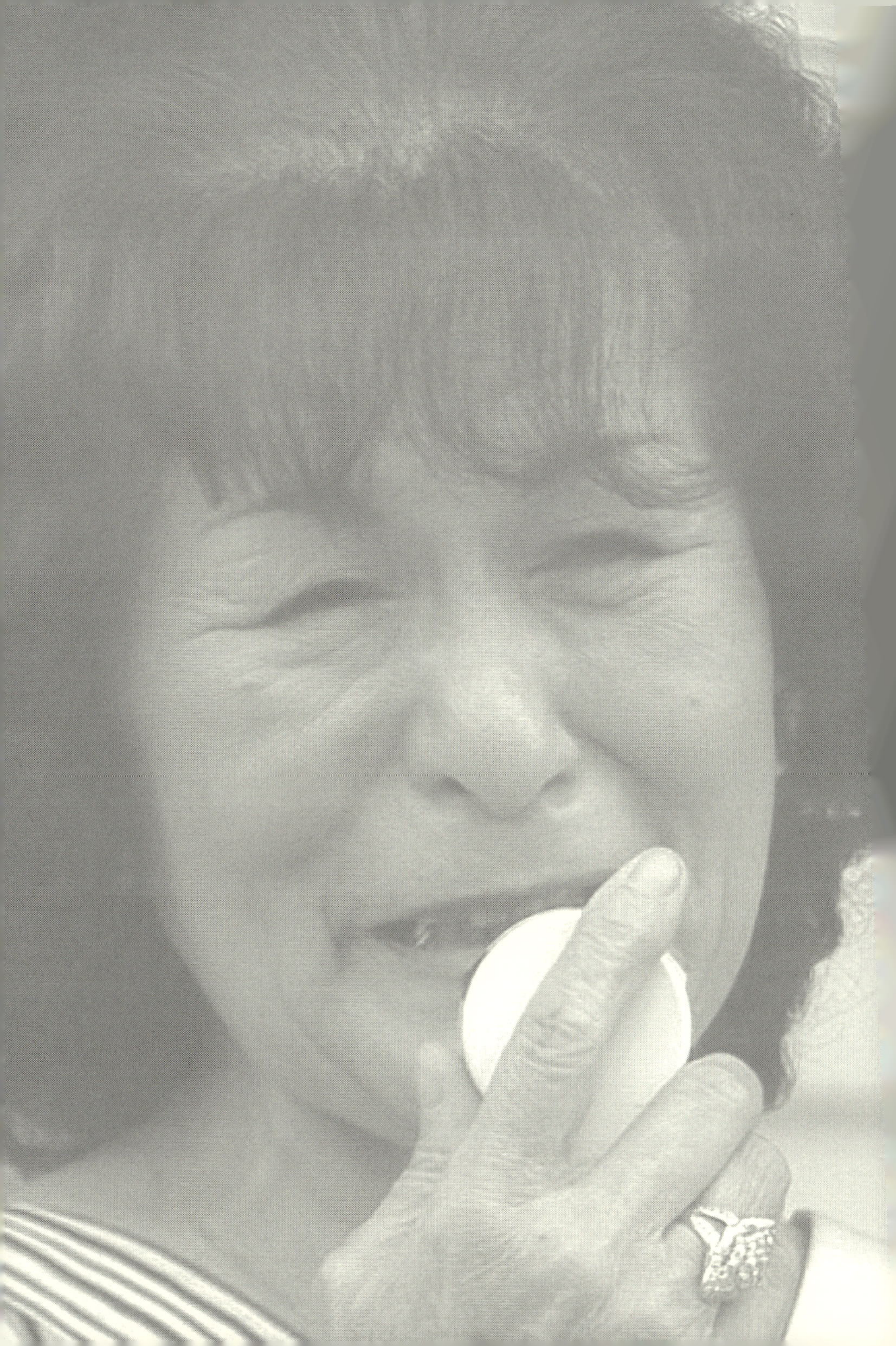

はじめに

ドキュメンタリーの製作現場で、作り手の狙いが一〇〇パーセント果たせることは、まずないだろう、と思っている。だいたい、一つの作品に込めたいテーマにしても決して一つではないのである。テーマの大小の強度は様々だが、盛り込みたいテーマは全部盛り込もうとする。現実が含む闇を明らかにしたい、という欲求があり挑んでいくのだが、たちどころに迷路に入り込む。右往左往しながら、いつ到着するか、いやそもそも到着できるかどうかの目処もなく、ひたすら、さすらう。そんな作業だから、描きたかったことのうち描けたかなと思える割合は、だいたい二割か三割かな、という実感がある。

描ききれなかった理由は様々だが、その描ききれなかった理由の中に、ドキュメンタリーという表現の本質が立ち現れてくる。つくづくドキュメンタリーって難しいなあと思う。その難しさを噛みしめながら、次回にはその難しさに向き合おうと心に期する。その課題を明らかにしておきたいために製作ノートを作るのである。

製作ノートの内容を検討しながら「待てよ、映像がダメでも、活字なら、いけるかな?」と、なお諦めきれず、あの手この手を考える。実は、本書の前半に収めた、原告の武村さん、弁護士の村松さん、市民の会の柚岡さんへのインタビューは、そんな私の問題意識があって生まれたものである。武村さんは、まだ撮影がたけなわのなか、武村さんがお母さんとの間で確執に悩んでいると小耳にはさみ、撮影を依頼しようとしたが果たせなかったもの。そのお母さんとの確執こそに、アスベストの疾患がもたらす最も残酷な一面が表れている、と思い続けてきたのだが、そのお母さんも亡くなり、裁判も一段落した今なら語ってもらえるかな、と考えた。村松さん、柚岡さんのお二人の場合も裁判が終わり、三年以上経ったからこそ、冷静に話せるのではないか、と思ったからだ。

ここで語って頂いた内容は、本音を言うと、まだ撮影中という真っ只中でこそ語って頂きたかったこと。だが果たせず、撮影が終わったからこそ語れるものである。ドキュメンタリーの難しさをしみじみ実感するしかないのだが。そんな葛藤を抱えながら作品を生み出そうとする作り手の悩みを観客に伝えたくて、製作ノートを作るのである。

だから必然的に、フォト中心の上質な紙を使って見栄えがするパンフレットという作りからは遠くなってしまう。もう完全に一冊の単行本を作る、ということになっていく。それでいいのである。我々が作る製作ノートは、ずっしり重たいテーマが詰まった読み物なのである。読みやすく、読んで楽しくなるようなライトな文章なんか必要ないのである。次回作へと課題を引き継ぐために、そしてその課題を観客に共有してもらいたくて作るのである。

若い頃、ドキュメンタリーに惹かれ、自分でも作ってみたい、と思い決め、作り始めた頃は、描きたいテーマはシンプルだった。撮り始める前には撮るべきことは確かに分かっていた。だが次に作りたいと考えたテーマは、撮る前には撮るべきことは分かっていた、とは言えないなあと感じていた。三本目になると、さらに分かっていない部分の量がドンドン増えていた。今作に至っては、何が描くべきテーマなのかさえ、よく分からないままに撮影に突入していったという実感だけが確かなものだった。テーマを探すために撮る、というふうに。

いや、愚痴とか弱気で言ってるわけではないのだ。よく分からないものにこそ立ち向かうべきである、と私自身が考えているからである。より深く、解決が難解なものに惹かれるからである。したがって製作ノートとは、そのためのガイドブックなのである。

二〇一八年一月

原　一男

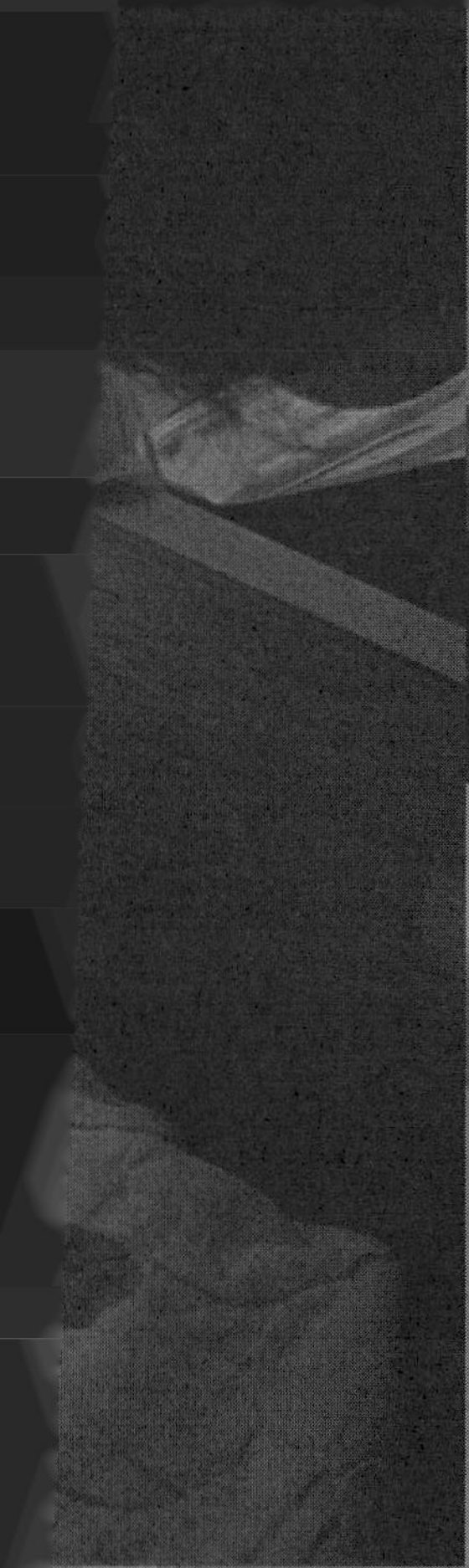

大阪泉南アスベスト国賠訴訟
第
原告団
2010年
裁判所は、
直ちに和解
国は責任を認め、
早期全面

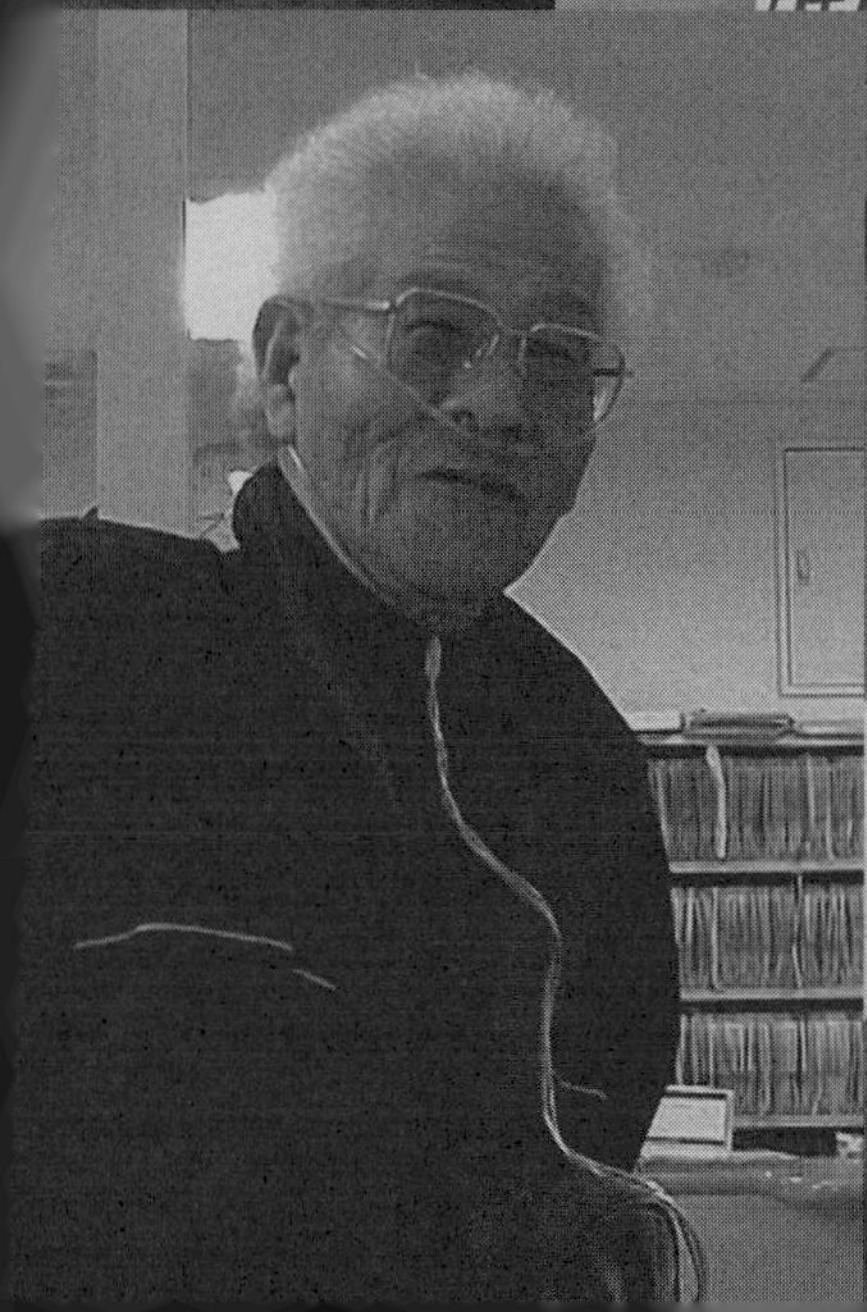

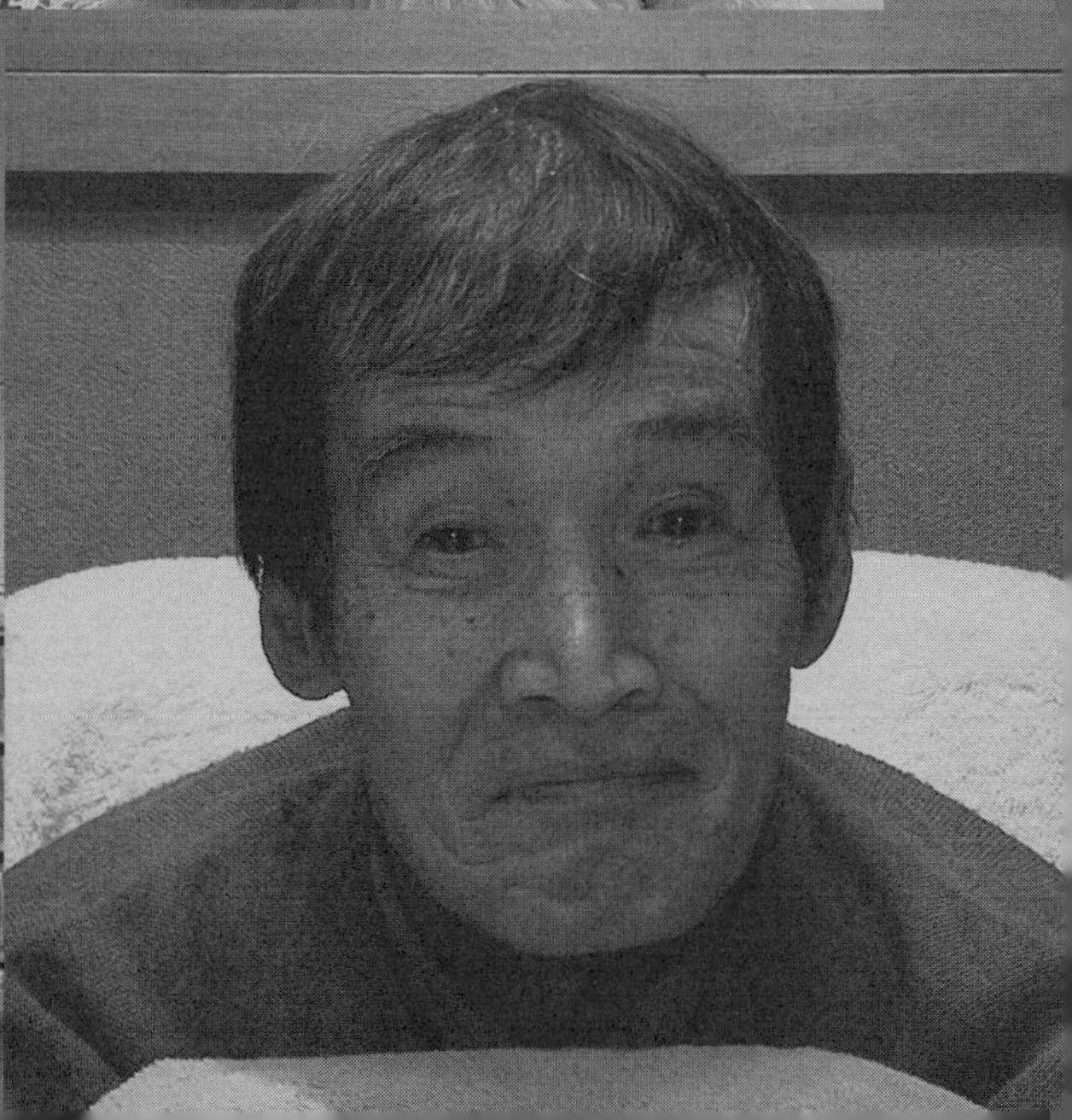

出演者編

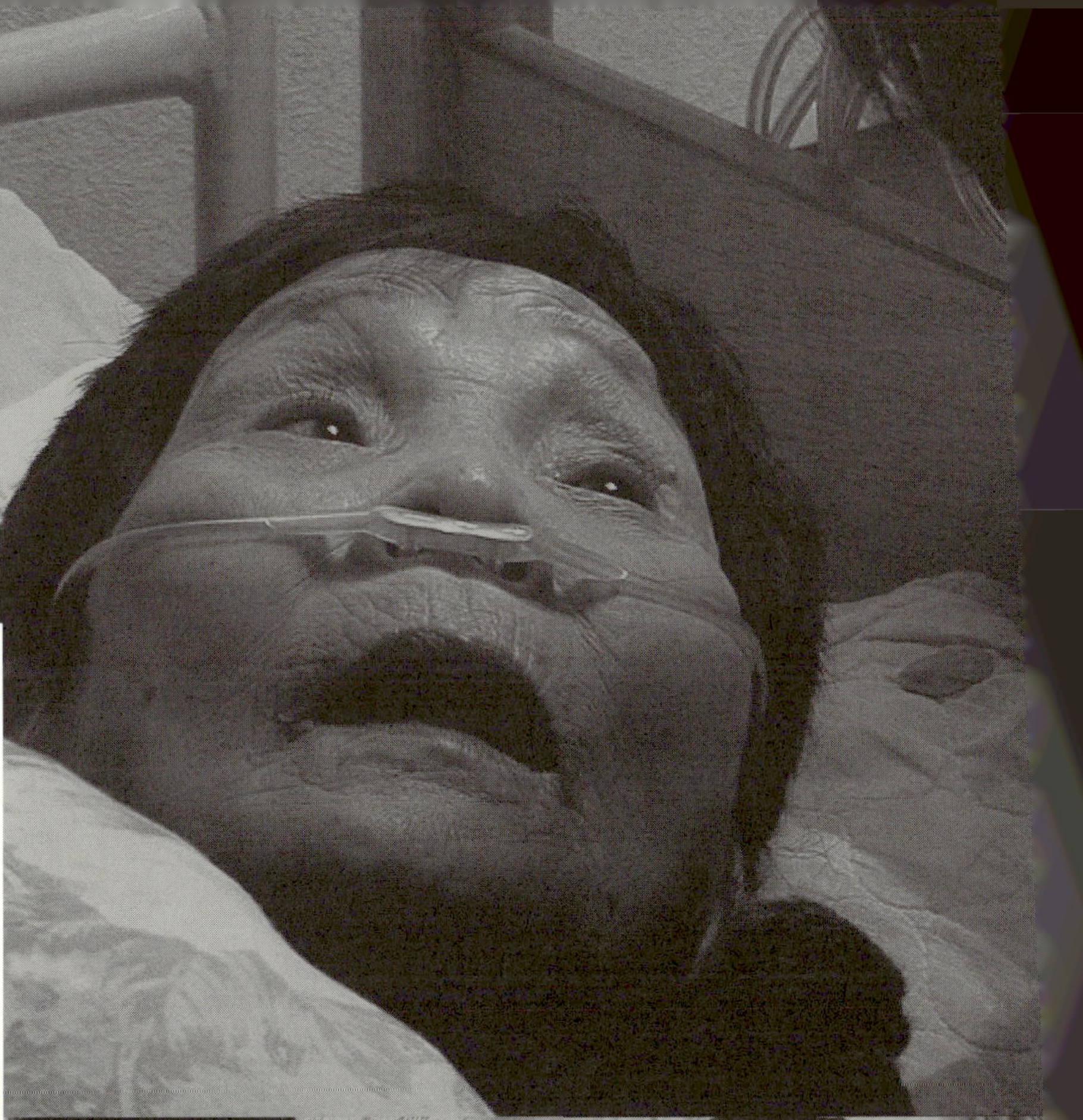

Interview

武村絹代｜インタビュー

石綿疾患が母と娘の関係をいびつにする怖さ

たけむら・きぬよ
遺族原告

聞き手
原 一男［監督］
立ち合い
柚岡一禎［泉南地域の石綿被害と市民の会代表］
小林佐智子［プロデューサー］

パーキンソン病から石綿肺と判明して

原 アスベストの病気が、武村さんとお母さんとの親娘関係の中にどんなふうに介入していくのか？ ということが、ずっと気になっていました。本当は映画の中に取り込みたかったのですが果たせませんでしたので、せめて本の中にだけでも、その問題をきちんと入れておきたいと考えました。ぜひお願いします。

アスベストによる病って本当にしんどくて、残酷な病気やなと思うんです。病気によって母と娘という関係の中に、憎悪が醸し出されていくわけじゃないですか。その辺の苛酷さを、武村さんから聞かせてもらえれば、と思っているんです。

武村 うちの母親、パーキンソン病でしたでしょう。実は石綿肺と分かる前は、パーキンソン病かどうかも分からなかったんです。病院に行ってお薬をもらってきても、どういう病気か分からないのに母もすごく葛藤があって、病院という病院に連れていけって言うんです。徳洲会に始まって、岸和田市民病院……堺のどこかの病院にも弟が連れていったみたいです。最後に「和歌山医大に連れていけ」と言って、そこでやっとパーキンソン病であることが分かって、半分納得した。それでもまだ私にはこんな病気が……というのがあって、石綿肺も分かったんです。

原　ようやく分かったわけだ。

武村　うん。だから追い打ちをかけるように苦しんでね。

まず、胸が苦しいのはパーキンソン病からきていると自分自身では思っていたんです。それが和歌山医大に連れていったときに先生が「あなたの胸が痛いのは、パーキンソン病じゃないですよ。肺の病気じゃないですか」っておっしゃって、検査をしてくださった。一応セカンドオピニオンということで阪南医療生協診療所にも行ったら、やっぱり石綿肺だった。その時点で母は「えっ？　石綿肺って私が？　何でやろ？」という感じやった。それで弁護士さんに「原田さんは石綿の工場で働いてませんでしたか？」と言われて記憶をたどっていったら、やっと「そういえば勤めていました」って。もう頭がぼーっとして考える力をなくしてしまうというか、しんどいしんどい、つらいつらい、苦しい苦しいだけの毎日だったから、昔の記憶をたどることもあんまりなかったみたいで。

原　じゃあ、アスベストの病気だと分かったときは、ショックじゃなくて、言われて「なんで？」っていうところから始まったんだ。

武村　そう。「そうです、働いていました」って。だから「先生、こんなして胸が苦しいのは、あの工場で働いていたせいなんですか？」って言うて、本人もやっと分かった。でも病気というのは言われて納得しているようでも納得はしていないんです。

原　病名って、やっぱり分からないと不安だから、知りたいと思いますよね。

武村　知りたいんですよ、うん。

原　分かったらじゃあ安心して元気になるかって、そんなわけでもないもんね。今度は病気そのものと向き合うわけだからね。

武村　そうです。向き合わないといけないから。そこから親娘の葛藤が始まるんです。

原　そこを具体的に聞きたいです。どういうふうに？

病状が進行する母親の介護に向き合うなかの葛藤

武村　母もだんだん体が弱ってきて、まず食べることができなくなった。流動食みたいに何もかも刻んでミキサーにかけたり、ホウレンソウなんかはお湯でボイルを長くして、とろっとした感じにする。そういう状態です。でも私も仕事をしていますから、朝五時ぐらいに起きて、お弁当も作らないかん、母親のお昼も作っておかなあかん、という状態で、てんてこ舞いして七時過ぎに仕事に行くんですが、そういう状態でお昼食べてな、と言って出しても、帰ってきたら「こんなん食べられへん」って言われちゃう。

原　食べられへん、というのは、そういう流動食がまずいからっていう意味？

武村　そう。母親にしたら「こんなん食べられへん」って。一つのお皿に全部入れるんですが、それが毎日続くから。「そんなん言うても、私も暇と違うねん。仕事もせなあかんし、家帰ってきたら、朝早うからお母ちゃんの御飯の用意もせなあかん、子どもの弁当も作らなあかん。休む暇もなくやってんねんで」って言って。やっぱり親子ですから、私も言いたいことをそういうふうにして言っていました。

そうしたら「あんたはよそへ行ったら、私のことをないがしろにして、邪魔者扱いしているみたいなことを言ってるやろう？」って。被害妄想で。ちょうどヘルパーさんが週に二回やったか三回やったか来てくれていたんですが、その時は私の悪口ばっかり言っていたみたいですね。「この子は何にもせえへん。私に御飯も食べさせてくれへん」って。まあ状況を見ていたら分かりますから、ヘルパーさんも「病人さんの言うことやから、右から左に流しいや」って言ってくれたんですけどね。

私、何回泣いたか分からないです。分かってはいても、なんでこんなふうに親から言われなあかんねんって。なんぼやっても、この人はこういうふうに言うんやな、私を理解してくれへんねんなって。私も発散するところがなくて、まず仕事場に行くことが発散だったんですが、仕事をしていても疲れるし、家に帰ってきたら慌てて御飯の用意をするから、自分の居場所がなくてね。

だから、車の中でよく叫びましたよ。近所に一人だけよく分かってくれる友達がおって、その子に泣きながら電話でお母ちゃんはこんなんやねん、あんなんやねんって、「聞くだけでええから聞いてくれへん？」って言って。そこでは自分が言いたいことを全部吐き出して。向こうも黙って聞いてくれて。

原　そうですか。お母さんの病気の痛みというのは、止む時はないわけ？　間断なく痛みが襲ってくるんですか？

武村　日中は私も分からない。ヘルパーさんとかが来たら、楽しくやっているらしいから。

原　楽しくできるの？

武村　うん、できるの。

原　病気を忘れられる？

武村　うん。他人さんが来たら、自分がしっかりせなあかんって思うので。最初の頃は会話もすごくしたがって。でも夜になって私が帰ってきたら、しんどいところが見えるの。ゴホンゴホンゴホン……って咳をして。

原　ヘルパーさんは他人だから、そういう苦しさを他人に見せちゃいけないって意識が働いていたの？

武村　そうみたいです。

原　それがストレスになっちゃって、だから余計に……って話でしょうか？

武村　そうです。夜の九時ぐらいになったら、いつも私に来てよって。母親は早くに御飯を食べて、私らは八時過ぎぐらいが食事だったから、食べるときは「もうお母ちゃん寝るやろう？　閉めるで」って言ってふすまを閉めるんですが、閉めた途端にバン！　って開けるの。

原　開けられるの？　体力的に？

武村　うん。寝ていても、障子の端を持ってガーン！　とできるんです。ああいう時は依怙地になって力が出るみたいで。「なんで閉めるんよ！　あんたは子どもらの中心になって、自分ひとりでこの家をまとめているみたいに調子に乗って！」と言うんです。子どもたちと会話をしていたら、私が楽しくしているみたいに見えたんでしょうね。自分が輪の中に入れないもどかしさがあって、そういうのがすごく嫌やったみたいですよ。だからいろいろ言いたかったみたい。嫌なことをね。

原　どうして欲しかったんですか？　つまり、寝るまでいて欲しかったの？

武村　うん。寝るまでずっと話を聞いたり、しゃべったり、手足をさすったり、ずっと自分だけに優しくして欲しかった、みたいな。そんなん無理ですよ！　無理！　ほんとに、もうね。

「早く死んだらいいのに」

原　そうですか。そうすると思いがすぐ言葉になって、具体的に侮蔑するような言葉になるのかしらね？　あんたは娘として、人間としてできていないとかなんとか、そういう言葉で？

武村　一時期はそういう感じでした。他人さんよりもひどかった。私に対しての扱いが。

原　肉親だから、余計にひどいんだろうって、そういうふうには想像できますけど。

武村　本当にひどかったですよ。私は母親から「この女！」って言われたの。「この女は、嘘ばっかり言う。何にも私のことをせえへん」とか、そういうことを言われましたよ。ヘルパーさんにはさっきも言ったように「私いろんな患者さん見てるけど、みんなそうよ。いろいろ言う人は言うねん」って励ましてもらえたんですが、あまりにもひどい時期があったんです。さんざん悪態をつかれて「この人は私の親なんやろうか」って思ったこともありました。そやけど、「私は絶対あんなふうにはなるまい、言いたいことも我慢しよう、言うたらおしまいや」って考えることにしたんです。私は嫁やから自分の子どものことばかり考えるけど、あの人からみたら私は娘でしょう？　その違いはありますよね。自分の娘やから、言うてもいいわって。でも私にしたって限界というものがあるし。

原　あるよね。その限界を超えるときもあったんじゃないかって思って。つまりお母さんに対する殺意が芽生えるでしょう？　そういうことは、一瞬にしてもなかった？

武村　殺意とかじゃなくて、「楽になりたいから、早く死んだらいいのに」って思いましたよ。本当にね。

原　ああ、そういうふうに思うんだ。

武村　思いますよ。本当に。だって私、おばあちゃんを見て、父親を見て、母親を見て、兄弟五人いても、みんな私ひとりで……。

原　みんな面倒見たの？

武村　うん、そうやって面倒を見てきて、人間の死というものも、おばあちゃんからずっと見てきて、父親も見てきたから、母親の最期もこんなんやろうなって。周りに言うたって、男兄弟は誰ひとりとして来えへんし、お嫁さんも来えへんし、私しかいない。だから兄弟間でも葛藤があったんです。

原　そうですか。

武村　私もしんどいねんから来てと言っても、「おまえが近くにいるんやから、おまえが見たらいいんじゃ」って。うち、父親同士が兄弟やったんです。私と兄二人が長男の子どもで、弟二人はその後の弟の子ども。だから、兄弟でもいろいろあって。私と弟は無条件にどの父親だろうが、自分らを大きくしてくれたのはこの母親やって思っていたけど、上の二人は違ったから。結局、私が見なあかんというところでうちが引き取ったんです。引き取るときももめごとがあったけど、母親に、本人が行きたいところに行かそうって言って。

原　お母さんは、武村さんのところが一番よかったんだ。

武村　そう。「私のところに行きたい」と言ってうちに来たけど、いろいろと罵声を浴びせられて。でもそういうふうに怒りが込み上げているときというのは、病気も忘れるんかして、あれだけハァハァ、ハァハァって言うてても、自分が言いたいとなったら起き上がって、杖ついて、早かったですよ。戸を開けて、あの歩かれへん人が、タッタッタッタッて来て、何を言うてんか分からへんねんけど、鬼みたいな顔をして、一時間ぐらいぶつぶつと、呪文を唱えるように文句を言ってるの。

原　一時間ぐらいそうやって娘に悪態っていうか、ぶつぶつつ言うと、気が済んで静寂になる時間もあるわけ？

武村　ありますよ。でもその時は私の子どもらが「おばあちゃんもういいやん、寝よ」って。周りがおばあちゃんをなだめるけど、私だったらだめなの。私だと怒りがおさまらない。こんなんして杖をコンコンコンやって。それぐらい気性が激しいの。

ある日突然、母親に戻った

原　ひたすら娘に向かってたんだね、エネルギーの発散がね。

武村　うん。うちの旦那には、ええとこ見せるのに。

原　そうなの？　へえ。

武村　不思議でしょう？　でも、ある日、突然、母親になったの。

原　どういうこと？

武村　私が交通事故に遭って、足を引きずりながら病院に行ったりしていましたでしょう？　やっと手術することが決まったときに、母性が芽生えたんでしょうね、その時に、母親になったの。

原　優しくなった、ということだ。

武村　そう。事故にあって、京都の病院で手術しましたでしょう。その時は母親も地元の病院に入院していたんですけど、私、手術するから、一カ月、二カ月は帰ってこれないのでよろしくお願いしますね、と頼んでいって。結局、二カ月入院したんですよ。

一カ月半ぐらい経った頃かな？　母親から「いつ帰ってこれる？」って電話が二回あって。ほんで「もうちょっとしたら退院するから、帰ったらすぐ行くな」って言って。私、松葉杖の状態で歩けなかったんやけど、とりあえず退院した次の日からリハビリと思って、なんとか運転できたから、毎日松葉杖で母親の病院に通ったんですよ。そうしたら「そんな足も悪いのに、毎日来んでいいよ」って。

原　少し救いだね、それは。それからあとは、亡くなるまで優しい状態だったの？

武村　うん。「あんたも大変やから」って。家におるときは、自分のことだけ構ってくれと言わんばかりの態度でしたけど、入院してからは、徐々に徐々に母親になっていたんですよ。

地裁判決の日に、圧迫骨折で岸和田の病院に入院して、やれやれ治った、というときに胆汁が詰まって、今度は和泉の病院に入院しました。病院を転々としながら体が弱ってきて、寝たきり状態になって結局岸和田の病院に帰ってきたんですけど、そこでちょっとリハビリをして、ベッドに座れるようになった。その時どうしますか？　家に帰りますか？　と言われたけど、私も足が悪くなって見れる状態ではないですから、探してもらった別の病院に入ったんですね。そこのヘルパーさんがすごくよくしてくれて、友達みたいにムッちゃん、ムッちゃんって。

病人さんって声をかけて欲しいんですよ。話し相手が欲しいのね。家にいたときは、昼間はひとりだけど、醤油でも卵でも貸してちょうだいって言えるようなおばちゃんが近所にいたから、昼は温かいお味噌汁を食べって言って持ってきてくれるんです。そういう人が来るときもあれば、ヘルパーさんが来て、一時間だけ楽しい会話をするときもある。家にいるときは、それが楽しかったんでしょう。

でも夜の、八時、九時、十時になると、いつも苦しがっていたから。ハアハア言うて、苦しい苦しい、息がでけへんって言って、さすったりするんだけど、それ以上はどうしてええんか分からない。私も仕事から帰ってきて疲れているし、そういう毎日ですから、もう勘弁してよって。

互いに感謝し合えた最期

原　夜は眠れるんですか、お母さんは？　痛みは？

武村　夜は私も爆睡していたから、夜にどうこうというのはあまり分からない。たぶん起きていたと思いますけど、家族もみんな寝ているんで。

原　じゃあ、お母さんが亡くなるときは？

武村　三回目でダメだったんですけど、その前に危篤が二回あって。二〇一一年の八月二十五日に亡くなりましたけど、七月の末と、八月の中頃だったと思います。

最初の時はびっくりしたんです。危篤やからすぐ来てと言われて、夜中やったかな、時間は忘れましたが弟と病院に行ったんですよ。その時はなんとか持ちこたえてるから、今日は大丈夫だと思いますよって言われて、しばらくいてから帰って、また次の日に行ったんです。そしたら生きてたんやと言わんばかりに、うっすらと目をあけて、ハアッ、ハアッて息をしながら「本当に今までいろいろお世話になりました、ありがとうな。もういつ言われへんようになるか分からんから」って。「お母ちゃん、そんなこと言わんといてよ、そんなん当たり前やん」って私も返しながら、「でもやっぱり、ありがとうやで」って。そう言ってくれたから「こちらこそ、本当にありがとうございます、もう何もようせんかったけどな」とか言って、親子で挨拶をしたんですよ。それがあったから私、本当に良かったなと思ってね。いろんなことあっても、最後は帳消しなんですよ。

原　そういう時が持てて良かったんだね。

武村　うん。お互いにね。

原　それがなきゃつらいよね。

武村　うん。やっぱり悔いが残るし、どこかで恨みつらみも残っているでしょうしね。

原　そうですか。

武村　ええ。でもよく言ってましたよ、母親は私に「天からお金をあんたに降らしたる」って。「私はあんただけにはな、天からお金を降らしたる」って言うんですよ。本当に自分の病気で、自分の体を犠牲にして、お金を降らしてくれたんですけどね。

原　そうですか……。

体が利かなくなった母の歯がゆさを一身に受けて

柚岡　モツさん、最期まで意識はしっかりしてはったんかい？　年齢からいうて、ほうけてまう人が多いから。

武村　しっかりしていましたよ。ただ、第一陣高裁の判決の日に亡くなったでしょう。だから前日の夕方に病院行ったんです。明日判決があるからなと、判決聞いたら報告しに来るからな、って言って。私が面会に行ったその時は、たまたま痰を吸引した後だったんです。

柚岡　ああ、管入れて。痰がいっぱい絡む、しんどいやつや。

武村　そう。ものすごいしんどいの。痰をガァッと取るから、しゃべれない。だから顔だけ見て帰ったらって看護婦さんも言って。ほな「明日判決があるから、また明日報告しに来るな」って言って。でも……。

柚岡　それは悔いが残るのう、あんた。

武村　目がずっと私を見ていて。今にも声が出そうな、そういう表情をしていたんですよ。なんか言いたいんやろうなって思いながら……。本人も、声が出ないししゃべれないしで、もどかしさがあったと思いますよ。後ろ髪を引かれるってああいうことやな、なんか言いたかったんやなって。やっぱり、最期は言葉にして……だからあの時は、声を聞いてないんです。

原　そうですか。大変だなあ。誰だっけ？　映画の中でもう一人いたよね。ベッドにずっと寝ている人がいて、娘さんが世話してるんですよ。「やっぱり病気のつらさを娘さんであるあなたに当たるでしょう？　親娘の憎悪ってあるんですか？」って聞いたら、即「あります」って言った人が。

小林　松本ケイ子さんですね。寝たきりで。

柚岡　ああ、ミユキさんな。娘さん、よう言うてた。俺も聞いた。

武村　本当にありますよ。そら、寝たきりでもの言わない患者さんならあれだけど、ぼけてもいなかったし、お金の計算もしっかりとできていた人だから。

柚岡　ぼけていないのは、逆にちょっとかわいそうやな。

武村　うん。ぼけてたら、まだあれだけど。ねえ。

原　なるほどね。

武村　歯がゆかったと思いますよ、達者で気性も激しいし、まだまだ私はやれるっていうような人だったから、それがみるみるうちに病人になって、体はいうことききけへんようになって。

岸和田の隣の「蛸地蔵」という駅から、一番端の「忠岡」の上まで、歩いてでも来る人だったから、達者やった。ある時、六四、五歳の頃ぐらいかな、「よくこけるんや」って言い出して、一度「忠岡」まで電車で来て、うちまで来る道中、二〇分ぐらいかかるんですが、そこでこけたんです。その時分からですね、パーキンソン病の、足がもつれてよくこけるっていう症状が出だして、あっという間に顔も変わっていったんですね、病人ってね。あれだけ自分のことときれいにしてたのにね。

「国相手やから、勝つのも大変やわ」

原　アスベストの工場で何年間働いてらっしゃったんです、お母さんは？

武村　一三年。

原　一三年間か。アスベストに対する呪いの言葉、呪詛みたいなことは、お母さん、生きているときにおっしゃってたの？　なんでこんな目に私が遭わなあかんの、みたいなことは？

武村　病気自体に対しては言っていました。なんで私だけ、こんな本当にって。そこは思ったでしょうね。

原　そうですか。それは国の、政治の無為無策のせいだということは、はっきり分かっていらっしゃった？

武村　うん。それは私がいろいろ言ってましたから、「お母ちゃんらは知らんかったやろうけど、お母ちゃんらが働くずっと前、戦争の前から国は知ってたんやて」というのを、私も旦那もよく言ってましたから。そやから、地裁で勝ったとき、ああ、よかったなって。これで、地裁で勝ったら終わりって……。

原　普通は思うよね。

武村　思っていたみたいでね。ニュースで知って、うちの旦那が「勝ったで」って言いにいったんです。ほな、「ああこれでキン（絹代さん）ちゃんも楽になって、あの子が一番喜んだやろう」って言ってくれたんですって。ところがどっこい。

原　ねえ……。

武村　「ちゃうで、まだあるんやで」って言うて。え？　これで終わりと違うん？　という感じで。本人はもう、ああ終わったって思ったみたいで。そら国相手やから、勝つのも大変やわって、それからは言ってましたけどね。

Interview

村松昭夫｜インタビュー

産業発展のためには人命を軽視しても仕方がないという〝三浦判決〟の非情

むらまつ・あきお
弁護士
「大川・村松・坂本法律事務所」所属
大阪・泉南アスベスト弁護団副団長

聞き手
原 一男［監督］
小林佐智子［プロデューサー］

最高裁判決を勝ち取って

原　最高裁判決が出て、運動が終結して二年が経ちました。今でも泉南の訴訟を思い出すことはありますか？

村松　もちろんありますよ。二〇〇五年にクボタショックが出て、その秋ぐらいから泉南にもどうも被害者がおる、ということで活動をはじめて、最高裁の判決が出るのが二〇一四年でしょう？　丸九年。その後厚労大臣が来て謝罪をするまでを含めると、ほぼ一〇年かかっていますもんね。

原　一〇年かかったですね。

村松　普通、この手の事件は、被害者団体や住民団体、あるいは原告が「この事件をやってくれませんか」ときて、弁護士はそこから取り組みますわね。でもこの事件は、クボタショック後に、泉南はもっと以前からアスベスト被害があったのに表に出ない、被害者が埋もれているんじゃないかということで、柚岡さんや元市会議員の林さんを中心に市民の会が結成され、被害者の掘り起こしを一から一緒にはじめたんです。お医者さんとも医療法律相談会をやって、そこから裁判を起こして、一陣高裁の敗訴（二〇一一年八月）で崖っぷちまで追い込まれて、そこから三連勝してやっと最高裁で勝って、最後は厚労大臣が来て決着した。大臣が来て決着、というのもおかしい話だけれども、しかし一応けじめとして現地に来て、謝罪するという。こんな経過に一から十まで弁護団が関われたケースは、なかなかないですよ。ものすごい九年間やったと思いますよ。

その九年間の中には、一陣高裁の逆転敗訴の後、夜、目が覚めたら眠れなくなったこともありますやん。原告のみなさんは、弁護士さんは一所懸命やってくれはった、と分かってくれているから言わないけども、「取り組みが足らん」と厳しい目を向けられたって不思議やないしね。現実にあの後、公害弁連だとか弁護士同士の集まりでは、厳しい意見を言われたこともありましたよ。

原　どういうふうに？　何を、どう厳しく言うんですか？

村松　一陣高裁の逆転敗訴の判決は予想できなかったのかと。言われてみれば、油断があったことは事実なんです。

原　そうなんですか？

村松　うん。だって一陣地裁判決（二〇一〇年五月）があったでしょう？　あれは岡田陽子さんと南和子さんという近隣曝露の方は負けたけれども、工場の労働者はほぼ一〇〇％勝ったわけですよ。被害額も全額国が払うべきだ、となった。そういう主張をして、裁判所がそれを全部受け入れてくれる事案ってなかなかないからね。ある面でいうと予想以上の判決だったことは間違いない。そうすると、高裁に行ってもこのまま維持されるかな、と思いながらも、まさかゼロになるとは予想もしなかった。これが一つ。もう一つは、判事たちが現地に来たやないですか。

原　うん、来ましたね。

村松　それも、工場と南さんのお父さんの農地の距離だとか、そういうのを検証するということで来た。こちらも被害を知って欲しいということで、五人の原告の本人尋問も申請した。全部採用されたし、裁判長の評判が必ずしも悪いっちゅうわけやなかった。そうするとさっき言ったように、何とかなるやろうと油断があったのは事実でね。弁護団として、これで勝てるときちんと詰めきった上で判決を構えたのかどうか。もちろん我々が構えたところで、裁判所が決めることではあるけれども、そこまで詰めた中で判決をとったのかと。やっぱりつわものがおりますやん、こういう業界には。

原　業界、弁護士の世界にはね。

村松　そう。大変な公害裁判を闘ってきた先輩がおるやん。最初の成果が大きかったゆえの反動も含めて、あそこまでの逆転判決を予想できないあんたらがおかしいと。そう思われても不思議ではないよね。だから、厳しく言われた人もおるし、そこまでは言わないけど、弁護士同士の会議に出ても、針のむしろ状態、というのが実際にありました。でも、判決が出たあとなら、何を言ったって言い訳じゃないですか。

原　そうだよね。言い訳になるもんね。

村松　実はこうでこうで、なんて事情を説明しますよ。でも指摘されたら「その通りです」としか言いようがないわけですよ。

原　ああ、なるほどね。

村松　それで（一陣高裁判決を出した）三浦裁判長は、確か八月六日が退官日。もし、あの裁判官はおかしいという話になって、訴訟指揮がおかしいとかあったら、徹底的に忌避*も構えて闘うじゃない。弁護士は、変な判決を座して待つことは絶対にしませんから。暴力沙汰も辞さん、という意味ではなくて、やるべき手段を全部尽くす、というのは、弁護団としてはやりますやん。

　今振り返ると、三浦裁判長は、結果から見ると、やっぱりあの判決を書きたかったんやと思う。八月六日に退官するということになったら、期間が本当に限られていたわけですよ。もし我々が忌避を申し立てることをしたら、審理が止まる。そうしたら、八月六日の退官日までに間に合わなくなる。だから言葉は悪いけど、できるだけこちらに隙を見せずにスムーズに審理をする。ものすごい詰めた日程の中で、現地にも行くわ、申請した原告全員の尋問も採用するわで。そうしたら、こちらも期待もすると同時に、忌避だとかは当然できませんわね。むしろ私なんて公害裁判で現地まで行こうっていう人が、まさかそんな判決を書くはずがないと、こういう期待になるわけですよ。

原　期待を持つのは普通だよね。

村松　そうまでしても、あの裁判長は、あの判決を書きたかったんだろうと。

原　そういう真意があった、と。見抜けと言われても無理だよね。

　先輩のそういう指摘を受けて、あの時こっちが考えを持っておけば見抜けたかもしれない、という可能性はあります？

村松　いやあ、それは……。

原　みんなだまされたというか……ねえ。

村松　まあね。このままでは非常に危険だということになれば、もっと前から立証の問題を含めて、違った対応になったでしょうね。我々のほうがやっぱりこれで大丈夫と、少し安心したんです。しかし、もしこれはあかんでって話になったら、もっと知恵を絞ってやったか？　何ができたか？　そう言われると分からない。分からないけれども、もしその時点に立ち返ったら、いろいろと別のことを考えたでしょうね。だから、やむを得なかった思いがあると同時に、幸いあそこ

＊忌避＝手続の公正さを失わせるおそれのある者を、
申立てに基づいて、その手続に関する職務執行から排除すること

から勝ったから良かったけれども、もし、一陣高裁の判決が最高裁でそのまま維持される、という話になったら、本当に原告へのすまなさとか、弁護士である自分自身の活動とか、取り組み方とか、本気でショックを受けたと思うんです。

原　そうですか。

村松　この裁判に対する忘れられない思いの一つは、原告の掘り起こしから、一から裁判をやって最高裁までいった。本当はその前に解決したら良かったんで一所懸命努力したけれども、最高裁まで行っちゃった。それでもなんとか、一〇〇%じゃないけれども原告たちの思いを実現できた。ここまでやれたのは私も初めてだったし、うちの弁護団はみんな初めてでした。私、アスベストの前に西淀川公害訴訟をやっていたんですよ。あれも患者会が非常に強かったりで、私も一所懸命やって、勉強になることがいっぱいあって、それが基礎になっているのだけれども、それとは違う意味で、この裁判への思い入れが僕にもあるんです。これが一つ。それからもう一つは、途中で一回負けて、どん底に落とされた。これは経験しろといってもなかなかできないし、恐らく今後もないですよね。

原　なるほどね。ついでに聞いちゃいますが、実はこんなことを聞いてみたらって言われて来たんですが、「弁護士同士もやっかみみたいなものがあるって、村松さんが言うとった」と柚岡さんがおっしゃるんです。

村松　私たちのことに対して？

原　うん、感情として。

村松　ああ。やっかみっちゅうか……何ていうのかな、今は私だけじゃなくて、うちの弁護団、すごい評価じゃないですか。だけど、一所懸命やったって負ける事件はありますやん。こういう裁判で。だから当然いろいろな思いはあるよね。やっかみじゃないにしても、やったことが成果にそのままつながった弁護団、という意味では、私たちには陽が当たりましたからね。

原　なるほどね。

村松　陽が当たるためにやってるわけでは全然ないんだけども、弁護士仲間だったら、そんなんあっても不思議やないよ、人間なんだから。ハハハハ。

逆だってあるよ。中には我々よりもっと優秀な弁護士や、一所懸命やってる弁護士もおるやん。そういう人にしてみたら、なんや村松、チャラチャラして、みたいな思いがあっても不思議ではないし、それはそれで当たり前と言ったらおかしいけど、私はそう思っていて。私だって、中にはあいつ俺の後輩のくせに生意気や、と思う人もおるやん。監督はどうか知らないけど、ハハハハ。

原　へえ。

村松　私は結構ずばずば言ったし、柚岡さんともやり合ったし、「弁護団の中でも、おまえだけがしゃべってるやないか」って言われたりもしたけれども、先頭に立ってやっていたのは、率直にいって事実なんで。その中でああいう成果があったのは、私自身にとって一つの自負だし、だから今のようなこともあるのかな、とは思いますよ。だけど、自負を求めてやったわけでも何でもないからね。それはそれでいいじゃない、どうですかね？

原　そりゃあそうだよね。ハハハ。

村松　そういう点では、今でも泉南のことを考えますよ。やっぱり二陣があったことが大きいね。なぜ大きかったかっていうと、一陣の高裁で負けたのが二〇一一年の八月二十五日。でもその時にはもう二陣の裁判も進行していて、結審がその年の十月で、翌年の三月に、言ってみれば半年ぐらいで一陣高裁とは逆の結論の判決が出たじゃないですか。一陣高裁のときに、二陣も来年の春には判決、という段階まで審理が進んでいたわけよ。二陣の地裁の裁判長も、一陣高裁がああいう判決を出すとは思わなかったと思う。だけど、やっぱりこの事件は早目にやるべきだということで審理を進めて、一陣高裁が出た後で、間を置かず二陣の判決が出たわけですよ。ふつう一陣高裁であの判決が出たら、全く展望がないと思いますよ、あとは最高裁だけだったら、判決がひっくり返ることもあるけども、一般的には難しいです。

ところが私たちは、一陣高裁の時の報告集会で、二陣でとにかくまず勝って、そこから反撃の一歩をつくろうと。これを具体的な展望として言えたわけですよ。これが一陣だけで最高裁頑張りましょうって言ったってさあ……お題目では言うけれども。ところが、あの時はそういう事態になって、もちろん二陣の地裁で勝てるかどうか分からないけれども、我々としたら、早目にあの不当判決を覆す場があるのとないのとでは、全然違いますよね。

とはいえ、地裁の裁判長のところに、ご存じのとおり高裁であんな判決が出たから、面会を求めて弁護団で行って。最高裁への上告受理、上告でもいいんですけど、その理由書をきちっと書かんとあかんから、かつ二陣の結審、ということになったら、これはとても時間的に大変だと。こっちも負けて打ちひしがれているし、どこをどう批判したらいいのか分析もしっかりせなあかんということで、結審日を延ばすことをお願いしに行ったんですよ。そうしたら、裁判長は、自分の任期が来年の三月で終わるから、十月の結審はどうしても譲れないと。皆さん、とにかく書いてください、歯に衣着せぬ高裁判決批判の書面を書いてください。私は十月に結審して判決を書きます、ということを言われて、ああ、この裁判長、本気で書こうとしているな、ということでね。まあ分かりました、ということで大変だったんですよ。だからあの時、結果としては十二月で良かったんだけども、二〇一一年十月の二陣地裁の結審と、最終準備書面から十二月まで、弁護団は一番あの時がいろいろな意味で大変でした。でも二陣があったがゆえに、反撃の道筋が最初から描けたわけですよ。その通りにいくとかいかんとかじゃなくって、ここで頑張って二陣の地裁をとって、次に高裁で逆の判決をとれば、最高裁にはどっちをとるんだ⁉　という攻め方ができるというね。

原　なるほどね。

村松　もう一つは、高裁で負けたでしょう。負けたということは上告するじゃないですか。

原　うん。

村松　上告の印紙代って地裁の印紙代の倍なんですよ。高裁に控訴すると、印紙代が一・五倍になるんですよ、上告は結局、地裁のときの二倍なんですよ。ほんで負けるということは、印紙代を全額、出さんとあかんわけです。半分勝ったら、半分だけでいいわけです。もっと言うと、このまま負けたら一陣のときも二陣のときも、何人かは訴訟救助といいまして、印紙代を判決が確定するまで待ってもらっている。そうでないと貧乏人は裁判できないから、そういう制度があるんです。それを何人かがとって、印紙代もその分少なかった。でも負けちゃったらそれらも全部払わんとあかん。原告だって皆さん、本当にお金が大変で、いよいよもしもとなったら弁護団は覚悟せんとしゃあないやん。

それで上告すると同時に、全員の訴訟救助の申し立てをしたわけですよ。そうしたら裁判長はほら、八月二十五日のとき三浦裁判長はもう退官していたから、読んだのは田中裁判長というその後の人なんやけど。

普通訴訟救助を出すと、一応基準的なものがあって、それぞれ収入が少ないってことの証明を出してくださいと。もし基準をオーバーしていても、ローンを抱えているとか、子どもさんの出費だとか、高齢の親御さんを抱えているとか、そういう事情があれば考慮してくれるんですよね。ところがこの田中裁判長は、全員の訴訟救助を認めたんです。こんな経験初めてですよ。つまり一円の印紙代も払わずに最高裁に持っていけた。もしそうでなかったとしたら、訴訟救助決定が何だかんだっちゅうて、半年以上遅れることは十分あるし、なおかつお金の工面をしなきゃならない。

小林　そうですよね。

村松　柚岡さんのような金持ちがいた、とはいいながら、それに頼るわけにはいかんわね。これは後から来た田中裁判長の英断だったと僕は思う。この事件は、やっぱり最高裁にはきちんと判断をしてもらいたい思いが田中裁判長にはあって、それが印紙代がないだとかということで最高裁へ行けないとなったら、やっぱりそれはおかしいやないか。具体的などうこうはともかく、高裁でああいう判決が出ても、この事件は最高裁がきちんと判断すべきだと、そういう思いの中で判断を下してくれたと僕は思った。こんなこともあまりないんですよ。

原　なるほどね。

村松　あの時は同時に、とにかく内容的にあの高裁判決を徹底的に叩かないと勝てないから。それはもう間違いない。一所懸命読んで、それこそ、えっ？　と思う、こう言ったら失礼だけど、ずさんな理由やそもそものものの考え方自身が、ずばり書いてあるからね。産業発展のためには人命が軽視されたって仕方がないって書いてあるわけだから、そのおかしさを最高裁でつつこうと、元最高裁裁判官とかいろいろな方から、あらゆるアドバイスもされました。例えば、長く書きゃあいいってもんじゃないと。ポイントを明確にして、趣旨が簡明に伝わるような文章を書かなきゃだめだ、とアドバイスされました。

最高裁での要請行動

村松　同時にそれだけではなくて、何か最高裁にインパクトのあるようなことができないだろうかということで、代理人を千名集めようとしたんです。千名というのは大変なんですよ。弁護士、今は多くなって四万人ぐらいだけど、当時も三万人ぐらいいるなかでの千名、つまり、この事件の代理人になってもらう人を千名集めるというのは、これはこれですごいことですよ。百名だったら集まるけども、千名なんてそんなにすぐに集まるもんじゃない。

元日弁連の会長とか一〇名ぐらいの連名で、いろいろな弁護士団体の有力な全国の著名な弁護士さんたちに、こういう事件でこれは大事だからということで代理人就任の呼びかけをしてもらって、それで弁護団や、公害弁連や、じん肺弁連や、いろんな人の協力でとにかく短期間、二カ月かそのくらいで集めて、最後は一〇三六名までいったんだけど、理由書を出すときに千名を超える代理人の名前で出したわけですよ、二〇一一年の十二月に。それで最高裁が動いたかというと、そういう問題やないけれども、それはそれで我々自身の自信にもなるわけで、やっぱりあの判決はおかしい、何とかしたいと思う弁護士が、我々の呼びかけで千名も名を連ねてくれたというのはインパクトがあると同時に、原告や支援してくれた人たちにとっても、高裁判決がおかしいのは、我々のひとりよがりの問題やなくて、みんなが理解してくれている問題なんだ、という自信にもなりましたね。

とにかく十二月まではそんな感じで。そこからですよ、最高裁に上がるでしょう？　ほんで普通、民事事件は理由書を上げたら、後はもう最高裁任せですよね。最高裁というのは証拠調べ自体は何もやらないから、もう任せているだけだけれども、そういうわけにはいかんやん。声は届け続けないと、ということで、一カ月半か二カ月に一回は原告と一緒に最高裁に行ってビラを配り、署名を持っていき、それだけだったら芸がないから、といったらおかしいけど、最高裁に補充書というのを出したんですよ。

原　補充書？

村松　うん。最高裁には、上告受理申立理由書っていうのをまず出すのね。それは期限が決まっているから、まず出すでしょう？　その理由に対する補充書というのは、後からでも出せるんですよ。

あの判決はおかしいっていうのを、京大の先生だとか、いろいろな学者の先生が雑誌とかに書いてくれているわけですが、それを資料として添付して出すんです。最高裁は我々が届けなくても読むかもしれないけども、とにかく一〇回以上、毎回署名を持っていき、ビラを配り、補充書の提出をする、というような要請行動をするんです。もちろん原告や弁護団は行くけれども、それだけではなくて、いろいろな労働組合の人やお医者さん、あるいは公害の被害者など、この問題を心配してくれる人がいっぱいおられますでしょう。そういう方たちにも一緒に行ってもらって。そうすると、最高裁に一七人ぐらい入れる部屋があって、そこに通されるようになるんです。正面に窓口になる書記官がおって、その人に署名を提出するとともに、参加者が訴えるわけですよ。それぞれの立場から「この裁判はぜひ最高裁として、人権の最後の砦としての役割を果たして欲しい」とかいろいろ……。

小林　口頭で言えるわけですか？

村松　言える。言うとそれを、窓口の書記官が全部メモする。それはそれで上に上げるわけですよ。昔は担当している調査官、つまり担当している裁判官に直接会えたんですよ。今はそれは最高裁が認めていないの。そういう要請がたくさんいくので、担当の調査官には会えなくなって、最高裁の窓口に書記官がいて、その人が受けてまとめたものを、担当のところに上げるんです。それもまた最高裁に上がってからずっとやり続けて、その都度お土産を持参、ですよね。向こうは土産と思っているかどうか分からんけど。ハハハ。

今でも、ほんと思うけど、冬の雪が降って寒いときにやったりとかね。それに千葉から公害の患者が朝五時起きで、寒い中最高裁前に二時間もかけてやってきて、一緒にビラまきをしてくれたりするわけですよ。

最高裁に西門があるんだけど、そこから職員が入るわけ。判事もそこに車で入ると思います。それはともかく、最高裁に行ってる調査官だとか、いろいろな裁判官とか、職員はそこを通る人が多い。その人たちにビラを渡したり訴えたりすれば、話題になるかもしれないやん。「泉南のあの人たちがしょっちゅう来て、いろいろ言ってるよ」というのが話題になるだけでも、審理している裁判官としたら、真剣になりますやん。傍聴と同じですよ。やっぱり傍聴が埋まるということは、裁判官が見ていて「おう、いつもいっぱいだな」と思ったら、やっぱり違うと思うわけですよ。真剣になるというのもおかしいけど、人間だから気持ちが違いますわね。それはそれで私は大事だと思う。大阪の優秀な裁判官が最高裁の調査官として行っている人もいるわけですよ。その人たちが通って「こんにちは」って挨拶をしてくれたりもするわけですよ。だからそういうことも、ずっと最高裁前でやり続けて。

これは世の中狭いなって話で、最初二〇一一年の八月に一陣高裁の判決が出た。いろいろあって、理由書を十二月に出した。最高裁に記録が行くのがだいたい一月。あれ大変で、全部番号をふって送りますから、記録が高裁から最高裁に行くのに判決から数カ月ぐらいかかるのね。で、着いたら担当とかが決まりますから、我々も一月から要請行動をやったんです。

最初の要請行動に行ったときに、私、責任者として部屋に通されたんです。初めてですよ、最高裁の要請なんてやったのは。西淀川のときは地裁で終わったからね。立って話をしようとしたら、「どちらからお越しですか?」って言われて。おかしいな、最高裁は普通はそんなこと言わないよなと思って「大阪から来ました」と言ったら、「お生まれはどちらですか」だって。最高裁は俺の出身地まで聞くのか! と思いながら「関東のほうです」と言ったんだよね。そしたら向こうから「山梨ですよね」「附属中学ですよね」って。言われて、えっ? と思って見たら、なんと中学の同級生だった!

原　同級生?

村松　中学を卒業したのが一五歳で、あの行動が五十何歳のときだから、四〇年以上ぶり。同窓会で会った記憶もないのよ。彼は自分が受ける事件が分かるから、弁護士の名前も分かるやん。私の名前が村松だっていうのが。私、中学のとき、ちょっと成績良かったからね。

原　目立っていたんだ。

村松　そう。ほんで中学三年のとき生徒会長をやらせてもらったりしたから、向こうは知っているのね。僕も彼を知ってるのよ。えっ? と思って。個人名で「おう、〇〇やん」って話になって。そうしたら一気に場が和んで。みんな初めてでさ、一緒に行ったメンバーも緊張しているやん。最初から私の同級生に声をかけられるなんていうのは、世の中狭いっていうかね。そんなこともあるんだよ、ハハハ。

原　奇遇だねえ。

村松　奇遇っていうかね、意図したわけでも全くないんだけども、それはそれでもしかしたら……彼が影響あることも全然ないし、途中から違う人に変わったんだけども、行ったときには少しでも話しかけるようにしました。彼は、人によって差別したりはしないけれども、やっぱり気心が知れていると「最近、山梨帰ってる?」とかそういう話になるでしょう?　それで便宜を図ってくれることはないけれども、参加している弁護士があんまり緊張せずに訴えをできたりもするし、「あそこにトイレありますよ」とか、いろいろ丁寧に対応してくれるでしょう?　ハハハ。

優しい弁護団⁉

原　ちょっと話を変えます。これは別によいしょで言うつもりはありませんが、皆さん原告の人に献身的でしょう。谷先生もそうだし、それぞれ皆さん担当が決まっていて、驚くほど献身的に原告団の人とつき合って、そりゃあもう気持ちが触れ合うじゃないですか。こういう弁護活動って弁護士の人がみんなやってるわけじゃないでしょう?　これって、この弁護団特有の、優しい人がたまたま集まったせいなの?　これはぜひ聞いておきたいの。言いにくいでしょうがそういう資質を持った人がたまたま集まったのかしら?　ほかの弁護団から言われません?　おまえたち、ちょっとべたべたし過ぎとちゃうか?　って。それこそ批判的に言われることはないんですか。

村松　そこまではないね。

原　ない?

村松　ないない。でも結果としてはみんな優しいんだと思うよね、この弁護団ね。

原　基本的にこの弁護団が、でしょう?

村松　そうそう。やっぱりみんな献身的です。

原　だと思う。

村松　私はやるべきことはやろう、後悔したくない、と思っていたの。あの時あれをしなかったから、なんていうのは嫌だしね。それで結構、無理をした。私もそうだけど、ほかの若手の弁護士を含めてこの事件だけやって飯を喰えたらいいけど、そんなわけにいかんやん。やっぱり事務所を構え、維持し、事務員さんをちゃんと喰わせてあげるとか、そういうのがいろいろありますやん。そうすると、やっぱり無理をする。いろいろな思いがあったかもしれないけど、基本的にはみんな献身的にやった。資質もあったと思うんだけども、一人ひとりの思いがね。例えば、岡千尋弁護士が言ってたんだけども、赤松さん負けたやん。

原　赤松さんがね。

村松　赤松さんが負けて、一回勝って、また最後にだめだったやん。あの時に赤松さんは「負けたのは、自分がしっかり裁判所に訴えられなかったからだ」と言っていて。原告もすごく人が善いよね。負けたら自分に欠点があったんじゃないか、と言うなんて。そこに原告の人間性というか、救ってやりたいと思う姿があるんだって岡千尋弁護士は言っていた。みんなそういう原告だから。こんな理不尽な病気になっているにもかかわらず、人を憎む前に自分がよくなかったからじゃないか？　と言うとかさ。ほかの原告も多いんですよね。日本人だからというわけやないけども、そういう素朴な原告の思いってありますよね。だから、本当にアスベストというのは理不尽ですよね。

原　ねえ。私もそう思いますね。

村松　この病気、本質は、本当に理不尽だと思う。理不尽の中で病気になったにもかかわらず、そういう原告の言葉や姿勢というのは、我々が大変やなと思う時にも頑張れる、何かがあるよね。

原　そこなんですけどね、谷（智恵子）弁護士にもインタビューしたんですが、それは弁護士という職業を選んだ人間の正義感？　使命感？　弱者に対する共感？　なんですか？　村松先生は、自分の何がその情熱を支えていると思っていらっしゃるんですか？

村松　うーん。あまり整理しちゃあよくないんだけども、きっと僕も弁護士になるときには、やっぱり弱者のために、という思いがあったよね。間違いなく選択肢はいっぱいある中で弁護士になって、最初から西淀川（公害訴訟）をやろうと思ったときが出発点としてあって。

僕の発想としては、強い者が勝つのは当たり前なんです。でも、じゃあ強い者が勝ったらいいのか。弱い者に真理があったりするのを、みんなで力を合わせて、力は強いけど不正義なところを正そうということに情熱を燃やすほうなんですね。昔からそういうところがありますわ。強い者の味方になって勝っても、それはある意味当たり前やん。普通であれば勝てないけれども、本当は勝たなきゃならないし、救われなきゃならないことって世の中にあって、自分がどこまでできるか分からないけど、少なくともそういう立場に身を置いてやるほうが、弁護士になったときの思いとの関係でも、幸福といったらおかしいけれども、達成感があるんです。弁護士もいろいろな思いの人がいると思いますけど、その中でみんな献身的にやるというのは、基本はみんな人間的な優しさがあるんでしょうね。

それと、今回は原告も善い原告でした。男の人も、女の人も、人間的に好きになれる人が多いよね。柚岡さんだって、もうコイツ！　と思うときもあったけれども、最後まで原告の立場に立ってあそこまでやるというのは、彼の人間的な優しさなり、好きになれるところでもあるよね。だからみんなも支援してくれている。もしかしたらこういう原告や闘いだから、そういう人が集まったのかもしれないね。

原　たまたま神のおぼしめしでそうなったんでしょうかねえ。今回の組み合わせは。

村松　でもこう言った人がいますわ。そういう人を集めようと思ったって集まるわけないけれども、自分の思いでやればそういう人が集まってくるもんやと。

原　なるほどね。

村松　それはあるかな、と。そうでないとなかなかね。こう言ったら失礼だけど、監督も七年も八年も追いかけるわけないでしょう?

原　ハハハ、なんかね。そりゃあそうですよね。

村松　だって、これ、お金になるわけやないでしょう? でも映画監督としての、何というの、芸術家としてのあれと、人間的なあれ、いろいろあってつき合ってくれたわけでしょう?

原　それはそうですね。

村松　そういう人がたくさんいますよね。我々にとってみたら、弁護士冥利に尽きるところがあるなとは思うよ。結果が出なかったら、こんなことは言えないけどね。

〝弁護士〟という職業

原　これはもしかしたら弁護士さんにとってはきつい質問かもしれませんが、弁護士という職業があるでしょう? 弁護士という職業が成り立つ前提として、そもそも国を維持するためのいろんな機関があるじゃないですか。警察もそうだし、裁判も司法というのもそう。三権分立と言われているけど、裁判とは国家を維持するための装置の一つであって、そもそも国家に枠組みを決められている、というのが客観的な認識じゃないですか、裁判というシステムは。

村松　そうですね。

原　その中で、村松先生が今、正義感とか使命感とか、言葉で説明できるようなもので原告のために闘おうとしている。しかし原告の人たちは、そもそも国の不作為で理不尽な被害を受けてしまった。国の不作為で被害を受けた人たちが、国の仕組みの中でけんかを売らざるを得ない。これは矛盾の最たるものだという葛藤が生じて当たり前というか、その中で弁護士という人たちは、裁判所であれをしちゃダメ、これをしちゃダメと抑えられている。僕らからすればそういう感じに見えるんですよ。

それはやっぱり、裁判の秩序を維持する中でしか審理が進んでいかないルールが決められているじゃないですか。それに対して弁護士さんはどこまで自覚して、弁護士という生き方を選択しているのか。葛藤を抱えているのか。私はそこを知りたいと思うんです。村松先生はどうでしょうか。実は何人かの人に聞いてるんですが、誰一人として、納得する答えをしてくれる人はいないんですが……。

村松　僕はあんまり弁護士は好きじゃないんですよ。一般的に発想が豊かじゃないのが弁護士ですわ。

原　そう思っていらっしゃるの？

村松　はい。逆に言うと、僕は別の発想をしようといつも思うわけ。つまりあることを、今までの裁判はこうだった、判例ではこうだった、学説はこうだった、の世界で考えているのは全然面白くないと思う。むしろ別の視点から見たほうが逆に真理が見えて、裁判官を説得することもあるやないかと。

判例なんかを覚えて、おまえにどこまで素養があるかと問われたら別だけど、素養を前提に、そういう枠組みの中でものを考える弁護士というのは、僕はあんまり好きやないんです。やはり世の中を大きく変えていく資質が弁護士という職業で養われるかというと、私自身も疑問です。

私はなぜ弁護士になろうと思ったかというと、そういう限界がありながら、でも、国であろうが、どんなに力がある人であろうが、法廷で対等に論争できるでしょう？　そういうルールが司法にはあるんですよ。例えば行政と交渉したところで、その場で言い逃れられちゃあ、それで終わりやないですか。もちろん最後は選挙だ、ということで国会になる。でも国会でその答弁おかしいよなと思っても、選挙で多数決になりゃあそれまでだっちゅう話にもなるでしょう？　でも裁判というのは面白くて、対等にやれると同時に、それが世の中に判決文として理由が出るんです。そうすると、それなりの理屈が、法律なり憲法なり、あるいは道理なり、そういうもので出せないと、説得力がないんですよね。

だから裁判官は、その人の思想・信条がどうであろうが、おかしいと思うことをきちんとした道理と理屈とをもって判断せざるを得ないっていう、そういう枠組みがある。これは三権の中で司法だけですよね。行政にしたってそうだけど、そういう枠組みがより求められるのは司法です。

地裁の裁判官だったら、高裁に行ったとき、自分の判決がどう判断されるかを気にするでしょう。人によっては、地裁の裁判官が国を勝たせようなんていう判決を出そうと思ったら、高裁に行っても覆せないような判決を書く。ということは、彼は高裁の裁判官と闘っているんです。

二つ目は同僚。同僚がその判決をどう評価するか。これはやっぱり気になるとともに、どこに出しても、同僚が読んでも、恥ずかしくないだけの力を持たせるでしょう？

最後、判決は世の中に出るでしょう。世論がこれを、どう判断し考えてくれるかをやっぱり考える。

裁判官はこの三つを必ず考える。そこと闘っている、という表現もしますけども、そういうものなんです。そしてこれは、我々が理屈の問題から、被害から、全てを含めてぶつけていったら、突破できる可能性があるんです。国家の機関といいながら、国民とか市民とか庶民が闘えるものを持っているんです。だから私、前からずっと言っているのは、この手の裁判で勝とうとしたら、まずは被害者の訴えが、裁判官の人間的心情を揺さぶらんとあかんやろうと。まずはそれがないと。

原　ああ、やっぱりそこが要なんだ？

村松　まずそれが大事よ。

原　はあ。

村松　私が弁護士で相談受けていてもそうだと言えると同時に、裁判官も人間だから、人間的な心情がある。私は不動ですなんて言えば言うほど、その裁判官は変によろいを着た裁判官じゃないかしら。これがまず出発点です。

二つ目は、やっぱり裁判官は正義を実現するっていう建前といったらおかしいけども、やっぱり不正義が、いかに不正義なのかを突きつけることによって、裁判官の職業的な正義感、これ揺さぶるんだろうと。

端的に言うと、アスベストがなぜ国の責任なのか。これ根本的な問題だけれども、これこれこう言う理屈で、国はこういう義務に違反したから国の責任です、ということではないんです。やっぱり泉南の被害が発生した歴史から見て、国のそこにおける役割、認識、いろいろな視点から見て、やっぱりそこに国の重大な怠慢があったから、これだけの被害が出たという構造的な不正義。これを裁判官と共有できたときに、裁判官も職業的な正義感が揺さぶられるんだろうなと。それがないとね。

普通であれば正義感を揺さぶれば勝てるんですが、相手が大企業や国だと、裁判官も勇気がいりますよね。裁判はそういうもの。私が仮に裁判官だとしても、それこそ勇気がいりますよ。そういう判決を出せば出すほど、強者からの非難がいろいろと出てくるでしょう？　原発を止める判決が出たら、私生活の問題を含めて言われかねないやん。やっぱりそこで大事なのは、良い判決を出したら味方をする世論がないと。最後の決断をするときの勇気を裁判官に持ってもらうためには、良い判決が出たらそれを評価する、そういう決断をする勇気を与えるような世論がないとあかん。この三つがそろわないと、やっぱり勝てないよ。

日本の司法は、中に入ったらどうかっちゅうのはいろいろありますよ。でも少なくとも一所懸命我々がやれば、そのレベルでは被害者を救済をしていくところに足を踏み出す信頼はある。ただぼら、沖縄の基地とかなんとか、この前の厚木の騒音訴訟の最高裁判決なんてさ、軍事とかああいう問題になったらコノヤロー！　と思うようなこともあるけど。

原　そうですね、いっぱいあります。

村松　厚木の判決を出したのも最高裁の第一小法廷。泉南の判決を出したのも第一小法廷。そりゃあ矛盾だし、司法の限界と言われるかもしれないけど、だからといって、それで我々が突き放していいものかどうか。我々が弁護をやることによって、最高裁の矛盾の中で、扉を少しでも開いていく、っていうのがありますやん。さんざん矛盾と分かりながらも、しかし俺らができることもまだあるんじゃないの？　っていう。

ほんで、幸いにも、自分が好んでこんな事件をやれるなんてことはないわけで、私もたまたま声をかけられたから、宮本憲一先生（大阪市立大学名誉教授、日本の公害学の権威）から、日本の弁護士はアスベスト問題にどう取り組むのかと問いかけられたから、やり始めた、というのもあるでしょう。そういうチャンスがあったときに、全力で仕事をやるというのは、これはこれで私は幸せだと思うし、監督はもしかしたら不満と思われるかもしれないけども。

だから、僕は弁護士は全然オールマイティーだとは思っていませんし、しょせん弁護士は、世の中を大きく変える主体にはなかなかならないよね。確かに自分も含めて、今の弁護士は守られてますよ。収入的にもね。それだけ一所懸命勉強して、弁護士になっているわけだから。

あるいは今は、弁護士は弁護士活動の中で、一定の言論の自由が与えられているけど、弾圧という言葉が適当かどうかあれだけど、いろいろな形でものが言いにくくなってきたときに、私も含めてどこまで自分の立場を維持できるのか。もしかしたら庶民以上に早く瓦解していくかもしれない。でもいいじゃないですか。今の自分の与えられた立場でやれる人たちが集まって、いろいろレベルはあるけれど、やれることをやっているんですから。それはそれで、良いことやないでしょうか。ハハハ。

原　なるほどね。

村松　あまり納得はされてないと思うけど。

原　聞きたいことはだいたい聞けました。

村松　あんまり訴訟のことじゃないけど、いいんですか？

一陣高裁、三浦判決の意味

小林　（原に）今日、お話聞いてよかったよね。なかなかこういう話、今までは聞けなかったので、そういうことかって思いながらお聞きしました。

村松　私は結構好きなこと言ってるほうだし、幸い今、こういうことを言ってもいい立場になったからというのが大きいよね。ハハハ。

小林　今も話題になった一陣高裁の三浦判決。岡田陽子さんに「泉南の人は、死んでもいいんやて」と言わしめた三浦判決は何が問題だったのかということを、私たち、簡潔に、黒いスクリーンの中に白抜きの文字でせいぜい二行にできればいいと思っているんですね。

村松　なるほど。それはすごい大事ですよね。

小林　それで、あれやこれやと考えてきたんですけれども、ざっくり言って三行。例えば、「国が工業製品の製造過程で排出される化学物質を厳格に規制すれば、産業社会の発展を著しく阻害されると指摘。具体的には……」って書いてあるんですけど、もうちょっと何か。

村松　難しいよね。

小林　そうです。もうちょっと何かね、本当に「ただそれを規制すると、産業の発展や経済の発展の妨げになる。そのためには少々の犠牲もやむを得ない」みたいな、そういうことを。間違った表現ではなく、なおかつインパクトの強い表現で何か、二行か三行にまとめられないかなって思っています。

村松　なるほど。もっと端的に、ある意味では不正確といえば不正確なんだけども、要するに一陣高裁は、産業発展のためには命や健康が犠牲になってもやむを得ない。ところが二陣の高裁判決は、それとの対比でいうと、本当の産業発展は命を、健康を、守ってこそじゃないかと。つまり一陣高裁判決の不当性をどうみんなに訴えていくのかというときに、産業発展よりも命が大事やないかということをぶつける。命を、健康を大事にしない産業発展なんて本当の産業発展やない、という論理。一陣高裁判決は、ここを本当に分かってない。命や健康を守るってことと、産業発展は矛盾しない。本来は産業だって、人の命や健康なり、生活を良くするためのものやないですか。そこに資本の論理とかがかかってくると別だけどもね。そこに利潤やもうけを優先させるいうことが発生して、産業というのはそういうもんだっていえば、そうかもしれないんだけども。だけどやっぱりそうじゃないよね、というぶつけ方をしようというのが一つある。

これは、西淀川の判決で、道路は公共性があると。公共性があるんだから、沿道の人が騒音や振動や大気汚染を被るのはやむを得ないんじゃないかと。これ、公共性の議論って言うんですよ。それに対して裁判官は、いや公共性があればあるほど、一部の人の犠牲があっていいのかと。それはおかしいでしょうと。公共性があるからいいんじゃなくて、公共性があればあるほど、一部の人、沿道の人に被害が起こるというのは、だめなことなんだと。それが公共性ってそういうもんなんだと。こういう論理を判決の中で書いている。私はやはり公共性というのはそういうもんだと思っておって、産業発展とかのために道路をつくったりするのが公共性であれば、公共性というのは、むしろそういう人の生活、命、健康という、一番大事なところを守ることであって、それを犠牲にするような公共性って本質的にはあり得ない、というかね。

これは、その裁判の証拠にも出ているんだけど、戦後すぐの産業衛生の先生が、近代工業において大事なことの一つは効率性だと、もう一つは、端的な言葉なんだけども、人が働くことによって命を奪われるのをなくすこと。この二つが近代工業の原則なんだと。働くということは、生活の糧を得るとともに、世の中のためにもなる。そこで物を生み出すわけだから。働くことによって人と人とのつながりできたりして、本来は人が幸せになるためのものでしょう？　働くことによって命を奪われ、健康を奪われるなんていうのは、全く理不尽でね。

そのことが問うてるのは、つまり命を守りゃあ、産業が発展しなくてもいいんだってことを言ってるわけやないんですよ。そこは非常に大事にしたところなんですよ。そこに住んでる人の命や、働いてる人の命が守れなくては、社会にとって産業の発展もないんです。産業発展のためには命や健康が犠牲になってやむを得ないというあの判決は、そこを天秤にかけたわけやないですか。本質を見ずに、非常に薄っぺらな形の産業発展を、悩んでいるようなかたちで言いながら、結局は優先させている。それがあの判決の思想というか、そういう思想を持っている裁判官の限界です。

ところが、最高裁や二陣高裁は、やっぱり命がまず大事で、その中で産業というのは技術の発展だとか、いろいろなことを考えなならん、というところを明確にしたんではないかなと。実は、その議論を最初に、伊藤明子弁護士がみんなの議論の中でそれを示唆することを言ってくれて。それは確か私、一陣高裁判決が出て、東京に行ったときの報告集会あるでしょう。その時にみんなで、今後反撃するぞっていう集会アピールをつくったんですよ。そこで議論する中で、そういう考え方というか、その中に書いたのが実は、出発点で、そこって大事だなというふうに、私は思っています。

小林　本当によく分かりました。今、編集で問題になっているのは、どういう問題点を持っているかではなくて、判決文はこういう要旨ですっていうのを、ざっくり一行か二行で言いたいってことなんですよ。その後に岡田さんの親子の話をすると、平たく言うとこういうことなんだ、私たちは死んだっていいんだってことですよね。ですから今おっしゃったことはアウフヘーベンって感じですよね、そういうことですよね。

村松　そうそう。

小林　なるほどなって、今、頭の中がすっきりしたんですけども、三浦判決を一言で……。

村松　どう言ったらいいのかな。

原　はっきり、もうちょっと分かりやすく言やあいいじゃないかって。もったいつけなくってもいいじゃないかなあ、って。

村松　僕もそう思うよ。だから端的には、あれは命と健康と、産業技術の発展を天秤にかけた。でも、天秤にかけられるもんじゃないでしょう、という言い方で、あの判決の持っている不当性を表現した。これ学者の先生ですよ。なるほどなあ、と思って。

それから、やむを得ないって言葉使ってるでしょう。そこのところが一番大きいよ。命と健康が犠牲になっても「やむを得ない」というのが。判決の最初の部分なんですよ。規制権限不行使の違法があったかどうかって判断のところになると、技術的なことがいっぱい書いてあるんだけど、最初の部分でものの考え方を言ってるんですよ、一陣高裁は。そのおかしさなんですよね。

小林　でも長くなるんだよね。だから今、村松さんがおっしゃったような、産業社会の発展を著しく阻害する……。

村松　最初の部分で、この言い方がね。「生命や健康の弊害が懸念されるからといって、工業製品の製造加工等を直ちに禁止したり、あるいは厳格な許可制の下でなければ操業を認めないというのでは、工業技術の発展および産業社会の発展を著しく阻害するだけではなく、労働者の職場自体を奪うことにもなりかねない」と。

小林　そうなんです。そこの部分ですよね。それをもうちょっと簡潔に……すいません。

村松　判決も結論的には不当なんだけども、何となく総合評価をしているとかっていう言い方で衣をかぶしてる。だから、どう言ったらいいかな。その評価は。もう一つは、自己責任にしているんだよね。つまり労働者に対して、「こんなことを言ってたら、労働者の職場自体を奪うことにもなりかねない」って言ってるわけよ。これひどいと思わない？

小林　思いますよ、そんなねえ。

村松　労働者の職場を奪われかねないからいいんだなんてさ、労働者っちゅうのは、飯のためには命を捨ててもいい人たちなんだという考え方を前提にしてるでしょう。

小林　本当、使い捨てですよね。

村松　だからこれは二つの意味で、産業発展が命よりも優先するという問題と、それから労働者に対する見方の貧困さ。労働者の職場を奪うから、労働者は少々命や健康を奪われたって汚いところで働けて、飯食えたらいいんだっちゅうことが透けて見える。ひどい言い方だなと思って。二陣高裁は、ほかの判決もそうだけど、「産業発展を優先するという理由で労働者の健康をないがしろにすることは許されない」って明確に言ってるんですよ。ここの対比なんですよ。

小林 そうですよね。

村松 だからやっぱり、産業発展のために命と健康が犠牲になるってやむを得ないと言うか、それとも産業発展を理由に労働者の命と健康が奪われてもいいというのは間違いだって言うか。やっぱりここで幾らなんでも最高裁はその立場に立ち切れなかった。最高裁の判決もそんなに良いとは思わないけど。

小林 でも、どうして三浦さんはそんな判決を書きたかったんでしょうかね？ 何かあったんでしょうか、圧力が。

村松 どこかで三浦裁判官の裁判長としての自尊心みたいなものがあるやん。私も原告も、審理の過程を振り返って、敬意とは言わないけど、そういうのを無視するような我々の対応があって、それで気を悪くしたんじゃないかなとかね。

小林 ええ⁉ そういうこと？

村松 そういうことも考えるわけですよ。原告がなんで負けたのか。弁護団の弁論だとか文章の中に、ひとりよがりの正義感だけが表に出て、きちんとした法律の書面として完成されていないようなもので、こいつらなんか正義感で粋がってるだけやないか、みたいな捉え方をされたんではないかなとか、いろいろ思うわけですよ。

小林 びっくりしました、そんなふうに思われます？

村松 私はですよ。私は振り返りましたよ、そこはね。だってやっぱり裁判官が判決を書くんで、人間なんで共感を得なきゃ、良い判決を書いてくれないでしょう。でもそれはやっぱり、共感を得られなかったんですよ、三浦さんの。それは彼の本質的な問題もあったかもしれないし、我々のところにもあるのではないかと思ったりね。でも分からない。みんなで議論しても、三浦さんが、直接本人が言ってくれないと分からないし、（裁判官は）三人でしょう？ その三人がどういう合議をしたのかというの、これは墓場まで持っていく話だから、絶対出ないとは思いますよ。でも聞くところによると、三浦さんと同期の弁護士が、最高裁の判決が出た後、良かったですねって言ったっちゅうわけよ。

小林 ええ⁉ 三浦さん、元裁判長が？

村松 という話をするわけですよ。これもね……。

小林 摩訶不思議ですね。

村松 うん、それも本当かなという気もするの。

原 そうよね、本当かなあ？ だな。

村松 実は最高裁の判決が二〇一四年の十月だったでしょう。もう退官した山浦さんっていう東京弁護士会出身の弁護士さんが、第一小法廷の裁判官の一人だったわけ。判決が十月で、一月に東京弁護士会の新年式みたいなのがあるわけ。その時に最高裁の判事だから、それに出席して来賓挨拶をした。そしたらこう言ったそうなんですよ、泉南の事件についてね。

事件記録を読むと被害者の苦労が伝わってくる。代理人が被害者の生活支援から外国文献調査などの証拠収集に至る、あらゆることをやっている。この事件の代理人を私は直接存じ上げていないが、自分は法壇の高いところにいるわけだが、大変に頭の下がる思いがした。判決を書き、司法もたまには正義を実現すべき、と感じた。解決まで長い時間がかかり、もう少し早く救済できればという思いもあるが、救済の判決にかかわれて良かったと感じていると。あの二カ月後に、まだ最高裁判事のときにこういうふうにね。

日弁連の公害環境委員会の委員の女性弁護士がこの会に出ていて、あっと思って、ずっとメモしてくれて、すぐに送ってくれたんです。山浦さんは最高裁判事をやめた後も泉南の被害者のことを言ってくれてるの。

小林　それメーリングリストでも見ましたし、新聞か何かの記事にもなっていましたよね。

村松　産經新聞かなんかでも、それを言ってくれているの。僕はやっぱりこういうのを読むと、法律の理屈の問題がきちっとないとあかんけれども。この人が主任じゃないんだけども、合議には参加してる。そうすると恐らくこの人が言っているんだけども、最高裁の、この事件にかかわった裁判官もその下での調査官も、基本的に同じような思いを原告や弁護団に持ってくれている中で、あの二つの高裁判決のどっちをとるかという判断をしてくれたんではないかと。こんなに判決後に言われるっていうのもあまりないですよ。

小林　そうですよね。

村松　だからすごいなっていうか、ハハハ。でも三浦さんに関しては、分かりません。すいません、こんなところで。

Interview

柚岡一禎 インタビュー

法廷の場で原告自身が立ちあがって、思うところをぶつけたほうがいいと思うよ

ゆおか・かずよし
泉南地域の石綿被害と市民の会代表

聞き手
原 一男［監督］

＊原告は実名、敬称略

裁判には勝ったが、それで良かったのか

原　最高裁が終わって二年経ちますが、今のお気持ちは心穏やか、心は鏡のように澄み切っていらっしゃるんでしょうか？

柚岡　そうでもないんですよね。やっぱり時間をおいたら、いろいろ考えることが多くて……。原告は国からの賠償金を受け取って、それなりに落ち着いてるんですが、私は十年近く運動をやってきて、これでよかったんかな？　とずっと思っています。

原　何が引っかかっているんですか？　運動の展開の仕方がですか？

柚岡　運動の展開もそうだし、それを受けとめる我々の姿勢もですね。国の無策によって被害が出て、被害者が怒りを持って立ち上がり、国の非を責めた。結果として裁判に勝った。でもそれだけの総括でええんかいな？　という気がずっとしていまして。

原告の陳述書を読んでも、また皆さんが語られることでも、

例外なく「肺がんとか、中皮腫とか、石綿肺とか恐ろしい病気になることを知っていたら、こんな仕事はしなかった」という。でも、ほんまにそうやったんかいな？　と思いますね。病気になると知っていたら、本当に石綿の仕事をしなかったのか？　いや、知っていてもやったと思いますよ。裁判をする中で、知らず知らずにそう思い込んだ。もっと言えば、周囲から言わされた。

原　言わされてる⁉　誰にですか？

柚岡　運動に。自分が関わった過程でそう思うようになったんでしょうが、正直言葉が平板で「本心かいな？」という印象です。

原　言わされている、というのは、具体的には弁護士から、ということになるんでしょうか？

柚岡　陳述書の最後はみんな、必ずといっていいほどそれで終わっているよね。普通は揃わないですよ。原告団のみなさんは、弁護士と我々支援者の指導と期待、誘導に、見事に応じてくれたと思っています。……こんな話、ざっくばらんにしてもいいんですか？

原　してください。ぜひ、思いのたけを吐き出してください。

泉南の石綿労働者の実態

柚岡　まず被害者たちは、石綿の仕事に就くことによって、ええ目を見た人もいたんですよ。前川が映画の中で言うてますね。「石綿があったおかげで、私ら一家は生きていけた。子どもを大学に行かすこともできたし、生活をすることもできた」って。

彼はもともと淡路島で植林業、昔で言うところの木こりをやっていたんですが、仕事がなくなって泉南へ来たんです。大阪湾を挟んで泉南と淡路は昔から人の交流があるから、彼も淡路島から家族で渡ってきた。渡ってきた当時、石綿工場は給料が良かったんです。危ないというよりは汚いから、地元のものは嫌がって働かないんですね。もちろん危ないことも分かっていましたけど。

原　危ないというのは、肺を病むことを知っていた、ということ？

柚岡　知識としてではないけれども、周りが死んでいくから、嫌でも分かる。

原　前川さんは、自分の仕事に誇りを持っていらっしゃいましたもんね。

柚岡　そう。彼は誇りを持っていたし、自分が勤めていた「栄屋石綿」に恩義を感じていました。「もし運動が栄屋石綿を加害者として告発するならば、運動をやめる」と繰り返し言っていました。そういう意味ではっきりしていた人ですが、石綿をやることで、より良い生活ができた人は、他にもたくさんいます。

原　仲谷さんもそういうふうにおっしゃってましたね。石綿があったから家族を養えたんだって。

柚岡　初めは経営者ないし幹部やからそんなこと言うてるんか？　と思っていたんよね。彼は大手の「仲谷石綿会社」の一族ですが、一般の労働者も大抵そうやったと思っていたんではないかな。石川も、藪内も、佐藤もそう。彼らもやっぱり石綿をやって良かったと言います。ほかの仕事もあって、行こうと思うたらよそへ行けたのに石綿の仕事をした。実入りが良かったからです。僕は立場上、原告や被害者からいろんな話を聞きましたが、一つ共通してることがある。分かります？

原　何ですか？

柚岡　みんな持ち家なんですよ。

原　へえ。

柚岡　持ち家。二、三人を除いたらみんな持っていますわ。今でこそ借りるほうがええって時代になっていますが、泉南は昔から自家か借家か？　という意識が強かった。借家に住む人のイメージは悪かった。

原　そうなんですか。

柚岡　泉南の石綿労働者も、ごっつう苦労して家を買うとるんですよ。裁判が始まった一〇年前、ローンの最中やった人は多かったと思う。ローンの残りを今回の補償で返した人もいた。ほんまに生活に困っていたら、家なんか買わんですよ。ローン組めないですからね。まさに石綿の仕事をやっとったから、ローンを組めたんです。その結果、持ち家になったんですけど、これも泉南の石綿被害者の特徴の一つと思っています。

アスベストの仕事は、誰にでもできた

柚岡　あとは、原告はみな「自分の仕事は大変やったし、技術もごっつう要った」と言いますが、僕に言わせりゃあ、大したことない。昨日まで石炭を掘っとった者が、泉南に来た日から仕事ができたわけですから。石川のように、隠岐島で親と魚を獲っとったもんが「大阪へ行ったら、ええ服着られる」と言われて来た人もいます。中学校もまともに行かんかった藪内。彼は善良な男だったが、仕事嫌いなところもあった。

原　そうなんですか？

柚岡　今やから言うけど、仕事さぼって、女の尻追っかけ回してるのもおった。零細下層労働者には、普通にあることだ

けどね。

原　でも、それが一旦裁判になると、「やっぱり現場はひどかった」と言わんと、格好つきませんわね……。

柚岡　「極悪な職場やったけど、俺はまじめに働いた」。そう言わんと裁判にも戦いにもならんのよ。本人もそう思い込まんと、裁判には勝てないしね。

　当時の賃金や労働時間のことをいろいろ調べました。僕自身、紡績の仕事やっていたから、比較するのは容易でした。僕のやっていた特殊紡績と石綿は、機械が一緒ですもんね。石綿の人が特紡の仕事をやったり、特紡の人が石綿やったり、というのはしょっちゅうありました。特紡は回転スピードが速く音が激しいけどれも、石綿は万事がゆっくりしている。機械に追い立てられるような仕事やないんです。

原　へえ、そうなんですか？

柚岡　同じ機械やから、同じように轟音立てて埃《ほこり》を出していると思うでしょう？　でも実際は、石綿は半分ぐらいのスピードで、機械と機械がすれ合う音もその分低い。静かなもんですよ。

原　早く回転させると不良品を出すから、回転を上げられなかったんですよね？

柚岡　石綿は、粘りのない綿で絡みにくい。僕がやってた特紡は、合繊とかウールやったから、よく絡んで可紡性がよかった。石綿はもともと鉱物で直毛に近いから、絡まなくてスピードを上げたらどだい糸にならん。だから、ゆっくりゆっくり機械を回転させるんです。埃が多かった点を除けば、石綿の仕事は楽やったと思うよ。特紡や綿紡はせわしかった。一日中ばたついてる。

原　要するに、誰にでもできる楽な仕事だったと。

柚岡　汚れを除けばそう言えます。技術を特に要しないから、今日からでも仕事がはじめられたんですわ。それに給料も良かった。給与水準が特紡の一・五倍ぐらいあった。繊維の仕事は、一般水準から見たら年収や生涯賃金報酬は低いし、長時間労働だったんやけど、石綿は違う。戦前戦中から戦後すぐの頃は別にして、裁判が認定した昭和三十三年から四十六年を含むそれ以降の時期は、七〜八時間労働が普通やった。

原　そうなんですか⁉　八時間で残業なし？　どうして？

柚岡　規制が徐々に強くなってきたこともあるけど、昭和四十年代に入ると、要はそんなに売れなくなったんです。

原　へえ、石綿って日本の産業を支えたわけだから、商品をフル回転で生産しては納める、というイメージを持っていたんですけどね。

柚岡　それは戦前から戦後高度経済成長期のはじめにかけての話です。石綿は簡単な仕事で技術もいらんし、粗雑な機械があれば糸になった。だから後年になると韓国からの輸入がどっと増えたんです。

ささやかな幸せを目指したはずが……

原　裁判では「ひどい現場」と言っていたのに、実際はそうではなかった、というのは、柚岡さんにとっては、事実というか真実と違うということをどう処理すれば良かったのか？　という問題になりますよね。今になってなぜ、そのことが気になり始めたんでしょうか？

柚岡　健康被害があって「私たちは知らんうちにこんな目に遭いました。知っていたらこんな仕事していませんでした」と言うのは、そんなに単純なことやないからです。泉南で有数の資産家だった人から言われたことがあるんです。「柚岡さん、被害者救済に熱心なのは結構やが、あれらは朝鮮と同和と落ちこぼれやで」って。

　確かに彼らの中には、勉強が嫌いで向上心を持たず、うまく立ち回ろうとした者もいました。そのかわり悪いことはせず、仕事をこなして親兄弟を助けてきた。そんな者らがした仕事が、ほかでもない石綿やったんです。

　一般に仕事というのは、学歴など関係なく、また特に職業訓練を受けなくても、一定時間拘束されることの対価として生活の糧を与えられるものですよね。誤解を恐れずに言えば、怠け心やずるさがあっても、人として許される範囲内であれば、子どもを学校に行かせて、自分も楽しんで、ちょっとした贅沢もできて……そういう人並みの幸せを目指すのが、自然の姿やと思うんです。泉南の原告は、みんなそれを目指してたくましく、したたかに生きようとした。そういう庶民のささやかな願いの前に広がっていたのが石綿やったんです。僕はそれを〝泉南石綿の悲劇性〟って言うてます。

　彼らは自分たちの関知しないところで回復不可能な体のリスクを負わされた。国家の無策と経済社会の要求のせいでね。国が悪意をもって仕事をさせたとは言わないよ。でも結果として、彼らは危険な仕事をしてしまった。国は当時から分かっていたリスクを語らなかった以上、責任を取らんとあかんし、経済発展のために泉南を利用し、恩恵も受けたんだから、責任を取れよと言われても、やむを得んでしょう。

原　全くその通りですね。

柚岡　もう一つ、石綿はそれまで何もなかった泉南に、カネと豊かさをもたらした。そういう地場産業としての石綿を、無視してはならんと思います。

　私の祖父は、一九二二年に金熊寺川の上流の小さな村で石綿紡績を始めました。その前の明治末期から栄屋誠貴という今で言うベンチャーがやっていた工場に見習工として入ったらしい。他人に使われるのが嫌やって、祖父は思ったんでしょう。それで独立して「栄屋」の仕事を下請けしながら、自分でも石綿をやり出してもうけた。それを見た人が、次から次へと石綿紡織業に参入して広がったんです。自分も、息子らも、結局石綿で死んだけどね。

それ以前の泉南は農村で、なんにもないところでした。海側の樽井地区に足袋の裏地を作る紋羽《もんぱ》が、明治、大正の時代から地場産業としてありましたが、山側は何もなくて、ネギやダイコンを作って食べておった。乾燥地帯で、農業用の利水も十分でなくて、米もあまり取れん。そういう地域に突如、現金の入る仕事が来た。ありがたかったと思うよ。それにみんながわあっと群がったんです。

原　へえ。そういう歴史があったんですね。

柚岡　石綿の全盛期は、泉南にちょっとした工場が百ぐらいありました。あとは織機三台持っているとか、巻糸だけやるとか、小さな下請けが三百ぐらいはあったと言われています。全体として大きな地場産業となって、泉南市、阪南市はまさに石綿で生きてきた町やと、誇張なしでそう言えます。だから石綿も、そこから始まった紡績業も、繊維業全体がなくなった今は、ほんまに火が消えたようになっている。みんなパチンコと倉庫、駐車場が地場産業やって自嘲的に言うんです。

原　はあ、そうなんですか。

柚岡　つまり泉南にとっては、石綿がそれだけ大きな存在だった。労働者と事業主が支払う所得税や、工場の固定資産税によって、この町の財政は支えられてきた。仕事をする人はここで収入を得て、消費した。石綿は〝地獄の繊維〟などと言われていて、肉体を損傷する、命を奪うという意味ではそうやが、収入を保証し生活の糧を与える、地元にとっては非常にありがたい存在だったんです。みんな「被害がなかったらごっつう良かったのに」と言うけど、もし安全で被害がなくて、よう儲かったら、とっくに大手がやっていますよ。汚いし、危なそうだが、それさえ辛抱すれば収入も得られるから広がったのが石綿だし、そこで働いたのが、被害を受けた労働者たちなんですよ。

原　それは例えば、沖縄の基地の中で働いてる人たちが、基地は嫌だけど、シャバで働くよりは給料はいいから働く構造と同じですよね。

柚岡　命のことを除けば、よう似てますね。

原　私は炭鉱育ちですが、炭鉱夫という仕事もそうでしたね。ほかよりはお金がいいので、稼ぐということでいうと手っ取り早い。ただ、地の中へ潜って鉱を掘るわけだから身体を壊すと。体の不健康と引きかえにお金を稼ぐ構造でいうと、至るところで同じような問題がありますね。

柚岡　そうやね。泉南の場合は、死んでいくのが日常的でよう見えて分かりやすかったんですけども、全く同じことです、悲しいね。

運動の方針を巡って、弁護団と対立する

原　ところで、柚岡さんは、弁護団と運動の方針をめぐって、葛藤というか対立がしょっちゅうありましたよね。

柚岡　ようぶつかったなあ、僕は。

原　はい、事あるごとにぶつかってらっしゃいました。

映画にも描かれていますが、弁護団が厚労省の前で抗議行動を展開しているときに、柚岡さんは「総理大臣に直に請願をやろう」と言い出して、抗議集会をボイコットして首相官邸に行くじゃないですか。柚岡さんが面会を申し込んで、実力行動で突破して官邸の中に入ることを提起して。

柚岡　あれは予定どおりの行動でした。

原　そういう柚岡さんに対して、弁護団の芝原団長は「柚岡さんはああいうふうに言うてますが、私たちは法治主義なので……」と言って、対立がくっきり浮かび上がるシーンがありますよね。

弁護団の人たちは、法治国家ということで、大前提として裁判という国家のシステムに乗っかるといいますか、そのシステムを守ったうえで運動を展開するのが基本姿勢ですよね。でも、あえて犯罪という言葉を使いますが、そもそも国家による犯罪を、同じ国家の機構である裁判所で裁くということは、私なんかは矛盾だと思っているんです。でもそのことに対して弁護団の人たちは、余り葛藤がないように感じられるんです。柚岡さんはどうお考えですか？

柚岡　そうかもしれんね。彼らとは、そのあたりのことを何度も議論しましたわ。

原　なにか具体的に覚えていらっしゃることはありますか？

柚岡　例えば裁判所には、傍聴券の配り方とか、法廷内秩序とか、いろいろとうるさい規制があるんです。昔からこうやったということで、司法界ではずっと続いている。並んでるときにはプラカード下ろせとか、入っていくときに写真は禁止とか、タスキは外せとか。権力側が自分たちの利便のために作った規制に何で従わんとあかんのやろう？　アメリカでは、裁判所の中にまでカメラが入って、原告も被告も、顔丸出しで写しとるのに。弁護団はそういうことも全部受け入れての裁判だ、司法だということで、いつも議論がかみ合わんかったですね。

一番合わなかったのは、一陣高裁で負けた直後、三浦裁判長に抗議行動を起こそうとしたときやね。何かひとこと言うてやらんと気がおさまらん。原告も支援者もみんなそうや、と言って、三浦が教授職におさまった関西大学に直接押しかけようとしたんです。

そうしたら、指導的立場の弁護士四人が僕のところに来て

「もしそんな行動を取るなら、弁護団として支援できない！柚岡さん、責任とってもらうよ」って言われました。「あんたら脅迫するんかい！」と言い返したけど、それで終わり。僕も勇気がなかったんやな。結局、ようせんままに日が過ぎてしまいました。

原　つまり弁護団の理屈としては、そういう行為が、最高裁の判決に影響するからやめてくれ、ということですよね。

柚岡　「弁護団として困る」と言われたら、引き下がらざるを得んかった。そんなことが二回、三回とありました。僕は最後に言いましたよ。結局あんた方は〝司法ムラの住人〟だと。あの頃〝原子力ムラ〟という言葉が流行っていたから、「司法ムラの住人とは話合わんわい」と言って喧嘩したんですけどね。

原　そうでしたね。

柚岡　あとは裁判中、厚労省前で何度もビラまきしましたが、あれを受け取らない役人どもに腹を立ててね。

ある時、どのくらいの者が受け取るかを数えてみたら、一三人に一人でした。霞が関の庁舎に出入りする官僚と職員の一二人はそっぽを向くんやね。自分たちの仕事に関わることやから、もう少し関心持てや、と腹が立って「あんたらどこ見て仕事してるんや？　大阪から病気を押して訴えに来てるんだぞ。もう少し耳を傾けてもええやろが！」と怒鳴った。前に立ちふさがって、ビラを押しつけてやったよ。そうしたら、近くにいた女弁護士に怒られました。「柚岡さん、なんて態度を取るんですか！　私たちは要請に来てるんですよ。そういうことはよそへ行ってやってください！」って。たしかに僕のやり方にも問題はあるけどね（笑）。

原　はたから見てますと、弁護団の人たちって、本当にいい人だなと思うんです。それぞれの受け持ちの原告の人に対して、感動するぐらいに自分を捨てて尽くします、という感じがするじゃないですか。だから、弁護士の言うことに原告団がついていってしまうのは、人情からいうと、ある意味自然かなと感じます。

柚岡　そうですね。原告一人に対して、一人の弁護士が担当を持って責任指導しますからね。藪内には村松弁護士、石川には谷弁護士……と、そういう形で最後まで弁護士がついた。だから、そこでの結びつきは非常に強くなります。いくら僕が言ったところで、原告は弁護士と対立はできない。でもね、弁護士のいないところでは違うんですよ。原告団のそれぞれに不満があって、こんなことを指示されてくやしい、ということもたくさんあったみたいです。でも面と向かっては批判できんやろうし、それは仕方ないかなと思ったんですね。弁護士もよかれと思ってやってるんやろうし。

原　なかなか難しいんですよね。伝統的に市民運動って、日共的な運動方針と反日共的な運動方針がぶつかる傾向がありますからね。水俣なんかもそうですし、さまざまな運動の現場で、そういう思想的対立は、構図としてはずっとありますよね。

柚岡　そうやねえ、共産党に限らず政党というのは、自分らの組織を守るための保身に走りますよね。そうならざる得んのかな？　相手が強大だから、組織防衛は必要なんだろうけど。

原　ここの弁護団が、水俣病でもこういう運動があって、と引用するのは、ほとんど日共系のケースですもんね。反日共系と言われる人たちの運動はほとんど取り上げない。その違和感は私にはずっとありますが、それはそれとして、はたから見ますと、弁護団と柚岡さんとは、そういう反目がありながらも、よく最後まで一緒に来たなあ、というのが素直な実感です。

柚岡　妥協したんですよ。勝ち負けで言うなら僕の負け。

原　気持ちのどこかで？

柚岡　伊藤弁護士だったかが「柚岡さん、いろいろあったけど、弁護士のことよく聞いてくれて、最後は折り合って、うまいことまとめてくれましたね」って総括していたようだけど、そんな問題ではないんだけどなあ。

原　私、正直言うと、柚岡さんもっと喧嘩すればいいのにと思っていましたよ。柚岡さんは自分が折れたほうが全体としてスムーズに行くと思ったから引いたのかなと。そう見える場面がいくつもあったように思います。

柚岡　石綿やるまでは、公害運動に全く関心がなかったから、アスベストを始めたときに、反公害運動の主流的な考えや方針に反論するだけの材料を持ち併せていなかったんです。ですから、最後は弁護士に従うしかありませんでした。今はそれで良かったと思っていますけどね。

日本の公害運動と弁護士

柚岡　日本の公害運動って、だいたいが弁護士主導でやってきたんですね。大気汚染、スモン、水俣、薬害……。

原　裁判闘争になっちゃうと、どうしてもそうなりますね。

柚岡　彼らは運動の実に細かいところまでやってくれるんです。弁護士に頼むのが、無駄がなく手っ取り早い。問題の設定から運動方針まで全部やってくれますから。署名集めも、集会の準備も。そうすると、やはり原告を支配することにつながる。彼らは〝指導〟って言うんですけど……。原告団と支援者は、言ってみればおんぶにだっこ。その分被害者と市民の自主的で自覚的な運動になりにくい。

原　それは全くそうですねえ。

柚岡　例えば厚労省との交渉がありますよね。これ、僕らが行って「市民の会です、部長か課長に会わせてください」と言うても、役人どもは絶対会いませんわ。弁護士だったらすぐ会う。今回も最高裁への要請行動は何度もしましたし、役所との交渉でも担当者が出てきた。そのこと自体はいいのですが、弁護士におんぶにだっこだと、運動する主体の質や力量を弱めると思った。全部頼ってしまい、鍛えられない。

原　その問題は、どう考えればいいんでしょうねえ。

柚岡　陳述書のときにも同じことを思いました。裁判で陳述しても、原告団のみなさんは、自分の言葉でしゃべらないですよね。何度も稽古して、台本のとおりにしゃべる。想定問答も繰り返します。「国側は聞きますよ、たばこ一日何本吸いましたかって。そのときはこう答えましょう」と、弁護士に細かい指導を受けるんです。

それは無駄やそつがなくていいんだけど、自分の本心の言葉が出てこない。もっと言えば弁護士の言うことを厳粛に受け止め、指示された通りにしゃべると、裁判とはそういうものなんだと思ってしまいますよね。原告にとって、それがどういうことになるかというと、しんどうても我慢せんとあかん、という考えになるんですよ。「法廷秩序」というやつです。本来は咳してもいいし、退出も自由なんですけどね。

原　難しい問題ですねえ。

柚岡　私、法廷には六〇回以上出ましたが、原告団が咳込んで苦しがる姿をほとんど見なかったなあ。岡田と藤原がしんどくなって法廷から出たのは覚えていますが。苦しいはずなのに、たいていはみんなかしこまって静かでした。

自分の苦しみなんやから、隠さず抑えずに、もっと感情を出せばいいのにと。怒りや悲しみを、自分の言葉で丸出しに、オーバーになるくらいに激白する場があっていいのに、と思いましたよ。満足に息ができないんでしょう。耐えられんはずよ。原告自身が法廷で国の代理人と裁判官に詰め寄ることも一回もなかったです。日頃の弁護士とのつき合いから、また裁判とはこういうもの、という理解から、へんな自己抑制が働いたと思うなあ。

原　ですね。詰め寄るのは弁護士で、原告が直接詰め寄るわけでもないですもんね。

柚岡　でも、たまには法廷の場で、原告自身が立ちあがって思うところをぶつけたほうがいいと思うよ。そのほうが自然で、人間らしいでしょう？　当事者ですもん。

抑制意識がどんとあって、傍聴席で静かに承るのが正解、というのが、日本の司法のやり方なんですね。よく欧米の法廷もののドラマなんか見るけど、えらい違いやなと思うんですね。弁護士もああいうドラマの裁判シーンを見るらしいけど、どんな気で見てんのかな？　録画してるマニアもおりましたが、今度会ったら考えを聞いてみたいよ。

原　やっぱり弁護団と柚岡さんは、基本的な価値観が違うのは、はたで見ていて感じるんですが、それでも気持ちが通じあった場面はあるんですかね？

柚岡　そうねえ、しっくりいかんかったこともたびたびやったけど、根っこのところでは信頼感を持っていましたよ。指導部を「七人の侍」とか勝手に呼んだりしてね。

原　映画でいうと、裁判に勝ったとき、村松さんと柚岡さんが抱き合うシーンがありましたよね。

柚岡　なんとか勝てたから嬉しかったんです。でも判決文を読んだら、佐藤や南ら中心的だった人が、周辺曝露ということで外された。金額も少なかったし。弁護団は国が初めて責任を認めたという点で勝訴と言いますが、原告にとっては、決してそうやなかったですね。

原　でも、はたで見ていると本当に献身的で、善い人たちというか。

柚岡　時間と労力から言えば、まるで割に合わんのが、泉南の裁判です。企業の仕事をするならカッコええし、金儲けもできたのに、石綿みたいな案件にかかわらせてしまって、申し訳ないという思いがずっとありましたよ。最高裁のあと、原告団総会で僕、こんな話をしました。「今回の弁護士報酬を要した時間で割ってみたら、イオン泉南店のレジやってる人とあまり変わらんかったぞ」って。なんでもカネに換算する、商売人の悪いクセなんやろね。笑いは取れたけど。

柚岡さんの〝怒り〟と後悔

原　そうやって柚岡さんは、時に弁護士と対立をしながらも、いろんな運動を展開してきましたが、気がいったと思えたケースはあるんですか？　さっきも言いましたが、首相官邸に行ったじゃないですか？　直訴状を持って。

柚岡　ああ、建白書ね。

原　建白書。あれは気がいきましたか？（得心がいきましたか？）

柚岡　準備時間がなかった。前もって外部に漏れたら原告の中でも一騒ぎあるやろうと思って、新幹線の三人席を向かい合わせにして、実は、というかたちで話をした。映画でも描かれていますが、あの時、議論になりましたよね。そんなことをしたら弁護士に怒られる、と反対が出た。いや、とにかく行ってから考えようやと。行ったらあんなものは勢いで何とかなるもんやと分かっていたんで。みんなそれぞれ期待どおりやってくれました。しかし弁護士は、あのことを未だに不愉快に思っているようですよ。「前もって言うてくれてたら、集会の開始を遅らせて待っているのに」って。でももし言うてたら、絶対に潰されているもんね。

原　ええ。やめてくれって、恐らく事前に言われましたよね。

柚岡　今となっては、もっとやり方があったんちゃうかと思うけどね。内閣府の隣の事務所へ回されてしまった。若い官僚が出て来て「必ず総理に取り次ぎますから」って。取り次ぐはずないのにねえ。甘いねえ、僕も。

原　ハハハ、悔いが残っているんですか？

柚岡　悔いの残ることは、他にもごっつうあるんですよ。一つは裁判が終わって、塩崎厚労大臣が泉南に謝罪に来たときです。なんであの時、立ち上がって抗議せんかったんかって。被害者になりかわって、怒りをぶつけんとあかん場面やった。このことをずっと考えている。俺は悔いを残したまま人生終えると思うなあ。それができないのが、俺の限界やなと思った。人間はやるべきときにやっておかんとあかんですよ。

原　はあ。そうですかねえ。

柚岡　もう一つは、裁判の中で、唯一、国側の証人として出た人がおったでしょう？　八〇歳の、なんという名前やったかな。こいつだけは許せんと思ったのにね。彼をあの場でよう問い詰めんかった。彼は石綿除去装置の研究を長年続けていて、名声も得た人でしたが、人生の最後の段階で、目の前にいる被害者と対峙した。被害の原因を認めないどころか、国の言い分を補強する側に立った。あなたの人生に悔いはないのかということを、裁判長に制止されても、言わなあかんかったね。今やから言うけど、あの時、僕、原稿まで作って、練習までして行ったんですよ。それが芝原弁護士と村松弁護士の顔を見たら、よう言わんかったですね。ほんまに恥ずかしい。だから僕は運動家じゃないと自己嫌悪に陥って、今も引きずっている。

原　しかし柚岡さんは、やっぱり理性的に抑えられたでしょうね。

柚岡　原告は混乱するやろうし、弁護団は怒るやろ。世間的な常識の感覚が働いてしまったんやね、ホンマにあかんわ。

原　ハハハ。でもそこが柚岡さんの良いところだと言えなくもないんですが。最後は自分が折れるところが。

柚岡　まだあったな。引退して関西大学法科の教授に収まった高裁の三浦裁判長。これを懲らしめに行こうや、と言うてね。小林佐智子さんが調べてくれたでしょう？　あの時、漫才やないけど台本を作ってやな、まず誰がドアたたくかと計画を立てて。南は丁寧に声かけする、志野と佐藤はこう言う、柚岡は先に部屋に押し入る、ほんまそこまでして、結局ようせんかったからなあ。悔いが残るよねえ、あれも。そこを突き破るのが、ほんまもんの運動家やと思いますけどね。

原告たちのその後

原　今、裁判が終わって二年が経ちましたが、原告のあいだで、お金の不満が聞こえてくる、ということはないんですか？

柚岡　少しはあったけど、大したことはなかったです。

原　それは良かったですね。本当にね。

柚岡　はい。西淀川公害訴訟を指導された弁護士が「あの時はお金のことでいろいろあってね……泉南で一番うれしかったのは、それがなかったことです」って、しみじみ言ってましたね。

原　でも賠償が認められた人と認められない人がいたってことは、やっぱり少しはあったんでしょう？

柚岡　小さいことはいろいろありました。僕の元で抑えてただけ。なんで私こんなに少ないんよって、電話口で泣いた人もおった。怒っていた人もいたよ。勝った人の補償金をプールして、一定の割合で拠出して負けた人に分けたんだが、それが気に入らんかったようで、「お恵みをもらうようで嫌や」って。彼女の気性からいって、つらかったんやろね。「そやのに、勝った勝ったゆうて……。こんなん私、耐えられへんわ」って電話の向こうで泣くんだわ。

原　そうでしょうね。

柚岡　原中は純粋にお金の額でしたね。「柚岡さん、あんた絶対勝つと言うたやないの。あんたが負けるんやったら、ほかの人は皆負けるって。私、忘れてへんで」って。俺、たしかにそう確信してたからね。彼女は夫も死に、自分も患ったのに七百万円ぐらいだったんですよ。裁判を二つやった人は合算でそこそこ大きくなった人もいたけど、泉南の賠償額は、金額的にはそんなに大きくないんです。しかし皆よう辛抱してくれて、良かったと納得しています。いや、それは表面だけかな？　そうやないと思いたいけど。

原　へえ。そうなんですか。

柚岡　裁判ではないけど、二〇〇五年のクボタショックのときに、クボタが補償を三千万、四千万円出したというニュースがあったでしょう？　あれをみんな知ってるから、期待したんやね。泉南は弁護士料を入れても、そんな大きな金額にはならんかった。つつましいもんですよ。はなから国の責任だけ。二分の一ですもんね。

原　ねえ。

柚岡　そういえば東京でこんなことがありました。首都圏の弁護団と労組、公害団体の幹部が集まって、裁判の話や闘い方を議論する会議があったんです。そこで私、言いました。「泉南を勝たせてやろうと集まってもらうのはありがたいんですが、なにせ時間がない。病気が深刻になっているうえに、原告たちには金がない。生活苦が襲っている。お願いしたいのは早い解決とお金です。どうか急いでもらって、苦境にいる彼らに少しでもまとまった金を持たせてやってほしい」と。カネカネ連発するもんやから座が白けて、後から弁護士に注意されたよ。

原　へえ。そうなんだ。

柚岡　泉南の被害者は、よそに比べて年金収入が少ないんです。ちゃんと厚生年金を納めていない事業主もいた。そこに石綿疾患が出ると、仕事ができない。切羽つまる。死ぬ前にそこそこまとまった金を持たせてやりたい、というのがあの時の正直な気持ちやったなあ。身もふたもない言い方やけど。

原　でも今は第三陣で、訴訟中の人が二十数人いるんですよね。

柚岡　はい。裁判を起こせば、すぐ和解に入ることが決まっています。何度も裁判所に行ったり、陳述したりする必要はない。弁護士が書類そろえて、書面でこうですって伝えて、一回の裁判で、次の判決で和解。これでお金が出るんやね。そやから、原告も自覚なんかないですよ。自覚なしに金だけをもらうことになる。そうすると一陣二陣の連中はまた怒るんや。私らこんなに苦労して、やっとこさ勝ち取ったのに、あの人らはって。

原　気持ちは分かるけど、それぱかりはどうしようもないですよね。

柚岡　もう一つは、時間が経って、泉南のことが日々薄れつつあるんです。これから建設アスベスト訴訟があるから、被害そのものが忘れられることはないですが、「泉南は良かったですね、無事に終わって」という意識のほうが、もう強いですよ。原告もそうだし、前からの支援者もそう。あとは、地域のやっかみもあるんです。

原　ほかの運動から？

柚岡　いえ、住民の間から。「お金がぎょうさん入ったらしいね、少し回してよ」って頼まれたものもいたし、詐欺っぽい話に乗って補償金をとられた者もいた。相談に乗ったときは手遅れやった。苦労して国から取った金を八〇万円、むざむざとね。あれは腹が立った。「おまえはアホか！」と思わず怒鳴ってしまったよ。マスコミにずうっと顔を晒したことで「ええかっこして」とかなんとか、後ろ指差す向きもあるらしい。

原　そうなんですか。なかなか「みんなで頑張った、ご苦労さん」という話にはならないのですね。

柚岡　どこへ行ってもこの十年間、「アスベスト＝泉南」できたやないですか。集会などで、泉南の原告の○○です××です、と言えば、注目を浴び大事にしてくれた。長年下を見て生きてきた彼らが、ちょっとしたスター気分になったとしても不思議やない。

弁護士もね、最高裁で勝って脚光を浴びたし、何度も新聞の一面に載った。彼ら同士でも、やっかみにも似た気分があるのかもしれん。通常の世間にあることは、弁護士の世界にもあるよ。「泉南国賠を闘い抜いた弁護士」という評価を受けた彼らも、またそうだったのではないかな。注目度は抜群だったから。やっかみ自体は、別に非難されることではなくてね、むしろ日頃の建て前と謹厳実直ぶりに比して人間臭くてよいではないかって、僕なんかは思いますけどね。

上映運動に力を！

柚岡　だからね、原さん！　今回の映画の上映運動も、覚悟して、頭に入れておかんとあかんことがありますよ。みんなでやりましょうと言っても、実際は協力しにくくなっている。そんな空気を僕は感じますよ。

原　そうなんですか⁉　アスベストの裁判闘争の原点が泉南だって言うとるのに？

柚岡　それはみんな言うてますよ。僕も言い続けているけども、本音ではもう疲れた、という意識が原告にも運動体にも広がってきている。ここに来て原告団の弱体化も目につきます。年齢に加えて、石綿疾患の進みが早まっている。今月も一人、死にました。元気だった者も酸素吸入に入りました。熱心な支援者だった人に先日中皮腫が見つかって、皆ショックを受けている……。

アスベスト被害の支援者や弁護団の中では、泉南はひとまず終わった。次は建設（アスベスト訴訟）だ。こっちのほうに力を向けたいという意識が強くなってるように思うね。被害者の数が比較にならんほど多いからね。なんとかせなあかんのです。

いや、そういう現状だからこそ、原さんの映画が値打ちを発揮するとも思うんです。包み隠さず記録した映画ですから、僕もここで、被害の原点・泉南を、再び前面に打ち出したい。そうでないと、この地で死んでいった名もない者たちに申し訳が立たんですよ。家族も友人も知人も総駆り出しで見てもらわんとあかんよね。

原　全くその通りですね。ありがとうございました。

泉南アスベスト
大阪・泉南アスベス
国は責任を認めて早
スベスト国賠訴訟原告

アスベスト
国家賠償勝利
政府は責任果

作り手編

Talk

金平茂紀×原一男｜対談

ドキュメンタリーとは時代を写す鏡である

立ち合い
島野千尋［本作制作］

原一男作品との邂逅——映画人VSテレビマン

金平　原さんの映画を観るたびにいつも刺激を受けて。何がきっかけだったかを思い出そうとしていたんですけれども、自分の中で最初に原さんの映画でぶっ飛んでしまったのは、やっぱり『ゆきゆきて、神軍』なんですよね。

高校生のときに田舎から東京へ出てきた人間で、東京で起きていることに対してのとんがった見方をしていたんですね。そのまま北海道にいたら、きっと単なる「優等生」で、今頃、産婦人科医かなんかをやっていたと思うんですよ。

ある日、授業をさぼっていたときに用務員室がなんか凄い騒ぎになってね、行ってみたらテレビがあって、「三島由紀夫が腹切ったぞ」って、凄いショックを受けて。十一時何分だっただろう。お昼のニュースでした。

夕刊を見たら、三島の生首が出ててびっくりしました。奥崎さんの名前はそういう多感な時期に、自分の中にあったような社会運動や歴史みたいなものに対してのアンテナを一所懸命、延ばしていた時に知ったんです。

かねひら・しげのり
ジャーナリスト
TBS「報道特集」キャスター

だから『ゆきゆきて、神軍』を観たときに、ぶったまげたですね。

　当時、社会部の記者だったのかな。TBSの記者になって十年目ぐらいだったですね。十年生っていうと、いっぱしの生意気な口を利くような感じだったんですよ。当時、『ニュースコープ』（JNNニュースコープ　一九六二年から一九九〇年までTBSで放送されていた夕方の報道番組）という番組があって、その時は日本で一番見られていた番組だったんですよ。田英夫、入江徳郎、古谷綱正とかが出てました。

　八七年に社会部の遊軍かなんかをやっているときに、「お前、今年のまとめみたいなものを作れ」とミニ特集みたいなことをやったんです。一〇分ぐらいのもんですが、当時の夕方のニュースでそういうことをやるのはとても名誉なことで、自分の勝手な想いで、一年間を振り返るわけです。その中で『ゆきゆきて、神軍』を入れているんですよ（笑）。

原　そうですか。

金平　お墓の前で『岸壁の母』を歌って、泣いているシーンをね。よくそんなことをやったなと思うんですけど（笑）、その時の重大なニュース、出来事っていう中に、それを入れてたんですよ。

原　そうでしたか。

金平　知らないでしょ？

原　はい。

金平　それこそ全国ニュースですから一番見られている。

原　そうですか（笑）。

金平　当時、疾走プロダクションに使用許可を取っているはずですよ。

原　でも、まだＤＶＤは発売していないですよ。

金平　使ったことは間違いないから。

原　映画はユーロスペースでご覧になったんですよね？

金平　もちろん。リアルタイムで観ていますよ。凄くショック受けたんだから。

奥崎謙三を主人公にして撮るなんて想像力の外でしたからね。それで過去の作品を遡って、上映会みたいなことをやっていたんです。どこで観たのかな。『さようならＣＰ』とか。

島野　公民館的な所？

金平　そうですね。小っちゃいところですね。『極私的エロス』（『極私的エロス・恋歌一九七四』）も久しぶりに観た。これ凄いですね！　よくこんなもの作りましたね！　一九七四年に！　これ、公開はいつでしたっけ？

原　一九七四年に作ったから、一九七五年なのか？

金平　私が大学の三、四年のときですよ。これ凄いですよ。ぶっ飛んじゃいますよね。

人間の生々しい赤裸々な、「これが俺らだよ」と出すやり方が自分と合っているんですよね。ドキュメンタリーなんて一人称じゃなきゃできないじゃないかと思っていたもんですから。

それで『筑紫哲也ＮＥＷＳ23』（一九八九年から二〇〇八年までＴＢＳで放送していた報道ニュース番組）ってとこに八年ぐらいいたんですが、確かね、僕、『ＮＥＷＳ23』で原さんにインタビューしたんですよ。

原　私、スタジオ行きました？

金平　いらっしゃいました。

原　行ったような記憶がうっすらあるんですけど。呼ばれて行ったなぁって。

金平　「映画の中のテレビ人」というテーマで『ＮＥＷＳ23』の第二部で作ったんですね。

いろんな映画に描かれているテレビの奴っていうのは、もうね、クズみたいな、最低の人間で、『コミック雑誌なんかいらない』（一九八六年に公開された日本映画。滝田洋二郎監督）みたいなあんな感じですよ。洋の東西に関わらず、映画に出てくるテレビの奴っていうのはそういう最低の奴でね、あの時は『ナチュラル・ボーン・キラーズ』（一九九四年のアメリカ映画。オリバー・ストーン監督）っていう映画があったんですよ。それをやったときに、原さんに来ていただいて、「何故、映画の中でテレビ人がこんなにひどく描かれるんでしょうか」

と聞いた記憶が。

原　そうでしたっけ？（笑）

金平　そうしたらね、原さんは明々白々でね、「私は常々思っているんですが、テレビの人は何であんなに偉そうなんですかねえ？」って言って。

原　今でもそう思っています（笑）。

金平　当たり前な理由がいっぱいあって、近親憎悪みたいなもので、映画はテレビによってひどい目にあっているし、何よりも原さんが言っていた意味っていうのは「モノを創る人間」として、あるいは「映像を撮る人間」として、何でこんな自信過剰になっているんだっていうのがあったんです。

要するにテレビの中の人たちには、影響力がある、知名度が高いと自分が優れていると勘違いする人がいる。でも、何の能力もないいんです。ただ、目立つだけなんですから。

ところがそうじゃない人もいるんですよ。テレビの世界でも。

私が入ったTBSって会社に、そういう人たちが凄く多くてですね、村木良彦（テレビプロデューサー。テレビマンユニオンの創設者の一人。代表作に『ハノイ、田英夫の証言』『わたしのトウィギー』など）とか今野勉（テレビプロデューサー。テレビマンユニオンの創設者の一人。代表作に『真珠湾奇襲〜ルーズベルトは知っていたか』『地の底への精霊歌』など）とか萩元晴彦（テレビプロデューサー。テレビマンユニオンの創設者の一人。代表作に『あなたは……』『命ひとつ』）とかテレビマンユニオンを立ち上げた人たちが作ったのとか、あるいは吉永春子（テレビディレクター。代表作に『ある傷痕——魔の七三一部隊』『街に出よう〜福祉への反逆・青い芝の会』）とかね。

吉永さんの『街に出よう』みたいなそういうのが私は好きだったもんですからね。

多分、「青い芝の会」をあんな形で撮ったのは、『さようならCP』が最初かな。吉永さんもこれを見ていたんだと思います。

原　ああ、私たちのほうが先だったんですか？

金平　そうです。吉永さんの作品はね、一九七六年なんです。

原　ああ。そうですか。

金平　今の局で仕事を始める前のときだったかな。入社後に吉永さんにその話をしに行った覚えがありますね。

その後も原さんのお仕事ぶりをずっと見ててね、『全身小説家』ももちろん観ましたけど、まぁ、僕は『全身小説家』はね、嫌なもんを観たなっていうものが半分ぐらいあって。だって社会的にこんな嫌われ者いないですよね。井上光晴本人はそこを分かっていて。そんな姿に惹かれている「文学伝習所」の人たちも、もう絶滅しちゃいましたね。

原　そうですね。

金平　あんな人、なかなかいないですよ。もう完全に孤立しちゃってるんだもん。今の社会で言うと鼻つまみ者ですよね。いいなあ。無頼派。

その中でも、『ゆきゆきて、神軍』の奥崎は突き抜けているというか、余りにも突き抜けすぎて、笑いが出ちゃうんですよね。リアルタイムで観たときの笑いには二種類の笑いっていうのがあって、一つは自分が高みに立ったような気になって人間のやっていることを笑うっていうね。もう一つは、余りにも真剣過ぎて、そこで緊張感の糸が切れたときに、笑っちゃうときってあるんですよ。ああいう時って真剣でしょ？　ああいうのを観ていると、やられちゃいますよね。

アメリカに行ったときだと思いますけど、マイケル・ムーア（映画監督。代表作に『ボーリング・フォー・コロンバイン』『華氏九一一』）にインタビューに行ったんですよ。それで「あんた、一番好きなドキュメンタリー何？」って質問したら、「The Emperor's Naked Army Marches On!」って言うから、それ聞いて、『ゆきゆきて、神軍』って分からなかった。「天皇の裸の軍隊が行進しているぞ」って、何なんだろうって思ったら、向こうが「Kazuo Hara」って言ったんですよ。ああ、そうか！　『ゆきゆきて、神軍』のこと言ってんだ！　って思ってね。

そうか、映画っていうのが国境を越えてね、広がっているんだなって思いましたね。

長くて何が悪いんだ！――時間を重視する今を問う

金平　『ニッポン国VS泉南石綿村』は、途中休憩を挟んで上映するバージョンを観たんでね。

原　二一七分のやつですね。

金平　それでね、観たときに、長い長いって気にされていて。

原　凄く気にしているんです（笑）。

金平　で、気にされていたから、何を言っているんだと。（笑）それまでの作品も長いから、面白いんだって（笑）。

長くないと経験できない感覚ってあるんですよ。端的に言うと、映画の中で生き死にがあるというのは重くてですね。やっぱり、慄然としたみたいな。『ゆきゆきて、神軍』のラストシーンで、文字だけで「奥崎シズミ死去」って出るじゃないですか。こんなやり方はあざといけど、やられちゃうんだよなって感じがした。

それだけじゃなくて、長い作品っていうのは、そこの時間の感覚を、観客と一緒に共有するっていう部分があるから、自分のことのようになってくるんですよね。そんな中で人の生き死にとか、喧嘩別れとか、それからまた引っ付いたりとか、そういうのが矛盾なく受け入れられたりするんですよ。これが映画的な時間っていうのかな。それが何だか、生きているみたいな時間になってきて、僕は勝手に感情移入しちゃうんですよ。

『ニッポン国VS泉南石綿村』も何人も死んでいくじゃないですか。そのことって、「本質」ですよね。つまり淡々と続いていくデュー・プロセスとは別に、そこに関わっている人はどんどん死んでいく。それが時間を掛けるべくして掛けなきゃいけないところですよ。今って、時間を如何に削るかってことしか考えていないでしょ？　これは何故かって言うと、観られるためには時間がもったいないって思うから、効率的に意味が分かるようにもっとカットしていく。でも、付け足していかないと分からないことって僕はあると思うんです。

確か、あの時も、会場（内覧の試写会）で言ったと思うんですが、全然、長いと思わないし、長いからこそ伝わるものがあります。これは本音ですね。

この作品の場合、亡くなっていくっていうことの重みっていうのは長くないとダメですね。やっぱり、映画が節約とか効率とかを考えるようになったらアウトですよ。

原　ところが儲けの論理や興業の論理でいくと、そういうものが入ってくるわけでしょ。

金平　なんだっけな。『あゝ、荒野』（二〇一七年公開の日本映画。原作：寺山修司、監督：岸善幸）だ。あれも一部・二部ってなってるんですけど、筋立てで、寺山修司的なものをエピソードとして繰り込んでて、ボクシング映画だから、ボクシングで人を殴るとこんなに面白いんだ的なものが吹き込まれていて、別に長さなんか感じなかったですけどね。今、言っていたような、長くて何が悪いんだっていうのは、今の世の中を律している価値観とか、原則とか空気とかで言うと、完全に逆ですよね。だって、反効率だし、反利潤だし、はっきり言うと反資本主義みたいなもんですよね。そんなことって、映画じゃなきゃできない。だから、テレビなんか全然ダメですよ。テレビは如何にカットするかですから。僕が関わっている『報道特集』（TBS系列で放送中の報道番組）なんていうのは、長回しのカットだったら、「お前何考えてるんだよ」みたいな世界ですよね。ところが、本当は、長回しのものが、ニュースの短いカットの中に入っているのは面白いんですよ。そういうものの喜びみたいなものを知っている人と知らない人とじゃ、全然作るものが、違うと思うんですよね。そこが何かね、原作品がずっと長いまんま、あるいは撮影期間や取材期間も、下手すると一生やってるぞみたいな魅力ですよね。

あのフィルムはどこへ
――『ゆきゆきて、神軍』の失なわれたシーン

金平　ずっとこだわっていることがあって、『ゆきゆきて、神軍』のインドネシアで没収されたフィルムは残っているん

じゃないかって思っているんですよ。

島野　原さんに、ブルーレイで『神軍』を出したい、という思いがずっとあって、とある方が「ああいうものは絶対に捨てないと思う」とおっしゃってたんです。

金平　ありますよ。ああいう国って、諜報機関みたいなのが凄くて、粗末に扱わないんです。どのレベルの人間が持っていったのかは分からないけれども、押収していった人間が、どう扱ったかを類推できればいいんです。出先の派出所みたいなところではダメですよ。だけど、インテリジェンスに関わるような人だったら必ず上に上げますから。それは普通だと保管されるんですよ。その証拠に、今年の八月のＮＨＫスペシャル、僕はあれはね、驚いたですよ。七三一部隊の（ＮＨＫスペシャル『七三一部隊の真実～エリート医学者と人体実験～』二〇一七年八月放映）。あれは、一九四七年のハバロフスク裁判の音声テープが残ってたんですよ。正直言って、一九四七年の音声テープなんか残っているわけがないと思っていましたよ。何故かというと、僕が同じことやってたから。ソ連の崩壊のときにモスクワにいて、調べてたんですよ。一緒にやっていたリサーチャーがニコニコしながら、「手に入りました！」って言っていたのが、ハバロフスク裁判の裁判記録で、「やった！」と思って、日本の研究者なんかと一所懸命、ロシア語を読んでね。ところが、あの音声テープ聴いたらもう、ぶっ飛んだですね。やっぱり、最後に自殺した一人の医師が、生まれ変わったらどうしたいかっていうことまで、声とか法廷の写真を使っているのを観て本当に参ったですよ。ああいうものがドキュメンタリーですよ。そういう素材というのは残っていると思うから、インドネシアの情報省ね。あんまりこういうのは今、収録しないほうがいいとも思うけれども（笑）。誰かにやられたら困るから（笑）。

島野　今回、『神軍』上映のときにデヴィ夫人にトークゲストのオファーを出したんです。デヴィ夫人と原監督が対談してくださいっていうリクエストが多かったんですよ。

金平　だって、彼女、物凄い苦労してるもん。それでスカルノがスハルトに追い落とされて、迫害されたときに、第三夫人の彼女のところに身を寄せてたんですから。最後に頼ったのはデヴィですよ。

島野　『アクト・オブ・キリング』（イギリス・デンマーク・ノルウェーのドキュメンタリー映画。ジョシュア・オッペンハイマー監督）のトークショーに出られて、過去のことをやっと少しずつという感じはしたので、神軍の話もと思ったんですが。フィルムを取り返すためにどこを窓口にするのがいいのか、というのを原さんと話してます（笑）。

金平　窓口としての可能性はあると思いますよ。『アクト・オブ・キリング』の監督はダメですよ。彼はもういわばお尋ね者ですからね。『アクト・オブ・キリング』の手法とも通じるものがあるなぁ。演じさせて、ロールプレイングをやるでしょ。それで、こうやって殺したんだって。多分、『ゆきゆきて、神軍』を観てるんじゃないかな。代役を立てるのとかそっくりじゃないですか。あれは当事者がやってるんですけど、やっているうちに思い出して震えだすシーンとかもありましたよね。やっぱり手法的にはなんかこう通じるものがあるんだなぁ、と思いましたですけどね。

島野 原さんが元気なうちにインドネシアに行っていただいてというのが……。

金平 その後、なんでそれが大事かと思ったのが『ゆきゆきて、神軍』の本（原一男、疾走プロダクション編著『ゆきゆきて、神軍 製作ノート+採録シナリオ』一九八七年）を読んだからですよ。これ読んでもう、奥崎謙三はもう（笑）、向うでも凄い動き方しててびっくりしましたよ（笑）。ニューギニア篇のやつ。やっぱり、女性がいるところで。

島野 原さん、いつもその話しますから（笑）。

金平 私はセックスをしましたと言いに来る箇所があるじゃないですか。この人はなんというか、滅茶苦茶（笑）。パプア・ニューギニア篇っていうのが、もしあればね、独立してできちゃうなって思ったんですけどね。

「昭和」という時代から産み落とされた言葉の強さ
——『極私的エロス・恋歌一九七四』を語る

金平 僕、こないだ久しぶりに『極私的エロス』を観たときに、この人たちの今を撮りたいと思ったんです。

原 今はどうかなぁ。彼女（武田美由紀）は病気してね。相当に弱っていますね。いろいろあったんですけどね。

金平 これ激しいですよ。凄いですよね。この生き方は。こういう時代がありましたからね。

原 ありましたよ。もちろん、ドキュメンタリーって時代の空気を記録していくものだから、やっぱり「昭和のドキュメンタリー」って自分で言っていますけど、昭和ってこういう時代だったんです。

金平 今だとそういう意味で、笑うようなところがあってね、小林さん（プロデューサー小林佐智子のこと）が武田さんのところに行って、最初にピリピリして対峙しているじゃないですか。小林さんが、「私、どうやって対峙したらいい？」って言うんですよ（笑）。「対峙」とかっていう言葉を日常語で使うって（笑）。「対峙」ですよ（笑）。これなんだ、でしょ？（笑）そういう世界なんだけれども、そういうお互いに会うときに観念的な言葉が平気で出てきて、それが強いんですよ。

強いっていうことは、当時は言葉が生きていたんですよ。

原　そうなんですよ。七〇年代ってそういう時代だったんですよ。本当に。

金平　言葉の力っていう意味でいうと、なんでそういう言葉になったのか分からんですけどね。僕らも不思議な言葉の力に引っ張られてましたよね。

あとね、当時のマイクが面白いよね。マイクを突き付けられても、当時は逃げてないよね。で、不思議だなって思ったんですよね。これは別に武器にもなってないし、あの関係だからかもしれないですけどね。

島野　武田さんがいて、小林さんがマイク持って、カメラ持っているのが原さんで、武田さんが石を、原さんに向かって投げるじゃないですか。あれはやっぱり、凄いなって（笑）。

金平　マイクを持つ違和感っていうのは今、凄いでしょ。だって今、マイクを突き出されたら逃げますよね。ところが当時は逃げてないんですよ。そこを当たり前にやっている。撮影とか、取材みたいな行為がまだ違和感なく普通に社会の中に認知されていたんですよね。逃げなかった。ちゃんと答えてくれたし、インタビューとかね。あと、所謂「ハメ撮り」ですよね。あの時代にやっちゃったというのが（笑）。あれはどういう経緯でやったんですか？

原　映画を撮り始める前に、私は写真をやってました。彼女が妊娠したとき、ヌードで、お腹が段々、大きくなっていくプロセスを写真で撮ろうか、って撮っていたんですよ。それ以後ですかね。自分が撮られて、撮られる姿を観てみたい、っていう欲求が彼女の中で鮮明になってきたのは。それで彼女が沖縄に行くときに、「自力出産をするから、自力出産を原君のカメラで撮ってよ」っていうのがそもそもの始まりなんですよね。その流れで、「私、セックスしたときにどんな顔をしているのか観てみたいから、原君、撮ってよ」って言われて。

金平　凄いなぁ。それ。

原　じゃあ、撮ってみようか。っていうもんで（笑）。

金平　まぁ、だけど、撮るっていう行為はそういう行為ですよね。

原　そうです、そうです。

金平　日本語でいう「撮る＝トル」っていうのは相手から奪うみたいなは能動的な意味だけじゃなくて、滅茶苦茶深い関係ができちゃうんですよ。本当にここまで晒すっていう意味と晒す関係っていうのが分かる。だって、自分一人で出産する瞬間を「撮って！　撮って！」って言える関係って、僕から言わせてみればあり得ない肯定です。もしかすると今の人たちは理解できないかもしれない。

六四歳が驚く「やんちゃ」で「黒光り」する大人たち
――『全身小説家』を語る

金平　僕は今、六四ですけど、こういう人たちが激しく動いているとき、今の僕よりも若いので、結構ショックだったですね。あれ、俺、この歳かぁって（笑）。

原　奥崎さんは六二歳。

金平　井上さんだって……。

原　五十代前半ぐらいですよ。

金平　やっぱりやんちゃだもん。やんちゃですよね。井上光晴なんか、悪い人だと思いますよ、この人（笑）。悪いっていう意味は、魅力なんですよ。黒光りするような悪い奴っていう意味です。悪いことをするときに輝くような奴っているでしょ。嘘をついたときとかに。小説家って、社会的に有用なものじゃないじゃないですか。今は小説家もきっと社会貢献しろなんていう話になるのかもしれないけど（笑）。無頼の世代の人たちのやんちゃさっていうか。皆、だって、文学伝習所の女の人たちとも親密な関係になっていったわけでしょ？　家族や周囲の方々がよく我慢していると思うけど、これも不思議な関係で、悪すぎるからでしょうね。寂聴さんだってそうですよね。

原　そうです、そうです。

金平　人生、滅茶苦茶に変えられたわけですから。寂聴さんは。

原　寂聴さんを純文学の世界へ引っ張ったのは井上光晴さんですね。

金平　最後のほう、泣いてましたけどね。出家したのはあんたのせいよ、みたいなね。

原　でも、こういう人たちが生きていた時代が、「昭和」という時代なんですよね。今、「平成」という時代でこういう生き方は成立しないでしょ。

金平　しないです。もう、言った瞬間に排除されて、ぶっ叩かれて、犯罪者になっちゃうんですよね。「不倫」なんていう言葉が社会的に糾弾されるような世の中ですから、こんなのあり得ないですよ（笑）。僕は昭和の時代の人ですから、「昭和」って良い時代だったなぁって。さっき言いましたけれども、東京出てきたときはちょうど、一九七〇年ぐらいかな、その時が自分の一番多感な時代と重なっている時代ですからね。その時の影響っていうのは未だに抜けないんですよね。これね、良くないです（笑）。

原　一生ついて回ります（笑）。

金平　これはしょうがないですね。やんちゃしている人とか見ちゃっていると。もう、こんなやんちゃにやって好き放題ですもんね（笑）。

「建前」と「仮想」に潜んでいるものの恐ろしさ
──『さようならCP』を語る

金平　『さようならＣＰ』なんか「障害者にも生きる権利があって」とか建前を言っている世代の人たちに、「何を言っているんだ」っていう話ですよね。吉永さんの青い芝の会（一九五七年に結成された脳性麻痺患者の団体。当初は仲間うちの親睦団体だったが、一九七〇年に起きた障害児殺し事件を機に運動団体に成長。『さようならＣＰ』の上映運動と共に全国に波及し、一九七三年、全国青い芝の会が結成される。）を撮った『街へ出よう』も凄いんですよ。川崎のバス闘争（一九七六〜七七年）を当時、青い芝の会がやっていて、明らかに事前に打ち合わせがないと成り立たないような撮り方と場面転換になっているんですよ。だって、運転手が「何言ってんだよ！」って言って、周りを通勤客が囲んで、「迷惑なんだよ！　お前！」「なんだと思ってるんだ！」「遅れるんだよ！」って凄い撮り方しているなぁって。ある種、青い芝の会の運動にコミットして、初めて撮れるみたいな撮り方なんですよね。マイクを突き出しても逃げない時代ですから、その時に言ってた人の本音っていうんですかね、募金なんかしているときに、「可哀想な人なんだよ」って言いながら募金に応じている人とか、ここにも出てきますよね。善意に潜んでいるものの恐ろしさって。本当に大変です。名前さえ消されていく世の中ですから。

相模原（二〇一六年七月に起きた相模原障害者施設殺傷事件）の被害者たちって全員、匿名なんですよ。これは日本で初めてのことなんですけど、起訴状とか論告とか冒頭陳述とかから全部、死んだ人の名前が匿名になっているんです。これってね、『さようならＣＰ』とか、吉永さんたちの突きつけたことと全く逆の方向に社会が行っている。そういうものを表に出さない、隠しちゃうみたいな、事件がおぞましいものなんだから記号にしないとまずいんだよっていうものですよね。固有名詞じゃない、メディアとか裁判所とか検察とか警察とかが、なおかつ家族会の人たちも基本的にはその方針を支持するとかで、そうするとその人たちの存在って何だったのかって話ですよね。

島野　今回の『ニッポン国〜』の感想の中であったのは「よく皆、顔を出して、名前を出しましたね」って。

金平　そうなんですよ。ドキュメンタリーで名前を出して、顔を出さないというのは成り立たない話ですからね。そういう意味で匿名化とか、プライバシー保護と言われるような建前が横行するようになると、現実を晒すことによって、真実を求めるみたいな、ドキュメンタリーの本質とは違うところに行っちゃってるというか。

島野　ちょっと質問なんですけど、相模原は匿名なのに、今回の座間（二〇一七年に起きた座間九遺体事件）はなんであんなに名前が出ちゃうんだろうって。

金平　それがまた特殊な事情だと思うんですけど、今、起きていることは被害者八人のうちの何人かの遺族が弁護士を立てて、「これ以上、被害者の名前を報じないで下さい」っていうことをメディアに申し入れているんですが、メディアのほうは警察の発表などに基いて一回、出しちゃったんですね。なおかつ個別の事情があるでしょ。個別の事情っていうのがこの事件の動機とか、特殊性と結びついている。つまり、インターネットのリアルじゃない社会に助けを求めるみたいなことでね。若い人たちの中にはインターネットやＳＮＳが本当なのであって、現実の飯食ったり、トイレに行ったり、抱き合ったりするのは面倒臭いと。「匂いが大体、するじゃないか」という感覚みたいですね。ＳＮＳのほうが匂いもしないし、相手との距離も分かんないし、自分がその中で、「承認される」ほうが重要なんだと。だから、「インターネットなんて嘘っぱちだよ」とか、「ＳＮＳってリアルじゃない」みたいなのとは全然違っていて、生まれ落ちたときからそういうものがある人はそっちがリアルで、現実は鬱陶しい。で、そういう人たちに何が起きているかっていうと、他人に対する興味みたいなのがない。他人に対する興味みたいなのがあるから、原さんみたいなことができるんじゃないですか

（笑）。他人に対する興味がないと絶対、作らないですよ（笑）。

原　そうですよ。

金平　だけど今は、他人に対する興味が段々、なくなってきて、承認して欲しいみたいな。難しいですよね。その代わりに個人はそれぞれ孤立しているみたいな。今中国から留学に来ている人と話をしていたら、中国はもっと凄いということを言っていて、僕らは本来ならば、くすぐったいとか、いい匂いとか、身体性が大事だって思っているけれども、ヴァーチャルによって得られる快感のほうがいいって言うんですよ。そういうものがあるって知らなかった。教えてもらったのは、アニメのキャラクターと疑似的なセックスをするんですって。

原　ああ。

金平　VRを着けると、アニメキャラが自分に乗っかってくるんですよ。現実的に言えば、マスターベーションですよね。面倒臭くないし、課金はされるんだろうけれども、どんどんそうなってきてると。一九六〇年代の終わりから一九七〇年代ぐらいに、鈴木志郎康（詩人。映像作家。代表作に『罐製同棲又は陥穽への逃走』『胡桃ポインタ』）っていう人がいて、「プアプア詩」っていうのに凄い影響を受けたんですよね。これが『極私的エロス』みたいな世界だったですよね。今、こんなところに行かないですも。

島野　武田さんは極端ですけど、女の人で武田さんが好きな人と嫌いな人ってはっきりと分かれますよね。

原　分かれるね。

島野　男の人は……。

金平　……。

原　でもね、この映画を観て、自分も自力出産をしたくなりましたって、自分のボーイフレンドに八ミリカメラを持たせて、やりましたっていう人が三人ぐらい。

金平　あっ！　そうですか！

原　武田美由紀の生き方に惹かれる人がある一定数いたはずです。当時は。

金平　凄まじいですよね。これが撮られたときって、沖縄の一番熱い時期ですよね。何年ですか？

原　一九七一年かな。

金平　七二年が復帰の年ですから。

原　そうです、そうです。

金平　七〇年の十二月にコザ暴動ですからね。Aサインバーはたくさんの黒人兵であふれていた時代ですよね。そういう意味で言うと、原さんは熱いところに行っていますね。本当に。

ドキュメンタリー監督はつらいよ
――『ゆきゆきて、神軍』を語る

金平　僕なんかお聞きしたいのは、こういうものを作り続けていると、受け入れてくれる観客の側がどれだけいるのかしらとか、観客の側が果たして受け入れてくれるかという恐れというか懸念みたいなのってないですか？

原　恐れじゃないんですよね。ただただ、どういうふうに受け止めてもらえただろうかっていう不安だけです。

金平　でもね、『ゆきゆきて、神軍』なんか作ったときは絶対に受け入れられると思ったでしょ？

原　いや、おくびにも思っていません。それは撮影の間に、小林以外の私を含めたスタッフ全員が、奥崎さんに対して、物凄く反発していたんですよ。無茶苦茶なことを要求されるわけだから。こんなひどい、得手勝手な主人公の映画を誰が観てくれるのかと。

金平　はっはっはっは（笑）。

原　でも、一所懸命作ったんだからね。少数の人くらいは観てくれるよな、っていう気持ちで公開したんですよ。そしたら、あっという間に評判になって。

金平　ああ。そうですか。

原　はい。

金平　公開の時期と、撮影取材の時期ってズレがありますよね？

原　ラストシーンとして撮れたものが当局に取られたから、ラストシーンのない映画って成り立たないって思ったんですよ。だから、これは映画として成り立たないんだって落ち込んで、一年間、何にもしない時期があったんです。でも、一年経って、撮れたフィルムで何とかしなきゃいけないんじゃないかって、本格的に編集を始めたんです。

金平　編集を始めるまで一年間ブランクが。

原　ブランクがあります。奥崎さんの毒気から立ち直る時間が必要だったんですよね。最初は今平さん（今村昌平監督。代表作に『楢山節考』『復讐するは我にあり』）が撮ろうとしたわけでしょ。天皇陛下にパチンコ玉を撃った裁判を撮ろうとしたんですが、日本では裁判をやっているプロセスを撮れないじゃないですか。それで、今平さんが断念して、その一〇年後に私が今平さんから紹介してもらうということになって、撮り始めたわけでしょ。撮影の初期は、「カンヌ映画祭でグランプリを受賞されましたあの今村昌平監督の紹介によります原一男監督に私の映画を撮っていただいております」とか、必ずあっちこっちでスピーカーで言ってたぐらいに、今平さんに撮って欲しかったんですよ。でもね、段々、撮影が進んでいくにつれて、「今平さんじゃなくて、原さんに撮っていただいて良かったと思っています。今平さんだったら、私のほうが遠慮してましたからね」って。私のほうが好き勝手できたっていう話ですよ（笑）。

金平　はっはっはっは（笑）。原さんに対してはどういう呼びかけをしていたんですか？　原さんですか？　原君ですか？

原　それがね、物凄くクソ丁寧に「原さん」です。

金平　へー。

原　ただ、私が奥崎さんに対して「先生」って言わないもんですから、奥崎さんが「原さんは私に対して先生っておっしゃいませんね」って。

金平　はっはっはっは（笑）。

原　「先生」って呼んだら、従わなくちゃいけないじゃないですか。だから、最後まで断固、呼ばなかったんですよ。それが気に食わないわけですよ。

金平　この人攻撃的だから、この映画に出てる山田吉太郎さんが気の毒になってきて。

原　山田さんは人間的に立派な人ですよ。尊敬できます。

金平　こういう人っているんだってぐらいに印象に残っていますよね。ひどい目にあってね。こんな奴に暴力振るわれて（笑）。トラブルになるのを観てて、どういう対応になるのかって人間の本性みたいなのが現れちゃうみたいなところがありますよね。それで言うとこの人は立派な人だって思いましたねぇ。

原　本当にそう思います。

どうやって時代を写したか
——悪童たちのドキュメンタリー戦記

金平　ＮＨＫで障害者がいかに戦後史を辿ってきたかということで『さようならＣＰ』を使ってましたね。ハートネットテレビの熊田さんっていう人がいるんですよ。彼女はその昔、『ＮＥＷＳ23』のスタッフだったんですよ。

島野　えっ！　そうなんですか！

金平　それでＮＨＫに入り直して、ハートネットテレビのプロデューサー。

原　そうですか。

島野　新宿の路上にもう一度行きましょうって、原さんに。雨が降っててホコ天じゃなかったんですよ。晴れてたら原さんが説明しながら再現できたんですけど、雨の中だったんで。

金平　でも、昔の映画ってそういうのがいっぱいあって、ＮＨＫの佐々木昭一郎（映像作家。代表作に『マザー』『紅い花』）のね。この人もまぁ、やんちゃな人でね、新宿とか渋谷で、平気で、ハプニング的なことをやるんですよ。まして、テレビ局の制作の人でそんなことをやる人なんていなかったから。僕はそういう人を見てて、「やってみるか！」っていうことで、影響を受けて、一回拘束されたことがありますよ。

原　そうですか（笑）。

金平　河内家菊水丸（伝統河内音頭継承者。音頭取り）とずっとリクルート事件のことを撮っていたんですよ。街の中であの格好で行くから異様な感じでしょ？　初公判のときもあの格好で行くんですから（笑）。警察が段々、寄って来るんですよ（笑）。危ない奴だって思って（笑）。それで東京拘置所に今、江副社長（江副浩正。リクルートの創業者）がいるっていうんで、そこに行こうって言って河内音頭の服装をして行って、それだけじゃつまらないからって言って、荷台が上に持ち上がる重機に乗って、そこの荷台で河内音頭を歌って、東京拘置所の塀のところまで上がったら、その中で受刑者たち体操してたんです。そうしたら、彼らがびっくりして塀の方向に寄ってきちゃった。そして、僕らが警備の人たちに囲まれて、「あんたたち何やってるんですか」ってなって拘束されましたですね。もちろん、事情を話して大謝りに謝ったんですが、その模様を写したＶＴＲは使うなって、これは無許可で受刑者を撮っているみたいな。だけど、これは面白かったですね。

島野　今はできないという感じですよね。

金平　それをやると第三者が通報するみたいなんですよ。

原　ですよね。今はね。

金平　僕らがやろうとしたって、テレビがこんなことやろうとしているぞって、すぐに誰かが通報して、駆けつけて来るみたいな、そういう世の中ですね。だから、昔なんかはよく、新宿でハプニング的なことをやっていたじゃないですか。今、それは通報されますよね。

原　そうですよね。

金平　そうすると何のためのホコ天かって話ですよ。

原　そうですよ。『さようならＣＰ』で歩行者天国に行ったのは、歩行者天国が始まった翌年なんですよ。撮影をしているときに、警察官が横田さん（横田弘。全国青い芝の会のメンバーで、『さようならＣＰ』の主人公の一人）を連れて行くわけですよ。私たちが横田さんを引き取りに行ったら、「何でこんなことやってるんだ？」と。で、「立ち止まっちゃいかん」のだと。「歩行者天国」だから、別に立ち止まろうがパフォーマンスをしようがいいんでしょ、って思ったからね。「立ち止まったらよくないんだ」って、警察官がしきりに言っていましたよ。えー、「天国」じゃないじゃんって、思いましたよね。

金平　立ち止まっちゃいけないって、移動してたじゃないですか。

原　動いているんですけど、観ている人が取り囲むじゃないですか。見世物になっちゃよくないって言うんですよ。あえて見世物になるために行ったのに。押し問答をしても、警察官相手には通用せんですもんね。

金平　それで言うと、殴られたりしたことあったでしょ？

『極私的エロス』のときに？

原　私が殴られたんですよ。暴力団に。なんで私が殴られなきゃいけないいんだって。やってんのはこの人（武田美由紀）じゃないかって思うんですけどね。

あの人たちの今を撮りたい
――時間とどうやって向き合うか

金平　『極私的エロス』を撮ったのはおいくつのときですか？原さん。

原　私の二六、七ぐらいです。

金平　二六ってときは、相手との関係が生々しく伝わってくることをやってみようというエネルギーがあるときですよね。

原　ええ。元気でしたもん。

金平　ガンガンやりますもんね。当時のウーマンリブとか、それから女性たちが自立するっていうことで、激しくやってた時代があったじゃないですか。

原　ええ。ありました。

金平　その流れの人々ですよね？

原　主人公の武田美由紀はその運動の中に飛び込んでいって、その中のリーダーの一人みたいになっていきますけどね。

金平　凄いですよね。「何言ってんだよ。私は性欲の処理機関じゃないんだよ」っていうケンカの売り方をして、奔放に生きていくけど、ああいう所に飛び込んだら、簡単じゃないですよね。お子さんたちがいたじゃないですか。今、いい歳でしょ？　アメリカ人とのダブルなっていった子とか、最初の男の子とかどうしているんですか？

原　私との間の最初の子どもは結婚したんですよ。結婚した相手が、母親とそっくりな気性の女だったんです。気が弱いタイプなんですよ、息子が。嫁さんからギャンギャンやられて、愛想尽かされて、離婚しちゃったんです。子どもも嫁さんに取られちゃって。しばらくして再婚した人が凄く優しい女の人で、子どもが二人生まれたって聞いたかな。今は幸せだって話です。

金平　そうなんですか。ダブルの子は？

原　ダブルの子は「アメリカになんか行くな」なんて劇中で言っていましたけど、彼女にとって日本が良い社会じゃないということで、養子に出すことを決意するんですよ。

金平　へえ。

原　養子に出そうとした相手が白人の家で、本当は養子に出しちゃうと、実の親に会っちゃいけないというルールがあるみたい。だけれども、「会っていいよ」と言ってくれて、その後も母親の武田美由紀とは行き来はあったみたいです。私との間の子どもが再婚の結婚式を挙げたときに、遊ちゃんというんですけどボーイフレンドを連れてきてました。白人

でピアスを派手に着けている人で、びっくりしました。
金平 はっはっは（笑）。
原 彼女は苦労して夜学に行って、資格を取って、割と堅実な生き方をしているようです（笑）。
金平 そうですか。良かったですねぇ。時間の流れかなんかに勝手に興味持っちゃったですけどね。この人たちがどう生きているのかって方を見せられたから、ここまで激しい生き方を見せられたから、この人たちがどう生きているのかって興味がありますね。インパール作戦についてNHKが今年の夏にやったやつ（NHKスペシャル『戦慄の記録 インパール』二〇一七年放送）でね。六〇年とか七〇年の歳月を経て、その人たちが当時のものを見せられて、「よく見つけてきましたね」とか、やっぱりああいうものの時間ですよね。今の僕らは刹那的になっているというんですかね、さっきのSNSの話じゃないけど、今とかせいぜい、一時間以内が良ければいいとか、そういうんじゃないですよね。自分は時間とどうやって関わり、どうやって生きていくんだみたいなものを考えさせられるというか、そういう時代を切り取っているという意味もあるんですけど、時間のスケールが大きいから、原さんの作品全部から普遍的なものが伝わってくるというんですかね。

原一男VS原一男——普通の人たちへの迫り方

島野 原さん自身も言っているんですけど、『ニッポン国〜』

はこれまでの手法とは違うんです。「原一男VS原一男」っていう感じで思っているところがあって、金平さんから見て、作り方から原一男の作家性という意味でいうと、どうですか？

金平　僕は何やったたって「作家性」って出ちゃうみたいに思ってて、こういうところを意地悪に撮ってるなとか（笑）、賠償金の支払いのところなんかあるから。

例えば、政治家が来たりするじゃないですか。いっぺんに「うわぁー！」ってなる弱さとか、普通、撮らないですよね。いろんな忖度しちゃって。ああいうところをベタって撮るのは良いですね。そこが僕らの弱さであったり、そういうものなんだから、ドキュメンタリーって。いろんな奴がいて、いろんな葛藤があって、という意味で言うと、一見、大型訴訟団に密着何年なんていうそのこと自体の心意気というか、きっかけについて言っていましたよね。関西テレビでしたっけ？

原　そうです。

金平　その人はセンスの良い人だと思うなぁ。アスベスト裁判ってひどくてね。止まんなくなる咳とか、やっぱり凄いんですよね。そういうのを観ていくと、あとはどんどん死んでいくのがやっぱり……。墓標ですよね。墓標が時間の中で増えていくという。手法が違うって言ったって、作家的なアレで言う、ジャンプしたとか、断絶しちゃったとかって全然思わないですけどね。勝手に思い込んでいるだけで、きっといろんなことを言う人がいるんだと思いますよ。

島野　原さんの今までの作品は「昭和のスーパーヒーロー」たちが出ていると。だけれども、今回は普通の人たちだって、その葛藤をずっと原さんが……。

金平　そうですね。「スーパーヒーロー」とか、「アンチヒーロー」とか、そういう人間一人を立てて、やっていく描き方もあると思うんですけど、今回は「原告団」ですからね。「原告団」っていう一つのまとまりでありながら、中身がぐちゃぐちゃになっているっていうのは、ドキュメンタリーを作るとき、着目もしづらいですよね。なかなか絞り切れないですよ。その中の誰かにフォーカスを絞っていくのはありだと思うんですけど、いろいろな人間模様があるから面白いんだっていうのがありだと思うんですけどね。そういう意味で、キャラ立ちするスーパーヒーローとかスーパーヒロインの時代っていうのは終わったんじゃないですか。

原　そうですね。「昭和」で終わりましたね。

島野　原さんはいつも「昭和」っていう言い方をするんですけど、それは金平さんから見ても、そういうスーパーヒーローは「昭和」で終わったんですか？

金平　僕も「昭和」の人間ですから、全く共感するし、同意するんですけどね。少し矛盾しますけど、さっき「昭和」とは異なる異人種が現れたみたいなことを言いましたけど、そういうことを僕に言ってくる人たちは、それで良いとは思っていないからですよね。そこんところの普遍的なものって変わんないんじゃないかと思っているんです。だって、人間なんかたかだか生き物だから。せいぜい、六〇年から八〇年しか生きない生き物でしょ？　僕は、新人類とか新々人類が出てきたみたいなふうに思いたくないっていうのが本音ですね。もしかしたら、相手にされないぐらいに、新人種や新々人種が出てきているのかもしれないけれども、生き物だからなぁ。生き物であるところから逃れられないですよね、僕らは。残念ながら、同じ生き物。

島野　私が言うのも何なんですが、撮られるほうの肚の座り方が昔と今じゃ全然違うって、原さんは苦労していらっしゃいます。

金平　撮る側と撮られる側の緊張関係とか、深さっていうのが変わってきましたよね。こっちは深みにはまりたいんですよ。取材する相手と自分というのは、一回知り合ったら簡単に抜け出ると思うなよ、とそれくらいの気持ちでやっているんだけれども、向こう側はあしらうというか、いつまで撮ってるのよという感じになってるんだろうなぁって。そういう意味で言うと、僕らは因果な商売で、どこまでものめりこんで、下手すりゃ、カメラになりたいみたいな感じなんですよね。僕なんか下手すると、相手の中に入りこんじゃえ！　みたいな。でも、それをうっとうしいとか、面倒くせぇよとか、そう思っている人が増えてきているのは間違いないでしょうね。だけど、それが変わらずにそうなっていくかは分からないです。そういう、表面的というかスマートな無味無臭な関係の持ち方って、結局、僕なんかはつまらないなと思うけれども。

島野　原さんの向き合い方って、これまでの作品と全然違いますか？

原　普通の人たちだからさ、泉南の人たちって。普通であることは困るんだけどな。

島野　宣伝で書いているんですけど、舞台挨拶ってできたのはこの作品が初めてですよね？

金平　わっはっはっは！（笑）

原　確かに、そうだなぁ。

金平　武田美由紀が一緒に舞台挨拶なんてするわけないじゃないですか（笑）。

舞台挨拶っていうのは商業映画的しきたりじゃないですか。ドキュメンタリーの対象になった人が仲良く和解して出て来る関係っていうのは、本来の原さんの撮り方ではあり得ないですよ、普通は。今回は大団円的なものがあって、判決が出て、そこから闘っていこうみたいなのがあるから、一時的には舞台挨拶ができるのかもしれないけど、これから先、どうなるか分からないし、それにやっぱり死んでいくしね。

生活者VS表現者――金平キャスター、原一男監督に迫る

金平　一本の作品を撮るのに、結構、時間をかけてるでしょ？　そうすると平均で三、四年かけているのは当たり前のことですよね。もっとの時もあるでしょ。

原　そうですね。はい。

金平　その間って、正直、大変じゃないですか？　つまり、食っていくとかそういうことも含めて言っているんですけどね。それから仲間もいるし、そういう人たちに支えられながらやっていくということでしょ？　僕みたいにどっかに所属している人と、フリーでやっている人とがいると思うんですよね。そこは大事だと思っていて。そこはもしかすると、断念する可能性もあったんでしょ？　今回、『ニッポン国VS泉南石綿村』はどうでしたか？

原　私が一番つらかったのは、「昭和」の時代に撮った作品っていうのは、こういうふうにやれば、この人を描けるという自分なりの方法論があって、撮る対象とお互いに挑発しあうみたいな関係があったんです。でも、今回は挑発しようにも、ここから先は自分の家族のことだし、体調が悪いし、取材は元気になったらまたね、みたいな線が引かれてしまって、最後の最後まで突破しきれなかったっていうところがあるんですよ。そこの守るところがあるからこそ、「生活者」と僕らは呼びますけど、そこが決定的に違ってたんですよね。果たしてこれで映画になるのかしらと。それまでの人たちはここから先まで踏み込んじゃいけないっていうことがないじゃないですか。むしろ、そこまで踏み込んでくれたほうがいいというところがあるので、どんどん踏み込んでいくわけじゃないですか。今回は、こんなんで、本当に面白い映画になるのかしらっていうのが最後まであって、それが一番、つらかったです。

金平　これまではアンチ生活者？

原　アンチ生活者ですよ。「表現者」って今まで呼んでいました。生活者VS表現者って使い分けてますが。奥崎さんなんてモロ表現者ですよね。自分の子どもを水商売の人に産んでもらいたいと途中で言いだしたわけですよ。それでお金を払って、浮気もしたと、セックスもしたと。そのことを女房に謝るんだと。土下座するんだと。それを是非、原さんに撮っていただきたいと。プライバシーも何もないんですよね。全部、全部、撮ってくれっていうのが奥崎さんだったから。そういう人と生活者っていう人を比べると、絶対、奥崎さんを撮ったほうが面白いじゃないですか。今回は違ったもんね。ここから先はダメよって、優しく断られて、手も足も出なかった。

金平　でも、考えてみるとフィクションかノンフィクションかっていうことで考えてみると、表現者のほうは演じているでしょ。生活者のほうは演じていないですよね。カメラを回すことによって、変わるということはあるのかもしれないけど、表現者の場合の「生きてる」ということはやっぱり、生活とは明らかに違っていて。

原　生活とは違いますね。ただ、この映画の中の佐藤さんっていう人は演技っていう感覚を明確に持っていた感じがしましたよね。

金平　それと弁護団と原告団の関係ですよね。弁護士っていうのは一番重要な人たちですが、そこはかなり意識して撮られたっていうのはありますか？

原　大体、どこでもそうなんですけど、運動の中に政党が入って来るでしょ？

伝統的に「日共VS反日共」という図式があって、今回の場合、皆さんがはっきりと意識していたかは分かりませんし、ズブズブの日共の人が中にいたというわけでもありませんが、日共系、民主系だろうなぁという思想性や価値観を持った人と、「反日共」系の人がいました。それは日本の市民運動が伝統的に持っていた病理みたいなもんだから、そこはきっちりと描かなくちゃいけないよなと思っていました。

金平　それはよく出てますね。弁護士的な「団結」とか、「統一」とか、「全力で一致して戦いましょう」みたいなものとぶつかったエピソードはなんかありました？

原　一つだけあります。負けた裁判が一つだけあって、その時の裁判長が判決を出して退官したんですよ。その人が関西の大学の教授になっていて、講義をやっていると。柚岡さんが、そこへ押しかけて「なんで、あんたはあんな判決を出したんだ」って問い詰めようと。

金平　三浦潤裁判長ですか？

原　三浦裁判長です。それを聞きつけて、弁護団のリーダー格の人たちが三人来まして、「原さんがもし、柚岡さんと撮りに行くんだったら、今まで原さんと友好的な関係を築いてきましたが、壊れることになります」って脅してきたんですよ。

金平　はっはっはっは（笑）。

原　それで泣く泣く、私は「分かりました」って言って断念したということはありました。

金平　へぇ！

原　それが一回だけ。それから映画も完成して、皆さんに観て下さいと言ったときに、このシーンはまずいから落としてくれと言われるかな？　と思ったら、一言も言われませんでした。「自分たち弁護団と柚岡さんとが対立しているところがあるけれども、原さんの作品なんだから、原監督が描いたものとして自分たちは受け止めますと。だから、自分たちがここを落としてくれって言いません」って。立派だなって私は尊敬しましたよ。

金平　ああ、そうですか！　柚岡さんはどうでしたか？

原　柚岡さんが奥崎さんと似ているって多くの人が言っているんですよ。でも、全く違います。奥崎さんは絶対に妥協しません。こういうことをやると言ったら絶対にやり遂げます。ある時、奥崎さんがやるって言ったことに僕がついていかなかったときがあります。ついていかなくても意地を張って奥崎さんはやります。柚岡さんは妥協する人です。いろいろ弁護団と対立もします。喧嘩もします。でも、最終的にはね、裁判闘争に勝たなきゃいけないと。運動のためっていうことで、自分が主張していることを抑える。抑えることができる人なんです。そこが決定的に違う。

金平　なるほど。僕はあの人に魅力を感じましたけどね。

原　ええ。私は妥協できる人という意味で、魅力のある人だと思います。それで、いいなあ、と思うのは、柚岡さんは妥協した後でくよくよする人なんです。

金平　はっはっはっは！（笑）

原　だからいいんですよ。

金平　すごく人間的じゃないですか！（笑）

原　妥協するからダメだって言いたいんじゃないんですよ。妥協してくよくよするのがいいんだって思っているんですよ（笑）。

金平　賠償金を分配する集会のシーンがあったでしょ？　あれはもうスムーズに撮れたんですか？

原　あれはスムーズじゃありません。「ここだけはヤバいから、原さん出て行ってくれる？」って言って、外に出されました。全員の場の前に、一応、原告団のリーダーの人と弁護団が意思統一をしておきましょうねっていう場が持たれたんですよ。いつもＯＫしてくれるんでカメラを持って入っていったら、「ここはまずいんで、原さん出て行ってくれる？」「ええっ。どうしてここはダメなんですか？」「うん。ごめんね」って言われたんで、やむを得ず出ました。でも、途中からそーっと入っていきました。

金平　はっはっはっは（笑）。

原　そん時はもう大事な話は終わっていましたけどね。

金平　こんな微妙な話をよく撮らしたなっていうのはありました。

原　そうですよね。弁護団会議って何度も何度もやってるじゃないですか。映画を撮り始めた頃って弁護団から拒絶反応があったんですよ。「なんでここにカメラがあるんですか？って」。でも、撮らせてくださいって二度三度、頭を下げてお願いしたら、それ以降は、拒絶はされませんでした。

立派なもんですよ、あそこの弁護団の人たちは。ただ、私は裁判なんて国家が構築しているシステムの一つでしかないじゃないかって思ってるもので、そういう、所詮国家の枠組みの中での抵抗ということに葛藤ってのはないのかって聞きたかったんです。でも、あの人たちにほとんどそういう感覚はないみたいですね。画面で見る限りは。

金平　そういうのを僕がなんとなく理解できるのは、司法っていうのは裁判所だけが司っているんじゃなくて、参加しているのは検事とか弁護士とか、原告とか、裁判所とか、それぞれのロールプレイングっていうか、皆で作っていって、最後に裁判所が判決を下すので、参加者がいないと困るんですよ。

原　そうですね。

金平　そういう意味で言うと、その人たちも司法を担っているんですよ。だから、自分たちの役割を本能的に分かってて、司法制度自体を否定されると困りますよということに関して言うと、ものすごく保守的です。

原　ですよね。見事にそうでした。そこに関してだけはね。弁護団の人たちは、人間的には優しいし、凄く好きなんですが、そこだけは納得いかないって。私の気持ちを、この映画に入れたんです。

金平　なるほどね。ああ、やっぱりそうか（笑）。

原　映画を作る人間も裁判闘争に参加しているという意識が強くなったので、出しゃばろうと思って、私自身がカメラの前にも出てインタビューをするっていう方法を取ったんですよね。弁護団の意見とも違うしって。市民運動なんで、原告だけじゃ成り立たない。原告団がいて、弁護団がいて、市民の会があって、映画を撮っている人もいて、一つの運動なんだから。記録している人間もいて、私も出たほうがいいなぁって思って、出たんです。しゃしゃり出たというか。出たがり屋って言われると困っちゃうんですけど。

島野　最後になりますが、これからこの作品を観る人に何かメッセージをお願いします。

金平　この作品は最初の『極私的エロス・恋歌一九七四』からずっと続いている作品の延長線上にあるもので、僕はやっぱり原一男作品だって思いました。やっぱり勇気づけられる。一つは一般人にも観て欲しいっていうのもあるんですが、ドキュメンタリーの作り手や表現者を目指すような人に観て欲しいなって思いますよね。今はやたら賞味期限の短いスーパーヒーローを消費して終わりみたいな作品が多いので、儲けとか効率とか関係のない自由な空間があるっていうことが分かりますよね。全然、長さを感じないと思います。そして長いということは本来、豊かで、かつ取り返しのつかない持続なんだということが分かると思います。

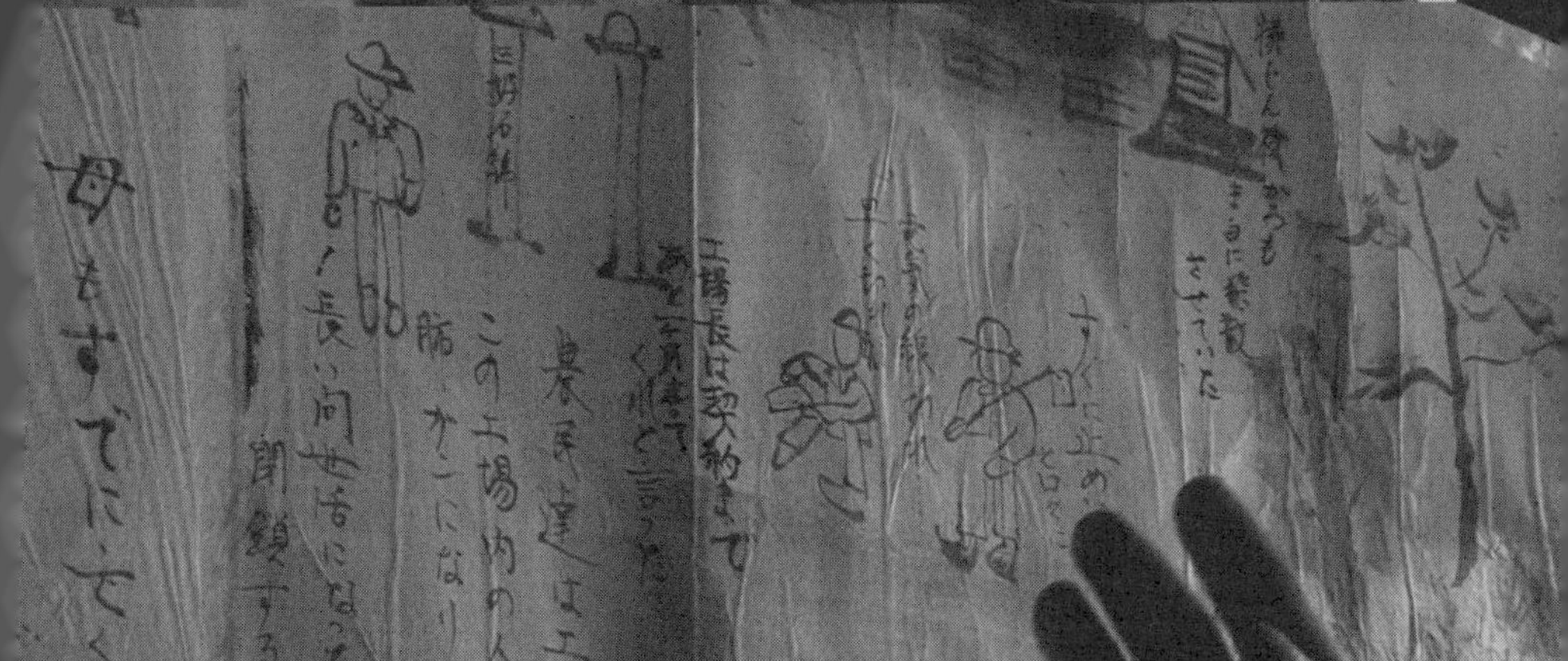

Interview

原一男監督インタビュー

「生活者を撮る」ということ

聞き手
佐藤寛朗［neoneo編集部］

とんがって生きることが困難な平成の時代に誰を撮るか

★――原監督の疾走プロの作品としては『全身小説家』（一九九四年）以来、二三年ぶりのドキュメンタリー映画になります。二三年間かかったということは、それだけ表現上の課題があって、大変な苦労をされたのだと思います。

一つ大きなポイントだと思うのは、泉南の原告団の皆さんのような「生活者をどう撮るか」という問題です。『極私的エロス・恋歌一九七四』の武田美由紀や『ゆきゆきて、神軍』の奥崎謙三といったスーパーヒーローとは違う泉南の庶民の皆さんを描くために、監督はどのようなアプローチをされたのか。まずはそこからお聞きしたいと思います。

原　これまでの疾走プロの四作品は、自分たちでも〝スーパーヒーローシリーズ〟と呼んでいるけれども、表現者的な人にカメラを向けて、自分を鍛えてもらう要素が非常に強かったんだ。そもそも俺は、自分好みの人と映画を作るのは世界が狭いと思っていて、思いもかけないことをやってみませんか、と言われるほうが、作り手として鍛えてもらえる意識があるからさ。

俺は二十代の頃、報道写真家を目指して障害者の世界をほっつき歩きながら、『極私的エロス・恋歌一九七四』の主人公・武田美由紀と出会った。武田美由紀も全共闘運動の影響を受けていて、自分はどういう生き方をして、どういうタイプの表現者になりたいのかということを、彼女とよく議論していたんだ。

そのなかで「生活者と表現者」という定義を自分の中でしたと思うの。生活者とは、自分と自分の家族の幸せのために生きる人のことであると。では表現者とは、自分と自分の家族の幸せよりも、もっと多くの他者のため、世界の幸福のために生きようとする人のこと、これを表現者と呼ぼうと。自分は当然表現者として生きたいと思ったし、生き方として生活者というのはイヤであると。表現者として生きている人にカメラを向けることで、自分も表現者として生きたいと思うようになったんだ。

そこで大きな問題なのは、表現者として生きたいと思っている自分が、一方でものすごく臆病であると。怠惰な自分のどうしようもなさを、自分で認識しているわけやんか。一九六八、九年頃、全共闘運動の街頭闘争のときに、石も投げられなかった自分がいるわけだから、その弱い自分をなんとしてでも鍛え上げたい、せめて革命闘争が起きたとすれば、一番後ろでいいからついていきたい。それさえも自分を鍛えないと、ついていくことすらできないんじゃないかと思っていたわけ。ただし、生活者として生きることを否定することはできないよな。あくまで自分の生き方の選択として、そうではない生き方を選びたい、ということだったからね。

『全身小説家』を作ったあとも、その流れでもっと面白い人はいないだろうかと、無意識のうちに探していたんだよね。ところが、十数年時間が経ってもそういう人は現れない。そうすると、見つからないのはなぜなんだ？　って考えちゃうよね。いろいろ考えて、出した答えが、昭和という時代だからそういう生き方が成立したんだと。平成という時代は、そういう生き方を認める余裕がなくなっている。もっと言えば、権力を持っている側が、自由に、過激に、とんがって生きる生き方を認めなくなった、と思ったんだ。

それでもう、この平成という時代は、表現者的な人を見つけて映画を撮ることが成り立たないと思って、絶望的な気持ちになったんだよ。ちょうどそういう時期だったんだ。「アスベストをやってみませんか？」と声をかけられたのは。いや、アスベストより先に水俣だったかな？　いずれにしても二〇〇五、六年頃のことです。

生活者は強引には撮れない

原　「よーし、やってみよう」と思って始めるんだが、水俣も、アスベストも、目の前にいる撮影対象の人たちはもろに生活者じゃんか。いっこうに「面白いシーンが撮れた」という実感が得られずに、ため息がでるぐらいウワーッとなって、頭を抱えるわけだ。自分が二十代の頃に一度否定したはずの、表現者ではない生活者という人たちに、しっぺ返しを喰らっているような感じがしちゃうわけだよね。なんで今になって俺は、生活者と呼ばれる人を前に苦しまなアカンのやろうか⁉︎って、我が身の不運を呪うような気持ちになったんだよ。今考えると「あんたに生活者が撮れるのか？」って挑発されていたような気もするけどね。

★――生活者を捉える映画作りは、表現者を捉える映画作りとは、根本的に違うのですか。

原　『ゆきゆきて、神軍』の奥崎さんを例えにすると分かりやすいと思うけど、カメラの前の人も、表現者を目指しているわけだから、こちらも表現者の表現者たるところ、つまりとんがっている人のとんがっているシーンを撮ることによって、その意味を際立たせる作り方になるわけ。とんがっているシーンを撮ろうとこちらが表現者に働きかければ、向こうもその気持ちを受け入れてくれるわけだよ。ひたすらとんがったシーンを目指して、お互いに頑張ってやっていく。撮れた映像も、とんがってないシーンを捨てることで、とんがったシーンが際立つ。そういう映画作りになるわけ。これはある意味楽なんじゃないかって。いやいや、やっているときには楽と思ったことはないんだけど、過ぎてみれば分かりやすい。お互いがひたすらとんがったシーンを目指していけばいいのだから、そこで悩むことはないんだよ。

ところが、アスベストも水俣も、相手はとんがってない人たちだから、いっこうに面白いシーンが撮れたとは思えないわけ。俺の中には、どんなにシリアスなテーマを扱っても映画はエンターテインメントであるべき、という考え方が根強くあるから、たとえ生活者であっても、どこかでとんがったシーンを探し求めているわけだよ。ところが、どれだけ待っても、とんがったシーンなんか出てくるべくもない。水俣も、アスベストもそれは同じ。特にアスベストは最後の最後までとんがったシーンが撮れたとツメの先ほども思えないまま、裁判が終わって、撮影を終えざるを得なかった。いっこうに撮れたという実感を得られないまま、ひたすら時間だけが過ぎていった感じだよ。それで否応無く編集に入っていくわけだから「本当にこれ、面白い映画になるのかしら」という不安が、ずうっとつきまとっていたわけ。

★――理屈としては婉曲に断られたり、いろいろあるとは思いますが、結局、生活者というのは、どうして撮らせてもらえないのでしょう？

原　それははっきりとしていて、自分の幸せを守るためだよ。だから「生活者」と言うんだよ。例えば、お母さんがアスベストの病気で苦しんでいると。お母さんはその苦しみを娘にぶつけると。つまり八つ当たられて、それはそれで娘としてはしんどいと。映画監督としては、人間の感情を描くために、まさにそういうところにカメラを向けなきゃいけないと思って、撮らせてもらえませんかとお伺いを立てるんだが、やっぱり断られるんだよ。

泉南の原告団のような生活者は、実際にしんどい状況というのを撮らせてはもらえない。撮られたくない気持ちが働くやん。これ、相反する矛盾だよなあ。俺としてはそういう時こそ撮らなきゃいけないと思うのに、そういう時だからこそ皆さんは絶対に撮らせない。その矛盾は最後まで乗り越えられていないわけ。

奥崎さんのように、表現者を目指している人は、撮られたくないところを少々暴力的に撮ってもいいじゃないかという感じがこちらにもあるけど、生活者は強引に撮っちゃうと関係が壊れるから、そういう手法はないんだと思うようになっていった。今回の映画のいちばん始めの隠岐島で、カメラ止めてくださいって断られるじゃん。あれも、本来の目的である調査のために来ている人たちの邪魔をすることはできないから、止めざるを得ないわけ。今回、相手の意向を無視して撮ったのは、厚労省のガードマンぐらいで、泉南の原告たちを強引に撮ることはしなかった。それは、生活者は強引には撮れないということを、しみじみ思い知らされたということでもあるんだよ。

唐突に人が亡くなっていく、その事実がドキュメンタリー映画が伝えるドラマ

★――そのような中で、いちど二〇一四年に、あくまで運動のための六七分版『命て　なんぼなん？』が限定的に公開されます。このことは、今回の『ニッポン国VS泉南石綿村』にどのような影響をもたらしましたか。

原　弁護団から「運動のために一時間ぐらいの長さのものを作ってくれませんか？」と言われて『命て　なんぼなん』を作るんだけど、こちらの意識としては、未だに撮れた感じがしないものだから、せめてもの罪滅ぼしで、役に立ってあげないと申しわけない気持ちで、裁判闘争に役立つような編集でまとめたわけ。そこで一つ「あっ」と思ったことがあった。

あくまで運動のための映画だから、裁判の経過と、弁護団が活躍しているシーンを選んで構成するわけだが、原告団の

人々の様子を入れざるを得ないよね。どういう闘争かを説明するために、原告の人が一人、また一人と死んでいきます、というシーンを入れた。そうしたら「次から次へと人が死んでいく、そういう映画なのね」という感想があった。そうか。次から次へと人が死んでいくことが、今回は大事なポイントなんだ。それを記録する作業を俺たちはやっているのか、と思ったわけ。

やっぱり人が死んでいくというのは、非常にドラマチックな出来事だよね。自分でも苦笑いしちゃうんだけど、原告団のこの人が亡くなりそうだという情報が入ったら、その人のところにいって「なんとか撮らせてください」って頼もうするけれども、そんな情報は、誰一人としてくれないよ。死期が近づいた映像なんて撮れやしないわけ。佐藤健一さんのところで、弁護士が記録用に撮っていた映像を紹介するのがやっと、という感じだった。

それよりも、元気なうちに撮りに行くと、あともう一回、この人の人生の全体についての話を聞きたいと思うわけ。一回目はどうしても、アスベストという病気を中心にインタビューをするから、もっと突っ込んで、アスベストがその人の人生にどう影響を及ぼしているのかを聞かないといけないと思っているからね。それで、もう一回訪ねていこうと思っているうちに「あの人亡くなったのよ」と聞くわけだ。愕然とするんだよ。映画では、インタビューで全く元気な姿で映っている人のところに「何カ月後に死亡」というスーパーを入れているけど、こちらの感覚も、本当にそんな感じなんだ。結果として我々は、生きている最後の映像を撮っていたんだ。

撮影した人が次から次へと死んでいるのを目の当たりにすると、これは死ぬ直前の、死相が現れている映像を撮ることだけが、死が持っているドラマチックな要素を撮ることではないと気づいたんだよね。こちらも毎日通っているわけでもないから、よけいにあの人亡くなったのよねということを唐突に聞くわけじゃん。その「唐突さ」が、映像としての唐突さではなくて、ドキュメンタリーという事実の時間を記録していく中での「唐突さ」であるから、まさにドラマチックである、という感じがしたんだ。その頃からだよ。とんがった人のとんがった場面を撮ることだけが、メインの方法ではないんじゃないんか、と考え始めたのは。

対峙するのではなく、相手の好意の範囲内で撮らせてもらった

★――いちばん唐突に思えたのは、西村東子さんですよね。監督もお風呂のシーンなどを撮らせてもらっているのに、映画では、ある日突然亡くなった感じでした。

原　あの人の場合も、本当に好意で、もう一回会いたいと

言ったら、いいわよって会ってくれたんです。たいがいは一回会ったら、二回目は「もういいんじゃないの？」と婉曲に断られる人がほとんど。だけど西村さんだけは「いいわよ」って気やすく言ってくれるから、回数が増えたんだよ。お風呂に入っているシーンも「あんたたち、撮りたいんやろ？」って向こうから言ってくれたんだもん。だからあれも撮らせてもらった映像で、こちらが無理矢理口説いて撮ったシーンではないんだよ。

★――岡田さんのお母さんだったり、西村さんだったり、何人かの死に顔を撮らせてもらったりはしていますよね。

原　あれもまた、岡田さんの兄弟がたくさんいるんだけど、全員裁判闘争をやることに反対で、岡田さんは孤立無援だったんだ。だからお母さんのお葬式にカメラを持っていっても、本来は撮影をどうぞと言ってくれるわけないんだ。でもちょっとしたスキに岡田さん本人が撮らせてくれたんだ。それだけ。西村さんの場合はもっとゆるやかで、撮られたくない強い意志を持っている家族がいないし、裁判でつき合いのある原告団もたくさんの人が駆けつけたから、まぎれて撮影が可能になった。そういう意味でいうと、カメラが回ること自体が極めて稀な人たちなんだよ。相手の好意なくしては撮れなかった、というか。

★――そこには弁護士さんだったり、柚岡さんだったり、支援する人たちのお墨付きがあったということですか。

原　全くその通り。弁護団や柚岡さんの俺たちに対する仲間意識が、撮影を可能にしてくれたんだ。自分たちを撮っている原さんは身内なんですと、裁判闘争の記録者という仲間意識を持ってくれたんだ。もちろん、こちらは単なる記録にするつもりはないと思っていたけれども……。

例えば、最高裁の判決のあとで、塩崎厚労大臣が直接原告団の家に出向いて謝罪をするよね。映画の中にも入れているけど、あれ、厚労省からは撮影して欲しくないって言われたんだ。弁護団と柚岡さんが本当に粘り強く交渉して、ようやくカメラを入れてくれたんだよね。他にも弁護団会議という弁護士だけの内輪の会議をやっていて、本来はカメラを入れないものだが、この弁護団は入れてくれた。最初は抵抗したみたいだけど、カメラに慣れて、受け入れてくれたんだよ。

国が控訴するかしないかをじりじりし待って、村松弁護士が「民主党ダメだなあ！」って叫ぶ東京の弁護団会議。本当はあれも「遠慮して」と言われたんだよ。だから最初は遠くから遠慮しがちに撮っているんだけど、だんだんとマイクを近づけ、近づけ撮っている。そういうふうに弁護団、原告団、柚岡さんの好意があったから撮れたシーンが、今回はとても多いわけ。

逆に言えば、好意を逸脱するようなシーンは撮れていない。

例えば高裁の三浦裁判長が原告の訴えを棄却する判決を出して、その後定年で天下って、関西大学の教授になった。柚岡さんがそこに押し掛けると。原さん一緒に行きましょうとなったわけだよ。ところが事前に弁護士が俺のところに来て「もし柚岡さんと一緒に原さんたちが撮りにいくことになれば、関係はこれで壊れると思ってください」と言われるわけだよ。そうなるとやっぱり撮れない。だからあそこは撮り損ねているわけね。

★——全体として今回の映画は、取材相手の方とのケンカを極力避けている感じもします。

原　ケンカはしていないよ。今回は撮られる側と感情的にしこりが残るような対立は一切していない。それぞれ戦略的な思惑もあるかもしれないが、そもそもケンカをしたとしても、イヤなものはイヤよね、って、そこを越えられないもの同士のつき合いになるんだよ。ケンカというのは、両方が同じ問題意識をもっていればしてもいいと思えるけど、そこが成り立っていないというかすれ違っていると、ケンカのしようもないじゃん。それが生活者を撮ることの課題というか、ジレンマというかで、難しいんだよな。俺にとっては、作り手としてそれをどう乗り越えるかという問題意識になっていったと思うよ。

作り手も登場人物の一人である

★——でも今回の映画が面白いのは、柚岡さん、弁護士、原告団。三者三様の思惑があって、全てにカメラがあるから、より立体的に見えてくる部分があるんですよね。

原　そうなのよ。後半のしょっぱなで私が登場するでしょう？　あれは、カメラの後ろにいる私の裁判に対する考え方も、登場人物の一人として、はっきり打ち出したほうがいいんじゃないかという考えがあって、出しゃばるのはちょっと抵抗はあるんだけど、あえて登場したわけよ。

カメラの前に登場する私という作り手の見方、弁護団の裁判に対する見方、それと柚岡さんであり原告団の裁判に対する態度、みんなの立ち位置を明快にしたほうが、その先どう描いていくのかが見えやすくなると思ったんだよ。だから俺が『命てなんぼなん』の上映会場を撮影の場に変えて、関係者にインタビューする手法をとったのは、作り手も登場人物の一人であると、観客の人に意識的に観てもらいたい思惑があった、ということや。

★——原監督は、撮影中のある時点から「自分も出るべき」と明確に意識したように見えました。何故前に出ようと思ったのですか。

原　よく俺たちは「仕掛ける」という言葉を使うよね？

でも「仕掛ける」ということが成立するのは、相手が表現者だから、というふうに思い始めていたんだよ。今回のアスベストの映画で「仕掛ける」って、誰がどこで、どう仕掛けているのか？　って考えたことがあるの。裁判を起こすこと自体が、弁護団であり原告団の仕掛ける行為じゃん。映画の作り手としては、主人公格的な人に対して仕掛けることが求められている。だけど、今回はもう求めようがないと。作り手が原告団に仕掛けるといったって、仕掛けようがないじゃんか。

柚岡さんが高裁の三浦裁判長のところに押しかけるというのは、柚岡さんの仕掛けじゃん。それは弁護団から止められて成立しなかったけれども、もし俺が「仕掛ける」とすれば、そうやって登場人物として前に出ていって、俺自身の問題意識を、後半の物語の中に組み込んでいくことぐらいしかないんじゃなかろうかと思ったのな。

★――ということは、監督自身が出るというのは、悪い言い方をすれば、「生活者がなかなか撮れない」ことへのある種の怨念というか、仕掛けられないことのストレスから出てきた発想なのですか。

原　そうかもしれないな。映画にしたときに自分が表に出ることによって、後半の物語の流れを俺が望む方向へ持っていきたい、表現者としての欲求の表れだろう、と思う。

法廷内を撮れずに国賠訴訟を映画にするジレンマ

★――それに関連して、この映画でもう一つ撮れないものとして、裁判がありますよね。非常に形式的だし、国家の秩序を守る形でやるし、法廷内は撮れないとか、カメラに対する制約も多い。そこに対する憤りはあったんですか。

原　あるよ。でも裁判ってそういうもんだと思ったけどね。特に日本の裁判は、作り手が自由に撮れる条件なんか全くないじゃん？　どだい裁判の一番のメインは法廷なのに、ドラマチックで劇的な要素がある法廷内の様子は撮れないんだからさあ。それを前提に裁判闘争を撮るには、どう面白くすればいいの？　ということやんか。俺にとっては難問だったよ。隠しカメラを持ち込もうか？　とか、真剣に考えたもん。絶対に弁護士に止められたとは思うけどね。

★――結果として柚岡さんが、〝裁判の秩序〟からはみ出る形で実力行動に出ますよね。首相官邸に直訴に行くと。あれは監督が挑発したわけではない？

原　柚岡さん自身が何人かの原告団をアジテーションして行くわけだが、途中で挫折しちゃうじゃん。ということは、原告団は柚岡さんを信頼はしているんだけれども、本当に信頼しているのは、献身的にやってくれている弁護団のほうだった、ということだよね。柚岡さんのキャラクターは面白いけど、そのせいで反感持たれたりしているからなあ。おかしいよね。

★——柚岡さんを主人公にするとか、主人公としてキャラクターを強めるみたいな考え方は出てきませんでしたか？

原　結果論だよね。やっぱり何だかんだ言いながら、裁判闘争の外では柚岡さんが運動を引っ張っているんだ。前半だって、原告の人たちについて回る柚岡さんの登場シーンが一番多いし、後半では、総理官邸に押しかけるとか、厚労省の中で「テメエら、ふざけるんじゃねえ」って、ケンカ口調でぽーんと表に出るのは柚岡さんだもんね。あれは、例え自分が嫌われても表に出ることで原告にある種の緊張感を持たせる、柚岡さんなりの戦術だったと思うんだよ。そういう感じが俺にもあるから、きっちり押さえようとするじゃん。その結果、後半柚岡さんが必然的に主人公的な位置付けになっていったんじゃないかしら。それともう一つは、柚岡さんの考え方が、俺にとってはいちばん共感できるというか、共感が成立する人だからよ。

★——でも、柚岡さんはやっぱり奥崎謙三のようにはならない。

原　柚岡さんは、ああいうふうにカッカしてケンカするけれども、弁護団がやめてよ、これはまずいよと言ったら「分かった」と妥協する人だから。妥協することで裁判が成立してきた面も間違いなくあるんだよ。奥崎さんは妥協しない人だから。そこは決定的に違うよね。

★——結果的に、いろいろ駆け引きをしながら、最高裁で裁判が勝ちますよね。大臣の謝罪があったりする中で、裁判のプロセスを追っていたら、普通裁判に勝ったら映画も終わり、じゃないですか。裁判が終わったとき、監督は何を考えましたか。

原　いや、裁判が勝つというのは、場面こそ「勝訴」っていう垂れ幕があって、ワーッって拍手があるけれど、映画的にそれでヤマ場が撮れた、という感じではないよな。裁判に勝っても、内実は原告が線引きされただけで、足並みが乱れるわけだから、外された人は認定された人に対して憎しみが生じたりする。水俣でもそれはあったし、人間ってそういう気持ちになるじゃん。そこまでフォローして、このあとどうなる？　というところまで踏み込まないと、裁判を描いたとは言えないよね。俺が一番気になっていたのは、それが撮れるかどうかというところ。勝訴のときは、そこに意識が向いていたと思うよ。

★——具体的にはお金の話ですよね。結果として映画の最後に総会があって、もらえる人、もらえない人がいることを伝えた上で、全会一致で円満解決をする。ただ柚岡さんは……

という形で映画を終わらせました。

原　実はあれ、円満じゃないんだ。なんで私はこの額なの？　って不満を柚岡さんのところに泣きついてきた原告がいるし、弁護団のほうもすんなりいったわけじゃないんだよ。その話は少し聞いたし、インタビューもした。だけどお金の問題は、そういう不満を持った人をシーンとしてちょこっと入れただけでは解決がつかない感じがするんだよ。お金の問題だけで一本映画を作るぐらいに追求しないと、描けない実感がある。だから、最後、会議でお金を山分けするシーンに関しては突っ込みが浅いかなと自分では思っているけれども、あのシーンで話されたこと自体にはウソはないからね。不満を持った人はいるけれど、そこを掘り下げようとするとそれは別の物語になるだろうと思って止めたんだよね。

国にケンカ売ってることを意識してくださいよ、という願望を込めた「VS」

★――タイトルに「VS（ヴィエス）」が入っています。ここには監督を含め、ニッポンという国家にケンカを売っている人たち、というテーマの立て方があると思うんですが、映画をそのような構造にしよう思ったのは、どういう意図があるのですか。

原　まずタイトルに、ニッポン国という言葉をこだわって入れたのは俺なんだよ。小林は、ニッポン国という言い方はあまり好きじゃないって常々言っていた。でも俺は、ニッポンという問題意識を昔からずっと持っているから、それを入れたいというところで、かなり長い期間「ニッポン国泉南アスベスト村」というような言い方をしていた。ところが、最終的にタイトルを決める段階で、小林が「VS」を入れようと言い出した。「VS」を入れることによって、問題意識がよりはっきりすると。

　俺から言わせれば、そもそも裁判というシステムが、国家を維持するための装置に過ぎないと思うのだが、弁護士がその意識を持っているかどうかは、はっきりいって疑問があったわけ。だから弁護士の人にどうなの？　って聞いたけど。見事に持っていないよね。あくまで国家を維持するシステムの中にいる弁護士という私の職業、という批判的な見方をしている人はいないと俺は思った。それはそれで弁護士という職業の限界なのかなとも思った。どんな人にも自分の職業が持つ誇りってあるじゃん？　そこに対して批判的な見方を持っちゃうと、誇りなんか持てやしないんだよ。それはそういうもんかって思った。

　じゃあ裁判を、あくまで国家を維持するシステムに過ぎないとする問題意識を持っているのは誰なのか？　柚岡さんはまあ持っているよね。だけど、原告団の人がそこまで持っているかというと、残念ながら持っていないと俺は思うのね。持てないことが、あの人たちの限界であると。だけど作り手である俺たちには、どこかで持って欲しいという願望があるからね。だから、小林の入れた「VS」というのは、客観的にみれば、国家にケンカを売っているんでしょう、あなたたちは？　そういうふうに思ってちょうだいよ、っていう、俺たちの願望なんだよ。原告団の人たちも、本能的には思っているかもしれないけど、ちょっとよく分からないな。

★――そのあたりをひも解く鍵も、映画の中に入れてありますよね。塩崎厚労大臣が泉南に来たときに、佐藤さんら原告の人たちがありがたがりますね。

原　そうやろう？　佐藤さんともう一人、松島さん。あの人が「あなたも、私も同じ人間。切れば赤い血が出る」なんてことを言う。あれは見事に浪花節やないか。ああいうところで浪花節を堂々と展開する人が、「塩崎厚労大臣と会って私は感動しました」と言う。その意識のありように対して俺は共感して映像を撮ったわけではないもん。ホントにそれでいいんかいな？　と思っている。ただし、そういう庶民像が現実としてあるわけだから、できるだけ議論を呼ぶために、シーンとして入れてはいるけどね。

俺、個人的には佐藤さんという人が大好きなんだよ。いつも「パパ、パパ」って言って、いったんカメラを回し出すと、つい最後まで切れない映像が五、六回もあるんだよ。映画では一回しか入れていないけど、何回同じ話を聞いても涙が出ちゃう。それだけ自分の思いを一所懸命に伝えているんだよね。そういう人には俺も弱いんだよ。だからこそ、最後にあの人が「塩崎大臣は自分の願い事を聞いてくれて。今は恨みなんか一切ありません」と言っていたのを聞くと愕然とするんだよ。

★――監督としては、どこかで「その意識でいいのか？」という問題提起を含んでいるのですか。

原　ある。これでいいのかというメッセージを明快にするために、構成を立ててあるはずなんだよ。小林が構成を担当し、秦岳志さんが編集をしたけれども、俺としてはそういう〝問題提起の映画〟にしたいと思っているからね。でも観る人は自由だから、違うことを読み取ることはあり得ると思っているよ。

★――表現者として生きてきた原監督が「生活者」を理解しつつも、これでいいのか、という挑発の視線が、今回の映画の中にありますよね。

原　そりゃあそうさ。柚岡さんが、最後のインタビューではっきり言うてるじゃん。自分で怒って、自分の言葉を全て裁判所にぶつけた人は一人もいないって。あの柚岡さんの言葉が、俺の思いとほぼイコールやもん。全面的に共感するもん。

韓国・在日の存在に語らせた「石綿村」の棄民労働の歴史

★――あとは、細かい所を少しずつうかがっていきたいと思います。映画の大きなトピックとして、運動版では一切描かれなかった朝鮮（韓国）のアスベスト問題を初めて入れています。それはどういう意図ですか。

原　これは泉南の石綿村が持っている歴史でもあるよね。日本が戦後発展していく中で、国全体が豊かになるという方向で動いているときは、そこで動いている人の健康は、お金がかかるから切り捨てられるわけだよ。その現場を支えた労働者は、経済的に恵まれなかった、言ってみれば底辺の人たちなんだよね。隠岐島とか、沖縄とか、鹿児島の離島から、働く場所を求めてアスベストに流れてきた人たちだ。アスベストは手っ取り早くて技術もいらないから、身体が元気でちゃんと働いてくれればいい職場なのよ。そういう職場には、被差別部落の人や在日の人が、数のうえでも多かったことは、事実として映画に描くべきである、と小林と何度も話をして、入れようとしたんだよ。ところがね、被差別部落は描きようがないんだよね。この人は被差別部落出身で……という人が、現実には見つからなかった。見つからない以上は、入っていないんだよな。

在日に関しては、日本ではアスベストがヤバいと分かって、一九八〇年代に諸外国に遅れて禁止されるんだけど、韓国では禁止されるのがさらに遅れて、被害者が発生するんだよね。そのことを細かく描こうと思っても、なかなかうまくは撮れなかったが、最低限、そういう韓国・在日の人たちが、石綿村の中に存在して被害者になっていたとか、原告団と交流があるとか、その事実だけは押さえたい、ということで入れたんだよな。

★――いまお聞きしたような背景のある原告の人たちをどのように描くかが、この映画の大きなポイントだと思いました。手法としては、インタビューでていねいに掘り下げています。今回、彼ら彼女らの人生をアクションではなくインタビューで描いたのはどういう理由ですか？

原　インタビューにならざるを得ないんだよ。アスベストの被害者といっても、既に生産が止まって二十数年経っているわけだから、かつてここにアスベスト工場があったんですよと工場跡を教えてもらって行っても、実際に機械がどんなふうに回っているのかとかは、撮りようがないもんね。そうなると、アスベストに関するアクションも、例えば現在の日常、スーパーに買い物に行くとか、家族とどう暮らしているとか、そういうものを撮りたいかといえば、そうではないもんね。十年、二十年前の記憶の話だから、言葉というものに頼らざるを得ないと思うけどなあ。

★――インタビューが悪いと言っているわけでは全くなくて、インタビューでも、人生のある種の瞬間が凝縮できるもんやなあって、感心して見ていました。

原　インタビューという手法だけで面白い作品ができるんだって、言葉の力を見直したのは、関西テレビで放送された『映画監督・浦山桐郎の肖像』（一九九八年）なんだよ。だから今回もインタビューでいけるかしら、という疑問は持たずにすんだよな。言葉だけでもドラマチックに描ける確信があったからね。一つひとつの現場で、できるだけ丁寧に話を聞いていこうって思ったぐらいで、不安はなかったな。

弁護士の人間臭い葛藤をもっと描きたかったが……

★――あとは、弁護士にこれだけ深く迫った作品というのも初めて観た気がします。「泣く弁護士」なんて、これまでの映画で見たことあったかな……。

原　彼らは嬉しくても泣くし、勝ったときも泣くし、負けても悔しくて泣くんです。伊藤明子弁護士と小林邦子弁護士か。あの二人の女性の弁護士はすごくいいよね。男の弁護士だって泣いているでしょう？

★――原告団や柚岡さんと並んで、今回の映画のもう一つの主役が、弁護士という職種の人々ですよね。彼らの存在を、監督はどのように意識しておられましたか？

原　本当を言うと、もうちょっと弁護士一人ひとりの心うちをダイナミックに描いてみたい欲求はあったの。だけど小林はそこはちょっと意見が違うところで、やはり原告団のほうをメインにすべきだというところがあった。小林は警察官とか弁護士とか、お医者さんとかを含めて、いわゆる「先生」と呼ばれる人たちを心の底では嫌いであると常々に言っているからなあ……。

でも、今回の村松弁護士とか、伊藤弁護士とか、何人かの弁護士は本当に善い人なんだよ。あんなに献身的な弁護士は見たことない。いくらホメてもホメ足りないぐらい善い人だと思っているんだよ。それゆえに、かえって心の中の葛藤を覗いてみたいと俺は思ったけど、一本の作品の中でバランスを取っていくときに、これ以上いらないんじゃない？　って言われると、そうかな、って思ったんだ。

考え方が違うものを排除しなかった泉南の運動

★――弁護士の人間模様もありますが、一方で彼らは、先ほどから話しているような「国家のシステムの一部に過ぎない」という批判の対象でもあります。そのあたりは撮っている間も含めて、どういう視線を持ってつき合っていたんですか。

原　柚岡さんが首相官邸に押しかけたり、裁判長への直接行動をやりたいと言ったときに、弁護士から抑えられるのを見ていると、やりたいことをやれない運動って何やろう？っていう不服を俺は持っていたんだよ。柚岡さんももちろん持っている。だけど同時に、裁判に勝つための戦術を考えると、どこかで我慢しなきゃいけないという頭もあるわけ。そういう意味では自分の中で妥協するやんか。そういう理性で感情を抑えるような存在だからこそ、人間としては葛藤があるんじゃないのかな。

別にフォローするわけではないが、一つ言っておきたいのは、柚岡さんが弁護団に対して〝司法ムラ〟だと言うのは、弁護士に対しては、かなりきつい批判だと思うのね。俺自身も、弁護士という職業も、裁判というのも、国を維持するための機関の一つに過ぎないと思っている。

これだけはっきり口に出して言っている柚岡さん、私がいて、映画の中でも弁護団に対するそういう批判を率直に言っている。だから、映画を作りながら、それこそ芝原団長あたりから、弁護団に対する批判の部分は遠慮してもらいたいと言われるかなと思っていたわけ。ところが、大阪で試写会をやった後、弁護士の人と話したら「これは原さんの作品ですから、映画の中で批判をされても、それはそれで受け止めます。弁護団がこの映画の内容に関してどうこう言うことは、一切ありません」と確約してくれた。立派だよね。包容力があるなあって。

実は撮影中も、これまでの自分たちの映画を知っている人がいて、原告の人が『ゆきゆきて、神軍』の原さん？って気づいて、昔の映画を見せるじゃん。どういう映画を作る人かが分かった時点で「原さんたちには協力できない」という声が出るかな、という不安は実はあったんだが、完成しても、泉南の弁護団は、思想的に違う俺を排除することはしなかった。柚岡さんとも最後までやれた。それはなかなかできないことだと思うよ。自分と考え方が違うものを排除するという運動にありがちなジレンマを、泉南の人は乗り越えた。それはあの弁護団があったからだと俺は思う。あらためてあの人たちを尊敬しています。

国の責任を問うというのはどういうことなのか

★――あとは後半で、官僚という人たちが出てきます。担当が毎日替わって、直接の担当者や大臣が出てこない、それすら計算に入れている。ああいう国家の代弁者みたいな人たちを、どのように考えていたのですか。

原　彼らの立場で考えれば、もうやめてよ、あんたたちの言いたいことはちゃんと伝えるから早く帰ってよって、逃げ出したくなるような気持ちじゃん。だけど「上に聞いてこい」って（原告団に）追及されると仕方なく戻って、これは想像だけど、お前もっと頑張れといって上司に追い返されるわけじゃない？　俺はそういう官僚をかわいそうにと思うわけ。下手すると原告団のほうが、若い彼らに対していじめているように見えないかしらって心配もある。だけどあれだけしつこく上の人を出せと言っても出てこないこの国のシステム。これだけはきちんと描くべきだという気持ちがあったんだよね。

★――大臣も同じですよね。特に塩崎大臣（当時）は監督のことを知っていて、映画も見ているかもしれませんが、立場上は事務的なもの言いしかしませんでしたよね。

原　そうな。本当は塩崎厚労大臣にインタビューしたいぐらいだよな。でも自分が担当した事件じゃないわけだから。そういう人って本音ではどう思うんだろうって。水俣の裁判でも、当時環境大臣だった小池百合子が、原告側が最高裁で勝ったということで、謝罪会見に出て、支援者が小池大臣に「謝れ！」って迫るわけだよ。責めるほうも小池大臣に謝らせたからといって、いったい何の意味があるんだろうかと分かっていながら責めている。小池大臣も「謝ればいいんでしょう？　でもなんで私が謝らなければいけないの？　私は担当じゃなかったのに」っていう違和感を持ちながら謝っている。双方ともおかしいと思いながら、それぞれの役割を演じているのを見ると、嘘くさいなあと思うんだよ。

塩崎厚労大臣の謝罪というのもね、基本的にはその印象が非常に強くあるわけだよ。じゃあどうすればいいんだ？　本当は厚労省の若い官僚一人ひとりに、俺、インタビューしたいぐらいだもん。

★――今回意識しなきゃいけないのは、「ニッポン国」といったときに、国家は基本的には事務的な対応しかしないし、裁判で原告が勝ったとしても線引きをするし、お金を出し渋るわけじゃないですか。そういう国家のあり方に対して、原監督はどういう考えをお持ちですか。

原　いちばんもどかしいと思うのは、人の命や健康が、けっきょくお金に換算されるわけでしょう？　それは水俣も同じなんだ。原告団の人々は、お金じゃないんだ、元の身体に戻してくれ、という言い方をするわけ。だけど身体は元に戻らない。そうすると、お金に換算される闘争という、そもそも裁判で争うことに対する疑問が涌いてくるじゃない？　お金を要求することが悪いと思っているわけじゃないよ。お金しかないんだから。でも人の命をお金で換算するというような裁判のあり方でいいのかなあ、という感じがつきまとっているのは確かです。

意図することなく作品の中に立ち現れた時代の正体

★──その辺りの「国家のシステム」がどのように見えるかによって、この映画の観え方が変わってくるような気もします。

原　今回描いた厚労省のシーンというのは、「国」というものがどういうリアリティをもって我々の前に現れるのか？　ということに対する一つの答えではあるよね。一番下っ端の官僚が出てきて、どんなに周りが口酸っぱくお願いをしても上層部は出てこない。よしんば大臣が出てきたとしても、塩崎厚労大臣の目は完全に死んでいる。それが日本の行政システム、それが国家である、という現実を、観た人とどれだけ共有できるんだろうね。

一方で、国家に対して原告団の一人ひとりに塩崎厚労大臣が謝罪したら、もう恨みもありませんと言ってしまうような態度や価値観に対して、そういう生き方でいいのか？　という疑問が生じるじゃんか。

国がかなりヤバい時代になっているのに、ヤバい方向に持っていこうとする政治家を多くの日本人が受け入れているわけだから、そうなると、一人ひとりの日本人の生き方はこれでいいのかという問いかけが、この作品のベースに生じるわけだよ。まさに今、この時代が求めている課題というのはそこにあって、描くべきテーマを与えられ、アスベスト国賠訴訟を通して描いた、それが作り手としての私の答えですよね。

★──表現としては、「撮れていない」となかなかGOサインが出せなかったものが、ある意味時代を問うようなかたちで、今回の『ニッポン国VS泉南石綿村』として噴出してしまった感じがありますよね。

原　撮影をしている間は、自分のなかで明快に意識していなかったんだ。することができなかったが、でも何となくはあったんだよな。はっきり言語化できずにもやもやとしていた、ある方向性みたいなものがあって、そういうシーンを狙って撮っていると思うわけ。それが編集をする中で言語化ができて、構成でかたちを組んでみれば、やっぱり今という時代の中で、どこか自由にならないものがあって、その正体はなんだろうって意識的・無意識的に考えていたんだ。そのあたりが今回の作品の中に顕在化したって考えるべきだろうと思うのよ。表現ってやはりそういうもんじゃないかなあと思う。

★──では、これからは、スーパーヒーローシリーズじゃなくても人間が描けると思えましたか？

原　まだ分からない。今村昌平さんが「映画というものは、ドラマであれドキュメンタリーであれ、人間を描くものである」と言っていて。俺的にはちょっと足らないので、「映画とは人間の感情を描くものである」という言い方をしているわけ。

人間の感情を描くということは、つまり人間は素晴らしいもの、面白いものであるという人間讃歌に全面的にしたいわけだよね。『ゆきゆきて、神軍』も人間讃歌だよ。だけど、今回のアスベストの人たちは、自分の中で人間讃歌というところまでいけていない感じがあるわけよ。それが次の水俣をやるときの宿題だなと思っている。だから水俣で人間って面白いね、人間っていいんだよねえ、いうふうに描ければ、スーパーヒーローシリーズを超える庶民主義として自信を持てるのかしら、って思っているんだが。これがまたなんか難しそうだなあって。メチャクチャ難しいと思う。

『ニッポン国VS泉南石綿村』製作の裏側で

原一男

「撮ってみませんか」の挑発には乗ってみる

「原さん、アスベストをやってみませんか？」切り出したのは関西テレビの、当時はプロデューサーだった堤田さん。アスベストと言われてもピンと来なかった。「アスベストって何ですか？」と問う私に堤田さんは、大阪泉南のアスベスト被害者たちが裁判闘争を起こした、それを撮ってみませんか？　と丁寧に説明してくれた。

堤田さんからは、映画監督浦山桐郎のドキュメンタリーを作りたい、そこで演出をあなたにお願いしたい、と依頼を受け『映画監督　浦山桐郎の肖像』（一九九八年一月三日放送）と題した作品を作り上げた。幸いに、放送文化基金賞優秀賞を頂いたこともあり「また一緒に作品を作りましょう！」と乾杯、盛り上がったものだ。その後何度か会って食事をご馳走になりながら、こんな企画を考えてるんですが……と堤田さんからの提案を聞いた。「歌舞伎の片岡仁左衛門さんを撮りたいと考えてるんですけど」「都はるみを撮りたいなあと思ってるんですけど」と聞いて、その都度、それなりにイメージを膨らませて連絡を待ってるがその後音沙汰なく、企画として成立しなかったのだな、と思い知るという繰り返し。が、今度は違っていた。より具体的な内容の提案だった。夕方のニュースの時間の中で一〇分くらいの〝特集〟枠があり、そこで原さんたちが取材し編集したものを放送しましょう。その分の経費とギャラを払えますから。そういうやり方で撮りためていって長いものを作る、ということでどうですか？　と。取材費が捻出できるやり方を提示してもらって、ありがたかった。

然るべき人から、いや極端に言うと誰からでもいい、と思ってるのだが、「こんなものをやってみませんか？」と声をかけられた場合、それを挑発と捉えるべきだ、と常々考えることにしている。あなたにできますか？　と言われて、いやあ、ちょっと、できないです、って答えるのって、癪だよな、と意地を張るということもあるし、あなたの作り手としての才能を試させてもらいますよ、と言われてるようでもあるし、だからよほどのことがない限り断らないことにしている。いや、そんなことはどうでもいいのだ。自分の発想だけにこだわっていては、作り手としての力量が広がらない、と考えている。自分にとって不得手、苦手と思われる材料に取り組んでこそ、作り手の力量が鍛えられる、と深刻に考えているわけではない。ちょっとした逡巡はあったが、ま、やってみるか？　と思い決めた。「やってみましょうか」。私の答えを聞いて堤田さんは少し微笑んだようだった。この時点で作品の完成まで、延々と一〇年もかかることなど知るよしもなかった。

アスベストに対する地元・泉南の反応に前途多難の予感

私のこれまでの全ての作品作りにおいて協同作業をしている、私の妻であり、最強のスタッフである小林佐智子と、どう取材を進めていくかを相談。実は、その頃、私は体を傷めていた。少しの距離を歩くだけで、太ももあたりが痺れ、痛み感もあって麻痺する感覚。腕も同じように痺れがあった。そのうち痺れも引くだろうとたかをくくっていたが、どんどん痺れがひどくなる。何とか手を打たないとどうしようもないな、と覚悟を決めた。知り合いの医者に相談して、名医と評判の京都の医者に紹介してもらった。首の部分が「頸椎症性頸髄症」、背中の部分が「すべり症・狭窄症」と診断。つまり首から背中にかけて背骨が歪み、神経が圧迫されているそうで、手術を受けるため一カ月の入院が必要とのことだった。その治療の間に小林が、「大阪泉南アスベスト国家賠償訴訟」を立ち上げ、既にスタートしていた裁判闘争の現場に赴き、正式に取材の申し入れをしようということになった。

裁判闘争の方法に一定のパターンがあることを理解するのに大して時間はかからなかった。取材・撮影する側からいうと、裁判が行われる法廷の中にはもちろん、カメラを持ち込むことは厳禁。原告団、弁護団が入廷する前には必ず、入廷前行動として、ビラ配りをして集会をする。集会といっても、裁判所の表で行われる小規模なもので、決意表明をする。そして法廷に入れなかった人たちのために、法廷報告会という集会を開催、というものの。

小林はさっそく法廷の審理が行われる日程を教えてもらって大阪地裁へ出かけた。審理の模様を傍聴したあと、その日の一連の行動を終えた弁護団がみんなで食事をするということで、その場に参加させてもらった。そこで、是非、取材をさせて頂きたいと申し入れた。弁護団としては裁判に勝つためにはマスコミの力を借りて広く世に訴えて世論を味方につけなければ、という運動方針を打ち出していたから、関西テレビでオンエアーするという前提の取材を快く受け入れてくれた。続いて「市民の会」の代表である柚岡さんに会いに出かけた。取材をお願いすると、もちろん快くオーケーして頂いた。そんな小林の動きを入院先の私に見舞いを兼ねて一つひとつ細かく報告してもらった。

小林の報告の中で印象深いものがあった。もちろん、小林も相当強く印象に残ったようで、後日何度もそのエピソードを口にすることになったのだが。

泉南の現地に赴いた時、ＪＲ阪和線「新家駅」に降り立ち、駅前のパン屋に寄った。店の主人のおじさんに道順を尋ねようと話しかけた。田舎の人特有の愛想良さで対応してくれていた。話の流れでアスベストのことを聞いてみようと「あのぅ、アスベストのことを知ってらっしゃいますか？」と口にした途端に、おじさんの態度が変わったそうだ。「アスベストで亡くなった人はこの辺りではたくさんいるよ。アスベストということを知らずに死んだ人もたくさんいる。だけど、もう、それは日常のことだ。だから裁判なんておかしいんだよ」と態度が激変、けんもほろろだった、という。聞きながら、今回の作品、容易ならざる困難な取材になるかな、と緊張感が増してきた。手術後の経過は順調でリハビリもキチンとこなし、無事に退院。いよいよ具体的に取材開始、撮影に入るという運びになった。

「生活者」は撮らない。強靭な意志をもつ「表現者」を撮るというこだわりに反して

ここで、私の内部でこだわりがあったことをハッキリとさせておきたい。二十代の頃に、ドキュメンタリー作品を作る、という生き方を選択した時点で私には思い決めたことがあった。〝生活者は絶対に撮らない〟。〝撮りたいのは表現者である〟と固く自分に言い聞かせたのだ。生活者とは、自分と自分の家族の幸せのために生きる人のこと。表現者とは、自分と自分の家族の幸せよりも他者の幸せを優先して生きる人のこと、と。これは自分なりの定義である。もちろん、自分と自分の家族の幸せのために生きる人のことを批判する資格もないし必要もない。人の生き方としては至極真っ当であると思っている。だから、これは好みの問題であるとしか言いようがない。それに口で言うほど深刻に考えて決めたわけでもなかった。漠然と他者という存在を意識した生き方に憧れに似たものを感じ取っていた、というくらいのものだったと思う。

もっと率直に言えば、当時（今もだが）の自分は、どうしようもなくひ弱であるという強いコンプレックスを抱いていた。肉体的にも精神的にもだ。だから、強くなりたい、という思いが人一倍強かった。中学校時代、同じ学年に腕っ節の強いやつがいて、例えば運動会の練習のときなど、決まって私が狙われて殴られた。理由なんかないはずだ。とりあえず殴りやすかった、くらいのことだったろう。幾度悔しい思いをしたことか。ボクシングを習って、やつを殴り返してやりたい、と夢想するだけで、意志もそれほど強くない私はボクシングを習うこともなく、現在でも時々、その悔しさを思い返すだけのこと。

大人になり、将来どういう職業を求めるか？ という進路についてあれこれ考えて、報道写真家になりたいと思うようになった。それで報道写真を学ぶために大学や専門学校を探した結果、学費も安く入学試験に悩むこともなさそうな東京綜合写真専門学校に入学することにした。上京して専門学校に入ったものの半年足らずで退学

して、たまたま出会ってしまった〝障害者問題〟に取り組もうと、一人で関連する人たちに会いに行ったり、施設を訪ねたりした。

その過程で武田美由紀という女性と出会い同棲することになった。そんな頃に全共闘運動に出会ったのだ。私は学生運動に参加したこともないし、労働運動に加わったこともないが、私より若干若い学生たちが起こした全共闘運動から少なからず影響を受けたと思っている。田舎からポッと出てきたときには社会的な問題意識など皆無、右も左も分からないただの貧しいお兄ちゃんに過ぎなかったのだ。だから彼らの運動を知り、彼らの言葉がとても鮮烈だった。真綿が水を吸い込むように彼らの感性や思想を取り込んでいった。あの時代、彼らが言う革命が起きるかも、と私は思ったのだ。もし革命が起きるなら、その最後尾でもいいから付いていきたい、と願った。で最後尾であっても自らをもう少しは鍛えておかなければ、と考えるようになった。幼少の頃の強くなりたいという願望に、社会性が加わったと言えばいいだろうか。

そんな私だから、ドキュメンタリーを作ろうとしたときに、とにもかくにも強い人物を撮りたい、と願った。強い人と付き合えば否応なく、どうしようもなく弱い私を鍛えてもらえるのではないか、と考えたわけだ。心も体も強くなりたかったのだ。この強くなりたいという願望は、私の生涯に渡って最も強いモティーフとして生き続ける。

その観点から自分たちの作品を振り返ってみると、第一作『さようならＣＰ』は、主人公の横田弘や横塚晃一の肉体が強靱というわけではないが、国家権力と闘っている彼らの精神のタフさに惹かれたのだと思う。彼ら脳性マヒ者のことを身体不自由者という言い方をするが、身体の〈不〉自由ということで差別を生み出している、まさに、その〈不〉自由を逆手にとっての闘い方が、表現という生き方の原点だと思えたのだ。

第二作『極私的エロス・恋歌一九七四』の武田美由紀もタフな女だった。彼女は私の最初の妻になった女性。出会った頃、彼女は美術家志望だった。さすがアーティスト志望だけのことはあって、感情の起伏が激しく感性が豊かであった。付き合い始めた時は、さほど感じていたわけではなかったが、次第に彼女が何に向かって怒っていたのかを掘り下げて考えるようになった。その怒りに共感度が増していくにつれ、私自身が怒りという感情を抱くことの大切さを教えてもらったように思う。

第三作『ゆきゆきて、神軍』の奥崎謙三は、私が出会いたいと熱望していた最適の人物であった。この作品のテーマはニューギニアの戦場で起きた人肉事件、敵前逃亡事件を奥崎謙三が元の同僚たちを訪ね歩き、真相を暴く、という筋建てになっているが、個人的には私の狙いは別にあった。奥崎謙三は元同僚たちに真相を聞き出すと同時に、「〝神様から特別に生かされて帰ってきた〟私は、人間を不幸にする天皇制とその中心人物である天皇を壊すために活動してるんです。ですから昭和四十四年の正月に皇居に行って天皇に向かってパチンコ玉を発射したんです。が、あなたたちは、ご自分とご自分の家族の幸せのために生きていらっしゃる。そこが私と違うんです」と、元の同僚たちの戦後の生き方を必ず問うたのだ。奥崎謙三の言う通りだと思う。天皇及び天皇制を壊すために活動をしている、つまり国家という強大な敵を相手に、たった一人でけんかを売るという生き方を実行しているのである。まごうことなく強大な敵にたった一人でけんかを売れるその強さを知りたい、と心底、願ったのだ。

強くなりたいという渇望で強いキャラクターにカメラを向け、強烈なエネルギーを放射する映画を作ってきた私だったが、これからカメラを向ける人たちは、〝生活者は絶対に撮らない〟と、私のルールとして思い決めたまさにその人たちなのであった。果たして普通の人を撮ってオモシロイ映画になるだろうか、という不安を抱えながらのスタートだった。

アスベスト工場で働いていた頃の思い出話を語る〝ごく普通の人々〟

不安を抱えながらではあったが、ゆっくりと撮影が始まっていった。完成した映画の始まりは、ゆったりと物語が動き出していくという感じになっているが、現実の動きが、そうであるからである。病状が重くなり裁判所に出廷できない被告のために裁判所のほうから原告の自宅に出張して行う尋問に、仲間の原告たちが応援に出かけて励ますというシーン。私（たち）のカメラは、そんな生活者である〝ごく普通の人々〟にそっと寄り添って記録していく。

私の実感の中で、ああ、この人は典型的な〝生活者〟だなあ、と思いながらその後長く、顔を合わすことになる人が石川チウ子さんだが、その石川さんが、出身地の隠岐島へ里帰りをすると聞いた。石川さんは地元の中学校を卒業するとすぐに大阪泉南のアスベスト工場へ就職した女性。当時、集団就職と呼ばれたように、隠岐島からは、かなりの数の人たちが石川さんと同じように泉南のアスベスト工場に働きにきていたのだ。そのかつて働きに出ていた人たちのことを詳しく調査するのだという。里帰りと書いたが実質は、裁判が始まったばかりで、まだまだ被害者の掘り起こし作業が続いていたから、以前、泉南のアスベスト工場で働いたことのある人たちに面談して詳しく当時の様子の聞き取りをしようという調査旅行だった。

隠岐島へは初めてだった。隠岐島と一口に呼ばれるが実際は四つの大きな島と小さな島々からなる。石川さんの故郷の、今回、調査へ向かう行き先は、カーフェリーを降りて乗合バスに乗り、峠をいくつも越えて、最も西に位置する辺鄙な三度《みたべ》という小さな集落だった。メンバーの中に澤田君というみんなから信頼されている京都精華大学の学生がいたが、彼と石川さんが集落を訪ねていくのに私も同行した。いきなり、という感じで、その家族から、もう話すことはないから、と面談の誘いをにべもなく断られた。確かに泉南のアスベストの工場で働いたことはあるが、老後は楽しく暮らして静かに逝ったので、今さら、どうこうするつもりはなく、ほっといて欲しい、と言う。ああ最初から波乱含みだなあ、と思ったが、それでも石川さんのかつての同級生だったという女性たちが集まってくれた。

昔、働いた時の思い出を語る女性たち。厳しい劣悪な環境だった、ということより、憧れの都会生活を送ったことの楽しかった記憶を語った。確かに日本海に浮かぶ地の果てを思わせる、娯楽設備など全くないこの島に比べれば、泉南も大阪のはずれであっても都会と言われれば、確かにそうだっただろう。今の泉南は、どこにもあるような特徴とて何も見つけることができないどんより静かな地方の集落に過ぎない。が、アスベストの生産が盛んな頃は、映画館もあったし、泉南の工場への通勤で電車も人が溢れていたし、駅前の通りも混雑していた、と後々の取材で聞かされるのだが、現在は全くその面影はない。そんな長い歴史から見れば束の間の栄華の記憶を語る元同級生たちの、今は、どこにでもいるようなごくごく普通のおばちゃんたちにカメラを向けながら、私は、この作品がどこに向かっていくのか？　と不安が募っていた。

一〇分間のテレビニュースの企画を捨て、自主製作映画へ

そうこうする内に四カ月が過ぎた。関西テレビで四カ月に一回くらいのペースでニュース枠で放送するという堤田さんとの約束を果たさなければ、と気がかりだった。構成に関しては、映画センスの上手さは私よりはるかに上であると文句なく信頼を置いている相方の小林に任せていた。一〇分という長さとはいえ、何が目玉になるのか、に関して、そういう力のあるシーンが撮れたという実感がなかったが、ま、たかだか一〇分くらいの長さだもの、これまでに撮れたもので小林がなんとかするだろう、と安心していた。

関西テレビに行くと数名の人たちが待っていた。誰がどのポジションの人かも定かではなかったが、さ、見てみましょう、と試写が始まった。が、ものの一分も経たず私は血の気が失せていくのが分かった。ああ、しまった！　と後悔の念が走ったが後の祭り。これじゃダメだ。ダメだ、ダメだ。残り一〇分という時間のなんと長かったこと。目を覆いたい気分だった。上映がやっと終わった。場が凍っていた。局の人たちも、目が点になって、言葉を見つけ切れずに困惑していたのが明らかだった。私は小林に、帰ろう、と声をかけた。誰も無言で止めようとしなかった。小林はちょっと戸惑ったような表情を浮かべたが、はい、と答えて歩き出した。私たちのあとを『浦山桐郎』の時のカメラマンだった鈴木さんが追いかけてきた。「さすが映画監督が作ったんだ、と思える

ようなものを作ってください」と言った。あなたに言われたくないよ、と叫びたい気持ちだった。恥ずかしくて屈辱感が満ち満ちていた。逃げ出すように関西テレビをあとにしたのだった。

数日経って気持ちの昂りが収まってから小林に「なんで、何にもしてないものを見せたの？」と聞いた。構成らしきものが全くなく、単に素材が並べてあっただけだったからだ。彼女の言い訳の言葉が私をひどく落ち込ませた。小林が言うには、まず素材を見せて、さて、どうしましょう、と打ち合わせをしてから構成を立てることをやるのかと思っていた、と。

何をとぼけたことを！　と怒鳴りたい気持ちを抑えた。そんなバカな！　完璧に一〇分の作品として見せなきゃダメだったんだよ。なんで素材を見せればいい、なんで勘違いしたんだよ。彼女を責めれば責めるほど、なぜ私は関西テレビに持っていくまで一度も、見せて、と言わなかったのか？　と、己を責めるべきだと気付いていった。そうすれば小林が誤解していたとしても取り返しはついたはずだ。ホントになぜ見ようとしなかったのだろう？　ニュースの中の特別枠にハマるものを、ということが自分には向いていないから無意識の内に逃げていたのか？　いつもの怠惰という悪い癖が出ただけなのか？　考えてみたがよく分からなかった。

が、問題はこれからどうするか、だ。

屈辱感をなんとか乗り越えて再度、きちんと構成を立ててもう一度局に持って行くかどうか。が、それには、私自身が一〇分間のものをなんとか見せられるものに仕上げるテクニックを身につけることが必要だろう。たかが一〇分間のものくらい、と舐めてはいけない、その一〇分間を見せるものに仕上げるための技術が求められる。ならば、マジに一〇分間にまとめてそれらしく見せるための技術を習得すべく努力するのか？　と自分に問うたが、どうしても、その気になれない。いや、その技術をバカにするわけではない。頑張ればできなくはない、と思う。が頑張ってみようという気が起きない。何故ならば、そもそも一〇分間で言いたいことを言う、という作品を作ったことはないし、言いたいことは、キチンと尺を使って言いたいじゃないか、と思うほうだ。

つまり、どう考えても私の資質は長編向きなのではないか？　と堂々巡り。よし、決めた。関西テレビのことは無しにしよう、と。

そう決めたはいいが、製作自体を止めようとは思わなかった。これまで私たちが長くやってきた自主製作でやればいいだけのことだ。ここまで考えてやっと気持ちが軽くなった。チラッと申し訳ない気持ちが動いたのが弁護団、原告団の人たちに対してだった。テレビに取り上げてもらうことで世論に訴えかけるという戦略を重視していることを知っていたからだ。が、テレビ作品ではなく、映画作品を作ります、と私たちが方向を変更しても、取材撮影を断られることはないだろうとは思っていた。

問題は、製作費はどうするか？　だった。

アスベスト被害の辛さをプライベート空間で撮る／撮られる覚悟

自分たちの手で自主製作として作品を作ります、と再出発した私たちだったが、運動のほうも徐々に順調に歯車が回り始めた感じだった。弁護団に、実は、私たちはテレビ局の作品ではなく、自主製作で作ります、という仕切り直しも快く受け入れてもらっていた。自主製作で、という私たちの決意が、弁護団や原告団の人たちから、私たちに対する仲間感を醸し出したような雰囲気を感じていた。運動の記録班というノリである。それは私たちにとっても、ありがたかった。そんな中、弁護団から私たちに、アスベストによる疾患の大変さ、ツラさを伝えるために、法廷で映像を使いたいのだが、そんな内容のものを撮ってもらえないだろうか？　と打診があった。お安い御用だ、と即座にオーケーした。

その第一弾が西村東子さんだった。泉南原告団の人たちの中には、私たちの取材を最後まで受け入れてもらえなかった人たちもいるが、受け入れて頂いた人たちは、実に気持ちの良い、気さくな感じの人たちが多かった。中でも西村さんは、もっとも優しく私たちを受け入れて頂いた人だ。撮影は二回に渡って実施。撮影自体はそれほど難しいものではなかった。原告のそれぞれに担当の弁護士が決まっていて、その弁護士からどんなものを撮って欲しいかを聞いて、あとは直接、ご本人に日常生活での具体的な動きを聞いた上で、その動きならここからのポジションとここからで、というふうに劇映画の現場でカット割りをしてから撮る、それと同じ要領だった。

その西村さんの撮影の時のこと。西村さんには二人の息子さんがいる。それぞれ働いているが夜勤が多い仕事だそうで、西村さんが必ず弁当を作って持たせる。その弁当を作ってるところを、生活の一コマとして撮影させて頂いた。その後、西村さんから切り出された。「原さん、これからお風呂に入るの。私、お風呂に入ると必ず咳き込むのよ。湯気でね。そういう場面、原さん、撮りたいんやろ?」とニコニコ顔で。こちらの下心を見透かされたようで慌てたが「ハイ! 是非!」と力を込めて答えた。「ええよ!」と。

この場面の撮影は、きつかった。アスベストの疾患はほとんど肺を冒される。湯気の出る食べ物、例えばうどんとかラーメンなどの湯気でむせて咳き込むのだそうな。そういう場面を撮らなければいけない、と考えていたから、西村さんの申し入れはホントにありがたかった。が実際に西村さんが入浴し、ゴホゴホと咳き込む様子を、間近でカメラを回すことは、何か罪悪感に近いものを感じてしまうのだった。日本の平均的な戸建て住宅の風呂場は、それほど大きくはない。入浴している西村さんにカメラを向けるポジションとて壁に背を押し付けても、西村さんとの距離はわずか数十センチ。だから西村さんが咳き込んで苦しむ様子がビンビン伝わってくる。大丈夫ですか? と声をかけることもままならない。私の声がマイクに入ると使えなくなるからだ。

アスベスト被害のツラさを生活の中でキチンと撮影し記録しておかなければ、と映像の作り手ならば、そう考えるのはごく自然なこと。私たちも被害に苦しんでいる人たちの中で撮影させてくれる人をアレコレと探した。アスベストの被害は、いったん発病したら絶対に治らないと言われている。その被害の度合いが次第に重くなっていく過程も、一定の角度を描いて悪化するわけではなく、最初は緩やかに、そしてひどくなると急カーブを描くように、それもドンドンとカーブが鋭角になっていく。私たちは泉南に通いながら、誰が悪化しているのかを聞くのだが、人の不幸を狙って嗅ぎ回るハイエナのようだ、と自らを想像し苦笑いするしかなかった。

そういう私たち自身のしんどさはさておき、自らの苦しんでる様を撮っていいよ、という人は現れなかった。家族の誰かが苦しんでるということを伝え聞いて、意を決して撮影を……とお願いするのだが、今は体調が良くないので体調が良くなったらね、とやんわり断られる。いえ、その体調が良くない様子を撮らせて欲しいんです、と言いかけて言葉を飲み込む。苦しんでる家族の様子を撮影されるのは誰しも気が進まないだろう。それが分かるからこちらも、何がなんでも、という迫力に欠ける。結局、撮影終了までに撮らせて頂いたのは西村さんだけだった。

西村さんだけが、何故、私に撮っていいよ、と言えたのか？　と考えてみる。一つは紛れもなく勇気である、と思う。風呂の中で咳き込む場面を撮るということは、もう一つ、女性ならば、裸を他人に見せることに抵抗感があっても当然、それをも撮られる側が克服しなければいけないこと。西村さんは、その二つの抵抗感を克服して私にオーケーしてくれたのだ。その勇気は「国家賠償訴訟」という闘いに対する覚悟だと思うのだ。

率直に書こう。裁判闘争を起こした原告団の人たちや、その呼びかけに応じて参加した人たちは、裁判関連の場では、自らを晒すかなりの覚悟ができている人は多いと思う。だから慣れない街頭でのスピーチも、今度はあなた、やってよ、やって！　と強く言われれば意を決してマイクを握る。自らの疾患の苦しさを訴える。裁判での場と書いたが、それは裁判で求められる役割が終わってその場を離れれば、自分の場に戻っていける。つまり、言うところのプライベートな場が確保されているから。

だが映画で表現するとなると、違う覚悟が求められる。そのプライベートな部分でこそ疾患がどう露わになり、生活に悪影響を及ぼすかを追求しようとするからである。私はテレビドキュメンタリーのコンテストの審査をやる機会があるのだが、感銘を受ける作品は、ほぼプライベートの空間にカメラクルーが入りこんで取材、撮影をしている。プライベートな空間によくぞ入りこんで取材した、もしくはプライベートな空間にまでクルーを受け入れた被写体側の覚悟というものが、おそらくは、その作品の感動をもたらしているはずなのだ。なので私たちのプライベートでの疾患の現れ方を是非、取材したいという望みが、そんなに困難な要求なのか？　と言いたい気持ちがある。だが泉南の被害者の中で、そこまでの覚悟がある人がどれだけいるだろうか？　という不満を私は抱いていた。

自主製作最大のハードル＝製作費の問題

さて、製作費の問題である。小林が耳よりな話を持ってきた。我らが勤務先の大阪芸術大学に「藝術研究所」があり、先生方、つまり専任教授の研究に対して支援サポートするシステムがあるという。早速詳しく調べてみる。「藝術研究所」という名称の通りなのだが、大阪芸術大学は芸術系の総合大学で、芸術の各分野にわたって著名な人たちが教授に名を連ねている。それらの芸術家たちが、それぞれの研究テーマを抱えていて当然だろう。そのために設けられたものだ。まずは応募してみる、と小林が判断。研究計画書を書き上げて、申請した。

私たちが提出した研究テーマは「映像記録・日本民衆史学」『大阪・泉南地域におけるアスベスト被害と石綿村百年史』。「目的・方法」の欄には、こう書いた。「日本の高度経済発展は石綿なくして成し遂げられなかったとさえ言われている。泉南で石綿とともに生きてきた人々の実像に迫ることは日本の社会の根底を深く掘り下げることにつながる。現代の棄民ともいうべき泉南アスベスト被害者の貴重な証言と被害の実態を映像に記録してゆく」。研究費欲しさに、それらしく適当に書いたわけではない。真っ当に考えて率直に書いた。

ポイントは「棄民」である。国家が、国家の繁栄のために棄民を生み出すのだ。国家の繁栄のために、という繁栄の恩恵を受ける人たちの中には、泉南のアスベスト労働者は入っていない。あくまでも国家権力を動かしている、ごく一握りの権力を持っている人たちのためにである。泉南という地域の歴史を学んでいくとよく分かる。元々は、泉南という地域は大阪湾に近く、産業とて何もない地域である。それに「被差別部落」も存在していた。つまり、そういう差別という存在のあるところというのは、国の繁栄のために起こす産業の立地条件としては最適なのである。

これは映画に登場するリーダー的役割を果たされる柚岡さんが詳しく、我らも色々教えて頂いたのだが、アスベスト製品を作り出す基本の紡績の機械の扱いは、そんなに難しくないのだそうである。仕事に技術の習得など必要なく、誰でも即できるという簡単な作業だそうだ。そして賃金が、他の職業より少し高い。まさに、少し賃金が高い、というところがミソなのだ。技術の習得も必要なく、すぐに誰でも働ける、賃金も少し高い、というエサに釣られて貧しい人たちが集まってくる。地元の貧しい人たちのみならず、日本の様々な経済的に貧しい地域、そう、隠岐島のような離島からも、そして沖縄や韓国からも出稼ぎ感覚でやってくる。弁護団が被害者掘り起こしのために「医療相談会」を催すと、その場に、肺の調子が悪いんです、もしかしてアスベストが原因ではないかという不安を抱えた人たちが多く来るのだが、中に炭鉱が倒産してここ泉南に来た、という人がいた。炭鉱夫という仕事もまた、頑強な肉体さえあれば誰でもできる労働である。

私ごとになるが、私は炭鉱町育ち。小学校に上がる頃に炭鉱が倒産した。炭住と呼ばれる鉱夫たちの家族が暮らす長屋で育った。鉱夫とその家族は、生き延びるために金が稼げる仕事を求めて何処かに移って行ったのだろうが、どこに行ったのやら知る術もない。だが、生きるためにお金を稼げる仕事を求めて流浪するという生き方をする一群の人たち、民衆、人民というか、そういう生き方をせざるを得ない人たちのことが、すごく気になって仕方がないのは私の出自のせいだろうか。

ここ泉南で取材・撮影を続ける中で意識していた項目は様々あるが、この人はどこから流れてきた人だろうか？　と考えてしまう自分がいた。

話を戻そう。研究テーマを提示して審査があり、無事パスした。これで安心して取材・撮影に没頭できる。これまでの私たちの作品は、全作品が自主製作。製作を担当する小林がもっとも苦しい思いをするのは、やはり資金作り。大手の製作会社との繋がりなど全くない私たちが資金を作る当ては、まず家族から借りる、次に友人から、そしてお金を貸してくれそうな人を紹介してもらう、というのが大体の決まりのパターン。こういうお金の作り方は、まず人間関係を壊してしまうことが多々ある。私たちにお金を貸してくれる人は、金持ちであることはない。金持ちは、まず貸してくれない。貸さないからこそ金が貯まるわけだ。貸してくれる人は、基本的にはコツコツと勤勉に働いて小銭を、例えば、老後のために貯金をしている人だ。今すぐ使う必要がないから、こちらの必死の訴えに同情してくれて、とりあえず、いいわよ、と貸してくれる。もちろん、映画を公開して売上げが入ったら、いの一番に返すから、と本気で約束する。だが、いの一番に返さなければならない人たちばかり。わずかばかりの収入をさて誰から返すか、という段になり、少ない収入であるがゆえに、返せない人が出て来る。ごめん、待って、と言い訳をくどくどして待ってもらうわけだが限度がある。相手からすると私たちに対して不信感が次第に増幅してくる。返せない時間が進むと憎悪に変わっていく。そんな悲哀と辛酸を舐めてきた小林が、何よりも喜んでいた。人間関係を壊さないで済む！　と。研究テーマを書類にして提出する作業は思ったほど楽なものでなく、けっこう、いやものすごく煩雑ではあったけれど、それでも借金で人間関係を壊すよりは、はるかに気持ちが楽だわ、と繰り返す小林。

愚直に「生活者」が語る生き方に耳を傾け、オモシロイ映画が作れるのか

さて、資金作りというハードルを越えて、本腰を入れて取り組んだのは、原告団一人ひとりの人生を描くことだった。原告団として集団で裁判闘争を闘うわけだが、映画としては、個々の、いわゆる〝普通の人〟の魅力をいかに濃くドラマチックに描けるかが勝負だと思うからだ。私はこれまで〝とんがった生き方をしている人〟を映画に撮ってきた。〝とんがった生き方〟を描くために〝仕掛け〟を考えて、その中で存分にアクションをしてもらう。私は、この〝仕掛け〟をセットして、その中で思う存分生きてもらう、という手法を田原総一朗から学んだ。私にとってドキュメンタリー作りのお師匠さんとでも言うべき田原総一朗は、自分の方法について、ディ

レクターが土俵を作り、被写体を土俵に上がらせ、逃げ場を失くし、作り手とガップリと四つに組む、という言い方をしている。私たちの作品の中でも最大のスーパースターは奥崎謙三であるが、彼のようにウルトラとんがった人こそ、この〝土俵に上がらせ〟て思う存分暴れてもらう、という仕掛けがふさわしい。『神軍』は、その仕掛けが見事にハマって興行としても大成功。それは伝説的になっていて未だに語り草になっているほどだ。

が、今度の泉南の人たちは、全く違う。チラッとでもこちらが仕掛けようものならたちまち感づいて拒絶されてしまう。仕掛けるなどとんでもないことだった。なす術がなかった。ないから、どうするか？

なし得る方法は、たった一つ。いや方法とすら言えない、ただただ愚直に相手の生き方にジッと耳を傾ける、というオーソドックスな態度しかなかった。こんななす術がなく、ただ相手に人生を語ってもらって聞いていくというやり方で作った映画が果たして観る者がオモシロがってくれる映画になるだろうか？　という私の不安を分かってもらえるだろうか？　いや、追い込まれれば何か、いいアイデアが見つかるだろう、と自らに暗示をかけようと思い込ませて撮っていくわけだが、結局、最後まで、いいアイデアなんて見つからなかった。

実は、私たちの取材・撮影と競合して関西のテレビ各局が、アスベスト問題を取り上げて番組を作っていた。ある日、取材の現場に行くとどこかのテレビ局がそこにいる。原告団の人にそっと聞いてみると、〇〇局の人が番組を作りたいんだって、と言う。今度は、原告団の誰がメインなの？　と重ねて聞く。〇〇さんだって。なるほど、今度は〇〇さんか、と納得。で、二カ月から三カ月経って取材現場に行くと、その〇〇局のクルーがいない。あれ、〇〇局の人たちがいないけど、どうしたんですか？　と原告団に聞く。あ、もう作品はできて放送もあったわよ、と。え、もう！　と驚く私。いやあ、その早さに、ビックリする。関西のテレビのキー局は基本的に東京に準じて系列がある。泉南のアスベスト問題は各局にとっては格好のネタなのである。したがって各局が入れ替わり立ち替わり競って作品を作る。私が〝普通の人〟を撮っておもしろい作品ができるのかしら？　という不安を抱くように、各局も、スター性という雰囲気を持った人を主人公にしたがるのだが、どうやら彼らから見ても、泉南の原告団にはスター性を持った人がいない、と考えているようなのだ。

これは小林から聞いた話なのだが……。

泉南の弁護団が、裁判闘争のことを広く多くの人に知ってもらって世論を喚起するという戦術をとっているということは既に書いた通り。だから新聞記者やテレビディレクターとの付き合いがとても丁寧だ。時々、彼らと会食をしたりしてコミュニケーションを図る。その場に小林も誘われて同席したときのこと。主にテレビディレクターから弁護団に、こんな抗議というか、泣きというか、申し入れというべきか、「泉南の原告団の中にスター性を持った人がいないです。何とかなりませんか？」という発言があったという。そう言われた弁護団も困っただろうと思う。テレビ局の人たちが求めるスター性を持った原告、被害者、とは映像にしたときに、その映像を見る側、つまり視聴者が魅力を感じるようなキャラクターということになるのだろうが、要は人目をひくような派手さを持った人、そういう人が泉南の原告団の中にいない、というわけだ。

この問題は、私にはよく分かる。私が口癖のように言ってる「普通の人を撮っておもしろい映画ができるのか？」という不安と根っこのところで通底しているように感じられる。水俣病患者たちが展開してきた市民運動と比較するとよく理解できる。水俣病の患者たちの運動が日本中の注目を集めていた頃、運動の中心にいて運動を牽引していたカリスマ性を持った患者が複数名、確実に存在したのだ。行動力があり、理論的で、献身的で、リーダーとして抜群の指導力を発揮した人。彼らは水俣病が発生した時の患者なので、当時、疾患のひどい人たちは劇症型と言われ、今や、ほとんどの人が死に絶えている。そのスター性を持った患者が土本典昭監督が作った水俣病のドキュメンタリー作品に登場する。大阪のメディアの人たちが求めるスター性を持った患者、被害者像は、おそらく、その水俣病の患者たちがモデルのはずだ。が、いないものは、いないのだ。泉南の場合は、だからハードルを下げて、何とか、らしく頑張っている人を取り上げるのだが、それとても、同じ人を何度も取り上げることになる。

このスター性を持った人が泉南には、いない、という問題は、実はけっこう奥が深いのだ。テレビ局の人たちにとってのスター性ということが指し示す方向と、私が言うところの普通の人を撮っておもしろい映画ができるのか？　という方向とが全く同じものかどうかの吟味はさておき、今回の作品作りにおいて、映画が示す方向性を提示するという点からいうと喫緊の課題である。何を描きたかったのか？　という本質に関わることだからである。

底抜けにお人好しな「生活者」とは何者なのだ？

大阪芸術大学藝術研究所から研究費を支給される条件に、研究テーマの報告と発表が義務付けられていた。発表の仕方については研究者に任されているのだが、当然、私たちには映像作品を作ることが自然なこと。原告団の中で最も優しく私たちを受け入れて頂いた西村東子さんの人生を描くことにした。六〇分の長さにまとめた。この長さがあれば、十分に一人の人の人生の軌跡を辿り濃密にドラマチックに描ける。柚岡さんが別のところでしみじみと「原告団の女たちは、不幸な人生を送ってきてる人が多いんだ」と語っていた言葉が蘇る。この場合の不幸という意味は、結婚した相手の男が不誠実だった、つまり、良き家庭人ではなかった、ということだった。西村さんの場合が、まさにそうだった。

若い頃の西村さんの夫の写真を見ると、男前だなあ、と思わず言ってしまうくらい美男子だ。が、遊び人という雰囲気が漂っている。完成した映画の中で西村さんが語っている。「働いてもウチに一銭も入れてくれなかったのよ」と。稼いだお金は全部、遊興に使ったという。苦労の末、結局、その夫を見限り離婚したそうだ。

驚いたことがあった。西村さんのお宅を訪ねて気付いたのだが、誰か同居人がいるらしい。誰だろうか？　と気になったが遠慮があって聞けなかった。が、何度か訪ねるうちに思い切って聞いてみた。なんと、元の夫だと言う。「体を壊してね。行くところがないから、おいてあげてる」とのこと。聞いてビックリ。なんと言う底抜けのお人好し！　いや、けなすつもりではない。西村さんの、とことん優しいことに驚いたのだ。同時に感動を覚えた。ならばと、その元の夫に会わせてもらってもいいですか？　と西村さんに聞いたが、さすがに、それは嫌だわよ、と断られてしまった。

このエピソードには様々なことを考えさせた。庶民、つまり生活者とは、いったい何者なんだ？　と。

大阪芸大芸術研究費は、同じ研究テーマを三年の継続までは認めてくれる。私たちは当然、三年継続した。二年目の研究発表は、今度は岡田陽子さんの人生を映像化することにした。岡田陽子さんの場合は母親の春美さんとセットだ。春美さんの人生もなかなか壮絶だった。夫になった人は韓国人。若い頃、二人は駆け落ちして一緒になったそうである。

西村バージョンも岡田バージョンも大学の教室で、ミニ上映会といった趣で、原告団の人たちにもお出で頂いて、公開した。

被害の代償に線引きすることへの問いかけ――『命て　なんぼなん？』

私たちが取材・撮影を開始して五年ほど経った頃、弁護団から、運動に使える長さのものを作ってもらえないだろうか、という打診があった。テレビ局があっという間に作品を作りオンエアーする様子を傍目で見て、我々は未だに形にすることなく延々と撮影を続けていることに、さすがに引け目を感じていたので、即、オーケーした。尺の長さは一時間ほどで。泉南の裁判闘争の中間報告的な意味合いを持つだろうが、これはこれで作品として見られることに変わりはない。この構成を小林が担ったが、当然と言われればそれまでだが、一本の新作を仕上げるのと同じ経費をかけて仕上げた。音楽もプロの音楽家に作曲を依頼し、タイトル文字にも神経を使い、整音にも時間をかけた。チラシも本格的に作った。

このバージョンに、私は思案の末に『命て　なんぼなん？』というタイトルをつけた。スタッフからは、うーん、と必ずしも芳しい反応ではなかったが、説得した。裁判闘争に最終的に勝ったとしよう。で、体がダメージを受けたその代償として何で償うか？　結局、お金でしかない。裁判は勝ったり負けたり、だが国側の論理は、産業の発展のためには若干の犠牲が出るのはやむを得ない、というもの。アスベストに限らずこの手の国家賠償を争う裁判は集団で提訴することが多いのだが、もし国側が負ければ、それら多数の被害者たちに賠償金を払うと国家の財政が危うくなる、と国側は主張する。あれだけ企業が儲けておいて、その後押しをした政治家たちもまた甘い汁を吸ったに違いないのに、いざ裁判に負けて賠償金を払う段になると、企業が倒産するから、ひいては国家が成り立たなくなるから、と言い出す始末。だから国側が負けそうな裁判は、できるだけ責任を負う範囲を狭くしようとする。つまり、国が責任を負うべき範囲は、ここからここまで、という線引きである。

この線引きというものが持つ残酷さに私は胸が押しつぶされそうになる。同じ目標を持って闘ってきたにもかかわらず、ここまでは国の責任を認めて賠償金を払わせましょう、しかし、この日付からは国に責任はないので賠償金は払いません、と分けられるのだが、はねられた側の人の心中は、如何ばかりであろうか？　悔しさと悲しさとで怒りが再燃するだけであろう。さらにさらに、何であの人は認められて私はダメなのか？　と憎しみだって発生してしまう。被害者同士の中で憎悪という感情を生み出してしまう裁判制度っていったい何なんだ？という疑問が私には解けないのである。裁判による解決に根本的な疑問をぶつけたかったのだ。そもそも、一人の人間の命の値段って幾らなのだろうか？　国家は、幾らである、と査定しているのだろうか？

この『命て　なんぼなん？』は先に書いた大阪芸大藝術研究所の研究テーマの三年目の成果として、やはり大学の教室でも公開した。

撮る側も運動のエネルギーを生み出す一員である

幸い、映画『命て　なんぼなん？』は好評だった。この作品を公開したタイミングは、高裁で第二陣が勝利した後だった。次はいよいよ最高裁で闘うことになる時だった。関西エリアでの運動の場での上映だけだともったいない、東京でも上映をやって運動を盛り上げるのに役立てようじゃないか！　と考えた。そこで東京・ポレポレ座に上映をしてくれるようにと話を持ち込んだ。快く引き受けてもらって喜んだのだが、『命て〜』は六七分。つまり一本立てで上映をするには、少し尺が短い。さて、どうする？　あれこれ考えているうちに妙案が浮かんだ。プラストークをくっつける、という案はすぐ浮かぶが、それだけじゃ、つまらない。そのトークを撮影して本編に入れ込んでしまえ、っていうアイデアは、どうだ？　公開収録、というわけだ。そこで撮影した映像を本編に入れ込む、ということになれば緊張感だって増すはずだ。単におまけのトークではなく、きちんと本編の場面として撮影したい、と考えた。私は本気だった。『命て　なんぼなん？』というタイトルに、そして映画の中身に込めた私の疑問を、直接、原告、弁護士、市民の会の人たちにぶつけたかった。

その成果は本編を観て頂くとして……。本編を観た人は、オッ！　と驚かれることと思う。映画のちょうど真ん中、休憩を挟んで後半の頭のシーンに、いきなり私が登場するからだ。監督本人が画面にもろ姿を現して、出演者に論争を挑む、という流れって有りかよ？　と。実は、この作品が完成してごくごく内輪の人に向けて試写を開始したのだが、早速現れた。監督本人が画面に登場して出しゃばってあれこれ理屈を喋るという映画は好きじゃありません、と拒否反応を示す人が。予測されたことなので驚きもしなかった。そうだろうなあ、そう思う人、きっといるはず。完成された作品をどのように受け止めようとそれは観る人の自由だから。その人の拒絶反応も分かるつもりだ。だから反論する気はない。だが、なぜ出演したかったたか、という私の気持ちも分かってもらいたい。

裁判闘争の中盤、弁護団、原告団、市民の会の人たちが何度も何度も集まって運動の進め方について会議を開いていた。私たちも時間が許す限り同席してカメラを回した。侃侃諤諤、議論する様子を撮影しながら、ある時、私は矢も盾もたまらず「すみません、私も発言していいですか？」と口を出してしまう、という場面があった。その頃、厚労省の玄関前に定期的に押しかけ集会を開く、ということを展開していた。その時に、もっと人目を集めるいい方法はないか、というテーマで議論していた。私は議論を聞きながら、人目を引くためになら、幟を自分たちで作って、その幟に強烈な文字をデザインして染めて作ったらどうでしょうか？　と提案した。水俣病の患者たちの運動で真っ黒に染めた幟に「怨」の一文字。これが当時、鮮烈な印象を与えたことを皆さんに説明した。その発言をキッカケに、自分たちの幟に入れ込む文字のフレーズを何にするか？　という議論になっていったわけだが。

この時、私の中で去来する思いがあった。裁判闘争だからその中心軸は、もちろん原告団、そして弁護士たち。それだけでは運動体としてのエネルギーは弱い。その運動を支援する人たち、つまり今回の裁判闘争の場合、「市民の会」という名称で呼ばれている広範囲に集まった雑多な職業やら経歴を持った人たち。これらが三位一体となって運動のエネルギーを生み出す。もう一つ、その裁判闘争を撮っている私たち「記録班」もまた、運動のエネルギーを生み出している一員である、そんな気分が高揚していたのだ。彼らの裁判闘争をただ客観的にカメラに収めているだけの存在ではないのだ。カメラを原告団の人たちに向けていることがエネルギーを増幅しているのだ、と言いたくて仕方なかったのだ。

だから運動が内包する課題に対しても批判していいし、その批判を映画の中に入れ込んでも自由でいいじゃないか、と考えたのだ。カメラの後ろで、じっと大人しく、邪魔にならないように、目立たないように、という態度でなければならない、というルールなんてないはずだ。カメラを回している記録班という私たちの存在も運動のエネルギーを生み出している一員なのである、という思いだった。そんな私の、運動を成立させている一員である、と言いたい衝動が止みがたくあったのだと思う。だからカメラの前に飛び出て、出演者たちに私の疑問を直接ぶつける、というやり方で場面を作っていってもいいはず。

いや、そんな理屈は後でくっつけたもので、本音を言えば、運動というのは、ある意味、お祭のようなもので、祭って観るより参加したほうがおもしろいに決まってるじゃないか！　と思ったわけだ。ともあれ、映画の中盤に監督がいきなり登場して出演者に議論を吹っかける作りの映画なんてあまり観たことがないだろう。観客が、どう思って受け止めるだろうかという不安はあったが、ま、批判されたら、その時に考えるとしよう。

意見や方法論の違いを乗り越えた運動の流れの質の変化が、映画の構成にリンクした

今作品、観る人たちのことを考えたら、やはり途中で休憩を入れようよ、とスタッフで議論して決めた。では、どこに休憩を入れるのか？　休憩明けで私が登場するわけだが、まるで狙ったように、前編、後編と休憩明けからトーンが変わってくる。おそらく、このトーンの変化は、作り手たちが狙って、そういう構成を立てたのだろうと、作品を観た人は思うに違いない。だが前編と後編の狙いを意図して変えようとしたわけではないのだ。

ちょっと注意して観ていただければ理解できると思うのだが、映画の冒頭の「泉南の碑」建立を祝うシーンは、ロケ最後に撮影したものだ。時間的には最後に撮ったものをド頭に持ってきたわけだが、あとは全部、ほとんどが撮影順にシーンが並んでいる。編集の全体が全貌を現して、さすがに長いから休憩を入れようとした時に、ほぼ真ん中に私が登場するシーンがあり、そこで分けたら、まるで狙ったかのように、前編と後編のトーンが見事に変化しているのに自分たち自身が気付き、互いの顔を見合わせて笑ったものだ。つまり現実の運動の流れの質が、自然に途中から変わっていったのだ。

映画の中でも描いてあるが、弁護団、とりわけ副団長の村松弁護士と「市民の会」の柚岡さんは、幾度も論争といったレベルを越え、摑みかからんばかりの怒鳴り合いをした。弁護団の基本的な姿勢は、裁判に勝つこと。そのために戦術をあれこれと練る。一方、柚岡さんは、裁判闘争とはいえ、アスベスト被害を受けた原告団にとっては、まず被害を受けた自分がいかに苦しんできたか、これからも生きていかなければならないか、という自己表現をすべきだ、だから戦術ありきでその表現を抑えるのではなく、自由に、怒りたいときは怒り、悲しいときには泣けばいいじゃないか、と主張する。その両者の基本的な姿勢が衝突するのである。弁護団側は、例えば原告が法廷で陳述するときに、裁判官に訴えるために効果的な言い方をして欲しい、と願う。だから予め陳述の原稿を書いて、言い方も練習して臨もうとする。柚岡さんは、こうしたやり方だと原告の自然な感情が発露されないじゃないか、と。幾度となく衝突する場面に立ち会い、私自身は、柚岡さんに共感、共鳴するところ大なの

だが、さりとて弁護団の、裁判に勝つためには、戦術に沿ったやり方をして欲しい、という考え方も分かるなあ、と思ってしまう。

柚岡さんの名誉のために言い添えておきたいのだが、激しい怒鳴り合いをするものの、柚岡さんは、裁判に勝つためなら止むなし、と最終的には弁護団側のやり方に同調、妥協する。柚岡さんは、妥協したことで「ああ、妥協してしまった」と、くどくどと悔いる人なのだ。私は、そこが柚岡さんのいいところだと思ってるのだが。

この弁護団と柚岡さんの対立は、実は、日本の市民運動ならば、どこの運動体でも同じ質の問題を抱えているはずだと思っている。あくまでも民主的でルールに則ったやり方で運動を進めていこうとする考え方と、多少ルールを破ったとしてもその場での素直な感情を吐露して相手にぶつけていくべきだとする考え方とがぶつかる。その両者の考え方が激しくぶつかり合う場面が重なったあげく、憎悪が生まれ、果ては、一方が他方を排除することになる。

話の順序が飛ぶが、作品が完成して出演者の人たち、原告団、弁護団、市民の会の人たちに、私の勤め先である大阪芸術大学の付属映画館を借りて観せた内覧試写会の時のこと。弁護団と柚岡さんの対立をキチンと描くべきだという考えから、両者が激しくぶつかり合う場面を映画の中に入れ込んだ。映画を見終わって、もしかしたら弁護団からか柚岡さんからか、どちらかから、あのシーンを外してもらえないだろうか？　というクレームが出るかも、と緊張していたのだ。他にも本人にしてみれば、こういうシーンは嫌がるかも、と思われるシーンを入れてあった。実は、これまでの作品で、出演者から、あのシーンをカットして欲しい、という要求をもらった経験があったからだ。

さて今回は、どうかな？　と上映が終わって場内の灯りが点いて、さて、みなさん、どうでしょうか？　率直にご意見を言ってください、と声をかけた。細かいことは省略するが、小林弁護士が立ち上がり「この映画の中で、柚岡さんと私たち弁護士が対立するシーンが描かれているが、そういう対立がありながらも、それでも最後まで一緒にやり切ったんだ、と私は思っています」と発言。私は、小林弁護士の発言を聞きながら感動していた。

繰り返すが、この両者の対立のシーンは、市民運動の内部で、当事者たち自身が恥と思い〝運動の内部のこと〟として隠す傾向が強い。裁判闘争もまた市民運動として捉えるなら、なおのこと、そういう内部の矛盾と思われることであっても、オープンにして議論すべき課題がそこにあるはず、その課題の遠因は、日本社会の制度の矛盾がもたらすものと思ってきた私だが、今回の作品で、ああ、やっと腹を据えて、国という大きな相手に対して闘ってるんだと評価できる人たちが、目の前にいるんだ、と嬉しかったのだ。

一日完成後、入れたいものは入れ、そこから命を削る編集作業の結果の三時間三五分

話を少し戻そう。最高裁の判決は一応、勝訴した、ということになっている。いや、その判決の価値を貶めようと思っている訳ではない。が、結局、岡田陽子さんは労働者ではないということで被害者として認められなかったし、南和子さんの近隣曝露も認められなかった。労働者の中でも最終的に認められたのは期間限定の範囲内に収まる人のみだった。いわゆる線引きがなされたのだ。だから苦さの残る判決であることは、関係者たちには共有できているはずだ。

ともあれ裁判闘争は終わったのだ。従って私たちの撮影も終わってしまうわけだ。もうカメラを回すことがない、と思うと一抹の寂しさを感じていた。撮り切ったという満足感もなかった。が、撮るものがないわけだから、否応無くクランクアップということになる。そんなノリ気のない気分のまま編集に入っていった。

他方、私が長く主宰していた「ＣＩＮＥＭＡ塾」でのゲスト監督とのトークの記録を出版したいという長年の夢がついに叶って、筑摩書房から発売されることが決まった。その発売を記念して「発売記念上映会」をやろう、という話が持ち上がっていた。登場する監督は、深作欣二、今村昌平、大島渚、新藤兼人ら大先達四人。「ドキュメンタリーとフィクションのボーダーを越えて」というテーマを巡って、私が先輩監督たちに向かって根掘り葉掘り聞き込んでいく、という内容。本の中身でも触れている劇映画の監督たちが撮ったドキュメンタリーを集

めて一挙に上映しよう、という企画だった。だが旧作ばかりで、それじゃあオモシロくない。ならば私たちの新作を合わせてやろう、という話になった。つまりその上映会の日程が予め決まった訳だ。従って編集も、そのゴールに間に合わせる、という目標が設定された。

もう一点。映画の尺は、やっぱり二時間くらいがちょうどいいよね、と私も小林も他のスタッフもそういう認識を持っていた。観る人たちの体調、生理を考えると、という〝常識〟。八年以上に渡った撮影なので撮ったテープの量も膨大だった。公開の日が決まっている、ということのメリットとデメリット。ケツが決まっているので否応無く作業を進めていく。それ自体はとてもいいことと思うが、内容の吟味を、つい、スルーしがちになってしまうことが欠点。

編集の途中で構成を担当する小林が、あのシーン、二時間には到底収まらないから、もうチェックしないでパスするよ、と迫られ、いくつものシーンを記憶のみで判断してオミットを決めていった。もちろん音楽も新しく入れ、整音もキッチリこなし、タイトル文字も新しくデザインし直した。何が何でも二時間に収めることが目標だった。が、結果、二時間一五分に仕上がった。何とか公開日に間に合わせた。

渋谷のシネマヴェーラで二回ほど上映のプログラムが組まれていた。観客は、キャパの半分くらい。上映が終わり、私のトーク。長く私が苦しみ悩んできた「普通の人を撮ってオモシロイ映画ができるのか？」という課題について率直に聞いてみた。「これ、おもしろかったですか？」と。この質問、何ともアホ丸出し、観る人をバカにした質問だと思う。そんな自信のない作品を見せるのか？　と切返されれば、一言もない。作り手としても自らの不甲斐なさを晒すことである。そんなことは百も承知だった。が、恥を承知で、と前置きして観客に聞いた。「確かに『神軍』に比べると強烈さはないかもしれませんが、普通の人が持つおもしろさは充分に描けてましたよ」と肯定的な意見。二〜三人の観客がそう言ってくれてホッとはできた。「もうちょっと長くても大丈夫だと思いました」という意見があり、うーん、そうかあ、としばし考え込んでしまった。何が何でも二時間に、と強引に言い聞かせてきたのだが、この意見は、私の気持ちを大きく揺さぶった。よし、もう少し長くしてみよう、と。長くしたとして最終的には二時間三〇分くらいだったら、構わない、と自分に言い聞かせた。

小林に相談。「えっ！　ホントに長くするの？」「うん、もうちょっと。具体的にはもう一五分くらいは大丈夫そうだよ」と。そう言うとちょっと驚いた様子。編集の秦さんと相談してみようということになった。編集の仕切り直しということになると、手間が最もかかるポジションは秦さんだからだ。

その秦さん、長くしたい、という私の申し入れに臆する風情など全くなく、こう言い放った。「入れたいシーンを全部入れましょう。それから、落とすところを、落としていきましょう」と。いやあ、心強い一言だった。気持ちの中で、あのシーンは強引に捨ててよかったのかなあ、あのシーンは入れるべきだろう、と抑え難く、様々なシーンが私に「活かして」と言う声が大きくなってきた感じがしていた。

その時から編集を再スタートして結局一年かかった。大変だったのは、小林だ。タイトルも全く新しく作り直したい、音楽も新しい人と組みたい、と私が要求したからだ。つまり、もう一本、新作を仕上げるのと同じ経費がかかる訳だから。再編集にかかるお金のストックはなかったから、ここからは、以前の状況と同じ〝持ち出し〟で賄うしかないからだ。と言っても結局は借金ということになる。ま、お金の話は気持ちが落ち込むのでこれ以上触れないことにして、入れたいシーンを入れてみたら四時間を超えた。

そのバージョンを観たときに、私の口から出た言葉は「この四時間で、いいんじゃないの！」だった。本音だった。が、小林と秦さんから、慌てて「いやあ、それはまずいんじゃないですか？」と返されてしまった。尤もだ、と納得した私。そこからがシンドかった。少しずつ、少しずつ、削って行く作業。いったん活かしたシーンを削ることは、命を削ることと同じだとしみじみ思う。とりわけ原告団のそれぞれの人たちからインタビューしたシーンを削るのはツラかった。この内容は、あの人が喋ってくれたこととほぼ同じだよ、落とせるんじゃない？　というスタッフの意見。お前、鬼かよ、と毒づきたくなる気持ちを必死にこらえて、そうかなあ、と考え込む。スタッフだって、作品を良くするために意見を言ってるのは分かってるからだ。迷いに迷った挙句、スタッフの意見を受け入れて削除することに同意する。映画の作り手というのはつくづく身勝手なものだ、と思う。作品の中身を濃くするために、という大義名分のために、せっかく撮らせてもらった映像を削除するのだから。

その繰り返しの作業を経て、三時間三七分になった時点で「もう、これ以上落とせないから！　これで、良しとしよう。完成！」と宣告。

完成！　と宣告してからも、微妙に修正をして三時間三五分。編集という作業は、どれだけやってもキリがない。フィルムからデジタルの時代になって、その傾向が一層強まった。だから、どこかで突き放さなければならない。と理屈は分かってても、いつまでもグダグダと、あそこは、もうちょっと短くしても良かったかな、とか、あのカット尻をほんの少し長くしたほうが余韻が出るかな、などと思い煩う。

「普通の人を撮る」こととの格闘の結果に対する評価

そんな未練を抱えながら内覧試写会を実施。東京のアテネフランセを借りた。私たちのこれまでの作品を支持していただいている方たちや、友人、配給をして頂ける可能性のある関係者を呼んでの試写会だ。上映後、相変わらず、自分の作品に自信を持てずに不安丸出しで不甲斐ない挨拶を。「あのう、これ、長くないですかねえ?・」。長い、という評価は、おもしろくない、退屈だった、と同じ意味であることが分かっていたからだ。私の不安が全身から滲み出ていたのだろう、呆れながらも「いや、原監督は長いと心配していらっしゃいますが、決して長くは感じませんでしたよ」。口々に「だって、この長さが必要だったんでしょ」「自信を持って、いいんじゃないですか」と励ましの言葉。有り難かった。率直に言おう。私は、励まして欲しかったのだと思う。自分では、自信が持てなかったからだ。だから、いかにも自信なげな態度を晒すことで同情を買い「いや、そんなことはないよ、大丈夫だよ」と、よしよし、と慰めてもらって、もっと頑張りなさいよ、と背中を押してもらいたかった……。これは明らかに私の甘えである。あれほど、強くなりたい、と渇望して、これまで映画を作ってきたにもかかわらず、今ここにきて、甘えの気持ちを持っていたとは、シャレにもならない。この二重に犯した私自身のダメさ加減。ふーッ！　出るのはため息ばかり。

私は、これまで自分たちの作品を、絶対の自信を持って世に出したことはなかった。いつの場合でも、これ、おもしろいと思ってもらえるだろうか？　という不安に満ち満ちて、恐る恐る、試写から様子を見ることから始めてきた。今回は、これまで以上に、その不安が大きかった、ということは述べてきた通りだ。今まで自分が培ってきた方法論を捨て、あるいは壊して、というべきか、新しい方法を確立するという作業が、作り手本人にとっては、とてつもなくシンドイ、かついかに過酷な作業であることか！　それを分かってもらいたい。いや、分かってもらいたい、と望むことが筋違いなのだろう。それは、ひとえに作り手が悩めばいいだけのこと。

山形国際ドキュメンタリー映画祭へ出品してコンペティション部門に入り、いざ一般の観客の目に触れる段階にきた。映画祭で作品を観ようとする観客とは、映画を読み解く力、今時の言葉でリテラシーというが、その能力の高い観客であると思っている。さてその観客たちがどう審判を下すか？

映画祭では二回の上映が組まれている。その一回目の上映。泉南から原告団、弁護団、市民の会から総勢一七名、山形まで駆けつけていただいて、上映後の挨拶を終える。その後だった。私が館内を歩いていると、遠くから私を認めて、ツカツカと近付いてきてニコニコ笑みを浮かべながら「映画、おもしろかったです！」と声をかけてくれたのだ。そして握手を求めてきた。それも一人や二人じゃなかった。かなり多くの人たちが、そんなふうに私に声をかけてくれるのだった。全く予想外だった。そして観客賞に相当する「市民賞」を頂いたのだ。私の映画生活は四〇年以上になるが、観客賞受賞は初めて。それが、かくも喜びをもたらしてくれることを初めて知った。内輪の試写会で、おもしろかったよ、と言われても、それは長い付き合いのある人たちだから、こちらを気遣い、言ってくれてるのだろうし、話半分に割り引いて受け止めなければならない、と自分に言い聞かせるのが常。だが映画祭での観客は、そうした利害関係一切なしの人たちだ、掛け値なしの言葉として受け止めていいだろうと思う。おもしろかったです、という言葉が、深く深く染み渡り、徐々に「ああ、おもしろい映画になっているんだ」と自信のようなものが、やっと芽生え始めてきた。

「映画は人民(弱者)のもの」(浦山桐郎監督)

私が師匠として尊敬している大先輩監督が数人いる。その中の一人、浦山桐郎監督。その浦山監督に一本だけ『太陽の子(ティだのふぁ)』という作品で助監督についたことがある。その時に浦山監督から色々教わったが、最も忘れられない言葉がある。「原よ、映画とは、決して個人のエゴイズムを満足させるためにあるんじゃないんだよ。映画は人民のものだ。分かるか、原よ」と。人民という言葉は、使われる局面において様々な言い方をされる。国民、市民、庶民、生活者、普通の人、市井の人々……というように。この世は、権力を持っているごく少数の人と莫大な資産を持ちその資産を増やそうとしている人と、その権力者や資産家によって虐げられている多くの人々、とに分けられると私は考えるのだが、この地球上に暮らす圧倒的に多数の人たちが人民であり、差別、抑圧され、苦しんでいる社会的弱者である。映画は人民のもの、を映画は弱者のためにある、と言い換えてもいいと思うが、この言葉を今回の作品の製作途中で、これまで以上に反芻している自分がいた。カメラを弱者に向け、弱者たちの喜び、哀しみ、怒り、夢、などのディテールを深く濃く描き、彼らの魂を観客に届ける。映画を観る者もまた弱者だろうから、観る者と観られる者の弱者同士をつなぎ、共感共鳴の熱気を醸し、この世に魂の共同体を創り出すことをイメージせよ、と浦山監督から学んだ教えを自由に伸縮自在に操りながら、自分がくたばる寸前まで映画を作っていきたいと思っている。

勝訴
南アスベスト被害
国の責任を認める

資料編

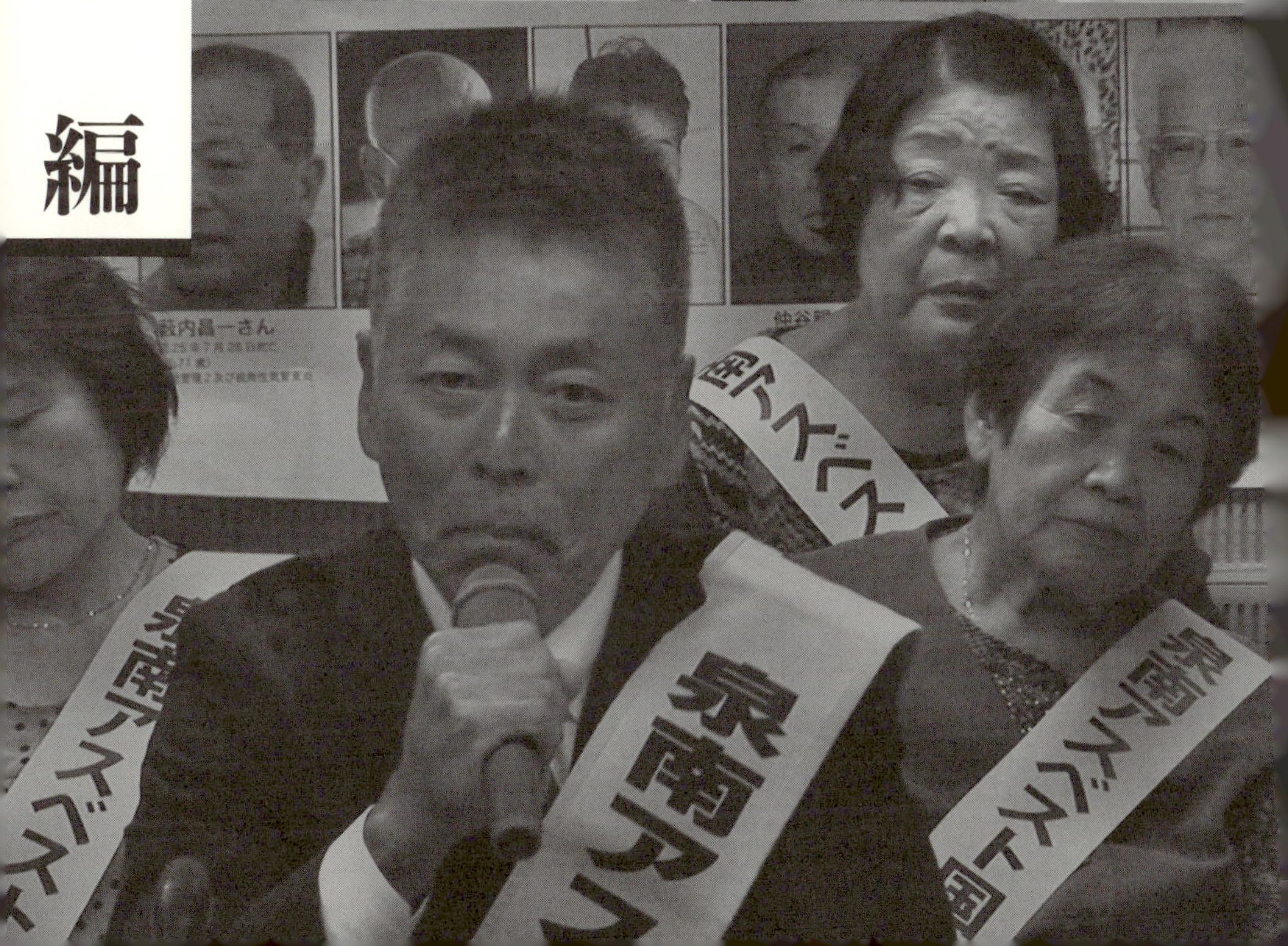

世界のアスベスト事情

古谷杉郎

ふるや・すぎお
石綿対策全国連絡会議(BANJAN)事務局長。
アジア・アスベスト禁止ネットワーク(A-BAN)コーディネーター。

一……世界のアスベスト事情概論

過去のアスベスト使用と将来の健康被害

アスベストは、いずれも潜伏期間の長い、中皮腫、肺がん、石綿肺、卵巣がん、喉頭がんなどのアスベスト関連疾患を引き起こすことが、国際がん研究機関(IARC)等によって確認されている。なかでもとりわけ致死的で、いまだ治療法の確立していない中皮腫は、そのほとんどすべてがアスベスト曝露によるものであることから、アスベスト健康被害の「指標」とみなされている。

過去のアスベスト使用と将来の健康被害(中皮腫死亡)との関係を、日本とイギリスを例にみてみる。アスベスト使用の歴史の古いイギリスでは、アスベスト使用は一九六四年に年間一七万トン強でピークに達し、過去の累積使用量は七百万トン弱。日本は、一九七四年に三五万トンでピークに達し、過去の累積使用量は一千万トン弱である。

イギリスにおける中皮腫死亡数は、一九七五年に二七二人、一九八二年に五〇〇人を超え、二〇一五年には二五四二人という状況になっている。政府は今後は減少に転じると予測しているものの、まだ確かめられたわけではない。仮にイギリスで二〇一五年が被害のピークになるとしたら、アスベスト使用のピークの一九六四年との間の時間間隔は五一年ということになり、日本ではアスベスト使用のピークの一九七四年から五一年後の二〇二五年まで中皮腫死亡数が増加し続けると予想できるかもしれないが、おそらくこれでも楽観的に過ぎるだろう。

日本では、人口動態統計でデータが得られるようになった一九九五年の五〇〇人から、二〇一六年には一五五〇人へと中皮腫死亡数が増加を続けている。日本の人口はイギリスの約二倍であり、イギリスと同レベルにまでなるとしたら日本の中皮腫死亡数は五千人にまで達することになり、いずれにしろ被害はこれからも増大すると見込まれる。

アスベスト被害が減少に転じたと断言できている国はまだ一つもないのが現状である。

いま使用しているからと言ってただちに被害が見えるわけではない、ただちに使用をやめたとしてもその効果を確認できるのは数十年後、アスベスト関連疾患は診断／把握が必ずしも容易ではない、等といった事実は取り組みを困難にしている面もあるかもしれないが、アスベスト関連疾患はアスベストの使用をやめることによって予防することが可能な健康被害である。

世界のアスベスト被害

かつてのアスベスト大量使用国においてアスベスト関連疾患の「流行」が持続する一方で、被害がいまなおインビジブル（見えていない）な国も多い。しかし、例えばアスベスト産業側の主張が、少し前までは「わが国にアスベスト被害はない」だったのが、「中皮腫はたしかに出ている、しかしアスベスト曝露によるものはない」と変わってきているように、明らかに変化してきてはいる。

各国及び世界のアスベスト被害の現状把握と将来予測のための努力が積み重ねられている。その一つとして、世界保健機関（ＷＨＯ）が予防可能な疾病の対策を促進するためにすすめている世界疾病負荷（ＧＢＤ）調査が、ＧＢＤ比較データベースとして提供され、随時更新されるようになっている（https://vizhub.healthdata.org/gbd-compare/）。

ここでは、そのほとんどすべてがアスベスト曝露によるものとみなされる中皮腫と石綿肺のほか、アスベストへの職業曝露リスクによる中皮腫、肺がん、卵巣がん、喉頭がん、石綿肺による疾病負荷が推計されており、各国別推計も入手す

［表］GBD2016による2016年のアスベスト関連疾患死亡推計

順位	国	合計	アスベストへの職業曝露によるもの						中皮腫	職業	肺がん／	石綿肺
			小計	中皮腫	肺がん	卵巣がん	喉頭がん	石綿肺	（全観察値）	性割合	中皮腫	（全観察値）
		B+C+D+F+G	A+B+C+D+E	A	B	C	D	E	F	A／F	B／A	G
1	アメリカ	39,395	39,275	3,161	34,270	787	443	613	3,282	96.30%	10.84	613
2	中国	21,510	20,940	2,178	17,971	270	198	323	2,747	79.30%	8.25	323
3	イギリス	18,063	18,036	2,837	14,056	760	174	209	2,864	99.10%	4.96	209
4	日本	16,648	16,591	1,449	14,529	189	105	320	1,506	96.20%	10.03	320
5	イタリア	15,422	15,394	1,699	12,810	488	297	101	1,727	98.40%	7.54	101
6	ドイツ	15,278	15,242	1,729	12,613	509	193	199	1,765	98.00%	7.29	199
7	フランス	12,508	12,481	1,546	10,083	379	215	257	1,573	98.30%	6.52	257
8	インド	7,565	7,136	1,976	4,018	144	517	482	2,405	82.20%	2.03	482
9	カナダ	5,911	5,896	648	5,031	89	67	61	663	97.80%	7.76	61
10	スペイン	4,952	4,932	494	4,137	108	121	71	515	96.00%	8.37	71
11	ロシア	4,843	4,776	624	3,716	294	113	29	691	90.20%	5.96	29
12	オランダ	4,671	4,664	639	3,845	122	45	13	647	98.90	6.02	13
13	トルコ	4,282	4,250	507	3,573	65	83	22	539	94.10	7.04	22
14	オーストラリア	4,058	4,048	766	3,017	140	48	77	776	98.70	3.94	77
15	ブラジル	3,528	3,441	691	2,417	129	139	64	778	88.80	3.5	64
16	ポーランド	2,930	2,913	234	2,510	95	61	12	251	93.20	10.74	12
17	ベルギー	2,799	2,794	278	2,391	65	34	25	283	98.30	8.6	25
18	ベトナム	2,038	2,000	127	1,834	11	23	5	165	77.30	14.4	5
19	南アフリカ	1,839	1,823	280	1,338	35	54	117	296	94.60	4.78	117
20	韓国	1,780	1,760	117	1,586	18	15	24	138	85.00	13.5	24
	合計（195か国）	224,918	222,321	27,612	181,450	6,022	3,743	3,495	30,208	91.40%	6.57	3,495

ることができる。表は、二〇一七年九月に公表された最新のGBD2016推計による二〇一六年についてのアスベスト関連疾患による死亡数の上位二〇位及び世界一九五か国の合計である。

一〇年くらい前から国際労働機関（ILO）やWHOは、アスベストによる死亡が毎年世界で約一〇万人という予測を示して、最悪のインダストリアル・キラー（産業殺人者）、アスベスト関連疾患の根絶は世界共通の課題としてきたが、これによればすでに毎年二〇万人以上殺される事態になっているわけである。

このうち、①アメリカ、③イギリス、④日本、⑤イタリア、⑥ドイツ、⑦フランス、⑨カナダ、⑩スペイン、⑫オランダ、⑬トルコ、⑭オーストラリア、⑯ポーランド、⑰ベルギー、⑲南アフリカ、⑳韓国は、中皮腫死亡について比較的あてになる国のデータをもっているとされる。

他方、⑮ブラジルは不十分な国のデータはあるもののあてにならない。②中国、⑧インド、⑪ロシア、⑱ベトナムは国のデータがない。これらの国の被害は推計に頼るしかないわけであるが、多くの研究者が、表に示したものもまだ過少推計だと考えている。

ちなみに、これを人口一〇万人当たり年齢標準化死亡比で比較してみると、上位一〇位は、①グリーンランド、②イギリス、③オランダ、④ベルギー、⑤デンマーク、⑥イタリア、⑦オーストラリア、⑧アンドラ、⑨フランス、⑩カナダ、に変わり、アメリカは一七位、日本三六位、ロシア六一位、中国八九位等となる。日本やロシア、中国等は、これから順位を上げていくであろうと予想される。

日本を含めたいわゆる工業諸国でも、中皮腫以外のアスベスト関連疾患を適切に把握できている国はなく、補償のレベルもまだきわめて低い。卵巣・喉頭がんは、日本ではまだ補償対象にもされていない。

世界のアスベスト消費

アスベスト産業は国際的には十八世紀後半に成立して、十九世紀に発展した。米連邦地質調査所（USGS）のデータによると、世界の原料アスベスト消費量は、一九八〇年頃に約五百万トンでピークに達した後、一九九八年までは急激に減少し、その後は二百万トン前後でプラトーな状態が続いている。

急激な減少はかつて消費の中心であった欧米等における減少によるもので、一九九八年にヨーロッパとアジア・中東の消費量が逆転し、アジア・中東におけるアスベスト消費は二〇一二年まで増加し続けて、世界消費の七〇％を超えるに至った。

二〇〇〇〜二〇一六年の世界のアスベスト消費上位一二カ国をみると、①中国（二五・八％）、②ロシア（一七・五％）、③インド（一四・三％）、④ブラジル（七・三％）、⑤カザフスタン（五・四％）、⑥タイ（四・六％）、⑦インドネシア（三・九％）、⑧ウクライナ（三・七％）、⑨ベトナム（二・八％）、⑩ウズベキスタン（二・四％）、⑪スリランカ（一・五％）、⑫メキシコ（〇・九％）、以上合計が九〇・〇％で、その他が一〇・〇％という状況である。上位五カ国だけでも七〇％以上を占めるという集中ぶりである。

なかでもいまやアジアが世界のアスベスト産業にとって「最後に残された市場」、換言すればアスベスト禁止をめぐる最大の戦場になっている。

二〇一三〜二〇一五年は主に国際的経済不況の影響と考えられるが、アジア・中東の消費が減少した分をロシアが国内消費を増やして世界消費の帳尻を合わせた。二〇一六年のUSGS暫定データでは世界消費は二五％減の一五〇万トンになった。ロシアの国内消費大幅減によるもので、アジア・中東は逆に増加して再び世界消費の七〇％を超えている。このデータが維持されるか、また世界的減少が定着するのか、まだわからない。

世界のアスベスト産業は、「禁止している国は少数派」と主張するが、USGSが二〇一六年に原料アスベスト消費を確認しているのは全部で七八カ国で、そのうち五四カ国は七百トン未満、一二カ国が一四〇〇〜七千トン、一二カ国（前記の一二カ国からメキシコが抜け、バングラデシュが入る）が一万トン以上で、この一二カ国だけで世界消費の九六・八％を占めている。他の百カ国以上は、すでに禁止しているか、または使用していないことになる。ただし、以上は「原料アスベスト」についてであって、「アスベスト含有製品」は含まれていない。

世界のアスベスト禁止

日本は、二〇〇四年に禁止される製品を列挙する方式（ネガティブ・リスト）で禁止を導入（厚生労働省はこれを「原則禁止」と呼んだ）、クボタ・ショック後の二〇〇六年に禁止から除外される製品を列挙する方式（ポジティブ・リスト）に転換（同じく「全面禁止」と呼んだ）、その後禁止除外製品を計画的になくしていって、二〇一二年に文字どおりの「全面禁止」を達成した。

各国の禁止措置もなんらかのかたちで段階的禁止プロセスをもっており、また、禁止からの除外措置等も様々なので、どの段階をもって「禁止実現」と言うかは単純ではないが、国際アスベスト禁止書記局（IBAS）は「禁止国」として以下の六二カ国を挙げ、国際機関や専門家らもこの数字を引用することが多い。アジア各国について後述するように、筆者は、香港、台湾、シンガポール、ネパールなども加えてもよいと考えている(http://ibasecretariat.org/alpha_ban_list.php)。

アルジェリア、アルゼンチン、オーストラリア、オーストリア、バーレーン、ベルギー、ブラジル、ブルネイ、ブルガリア、チリ、クロアチア、キプロス、チェコ共和国、デンマーク、エジプト、エストニア、フィンランド、フランス、ガボン、ドイツ、ジブラルタル、ギリシャ、ホンジュラス、ハンガリー、アイスランド、イラク、アイルランド、イスラエル、イタリア、日本、ヨルダン、韓国、クウェート、ラトビア、リトアニア、ルクセンブルグ、マケドニア、マルタ、モーリシャス、モナコ、モザンビーク、オランダ、ニューカレドニア、ニュージーランド、ノルウェー、オマーン、ポーランド、ポルトガル、カタール、ルーマニア、サウジアラビア、セルビア、セーシェル、スロバキア、スロベニア、南アフリカ、スペイン、スウェーデン、スイス、トルコ、イギリス、ウルグアイ。

歴史的には、一九八〇年代に北欧諸国が最初に原則禁止に踏み切り、一九九六年にフランスの禁止導入を「自由貿易の原則に反する」としてカナダが世界貿易機関(WTO)に提訴して、アスベストは「国際貿易紛争」の対象になった。WTOの結論を待たずに一九九九年に欧州連合(EU)が二〇〇五年からの禁止を決定した後、二〇〇〇年にWTOの紛争解決機関が「国民の健康を守るためにアスベストを禁止する各国の権利」を確認したなどという経過もある。

いまではILOやWHO等が、「アスベスト疾患根絶のためのもっとも効果的な方法としてアスベスト禁止」を公けに支持するとともに、主として禁止を導入していない諸国に対して「ナショナル・アスベスト・プロファイル」、「アスベスト関連疾患根絶国家計画」の策定を呼びかけている(http://ibasecretariat.org/lka_asb_polic_maj_int_agencies.php)。

被害者・家族、労働者、市民らによる取組み

二〇〇〇年九月にブラジル・オザスコで、研究者や政府間関係者だけでなく、被害者・家族、労働者、市民らも加わった最初の世界アスベスト会議(GAC2000)が開催された。日本からも筆者を含め代表が参加したが、二〇〇四年十一月の東京・早稲田大学での二回目の世界アスベスト会議(GAC2004)開催につながった。その後、世界レベルの会議は開催できていないのだが、上記を通じて国際的なネットワークが格段に強化されるとともに、各地域レベルでさまざまな取り組みが展開されてきている(http://worldasbestosreport.org/conferences/gac/gac2004/toc.php)。

アスベスト関連疾患の流行が顕在化しているところには、どこでも被害者・家族（支援）団体が存在し、また、それが草の根でアスベスト問題に取り組む中心になりつつあると言ってよい。イタリアでの「史上最大のアスベスト刑事訴訟」の支援をきっかけに、ヨーロッパ・世界の被害者団体の交流・連携がすすみ、二〇一二年十月にはフランス・パリで初めてのアスベスト被害者国際デーが催された。国内で被害者団体の全国ネットワークを機能させることのほうがかえって難しいような気配もするが、被害者・家族のイニシアティブをいかにして発展できるかは、各国と世界共通の課題である。

日本では、ILOがアスベスト条約を採択した翌年の一九八七年に、労働組合、市民団体、専門家らによって石綿対策全国連絡会議（対外的にはBANJAN：Ban Asbestos Network Japanと名乗っている、筆者はその事務局長）が結成され、禁止実現に向けて取り組むとともに、GAC2004開催の中心となり、また、中皮腫・アスベスト疾患・患者と家族の会が二〇〇四年に設立するのを支援している。職業病事例を中心に設立された患者と家族の会が尼崎のクボタ工場周辺の公害患者と出会い、支援したのが二〇〇五年のクボタ・ショックの発端で、それが泉南アスベスト国賠訴訟や建設アスベスト訴訟につながっている。泉南アスベストの会や建設アスベスト訴訟の原告・支援者らもBANJANに加わっている。

BANJANは、二〇〇六年に第一回アジア・アスベスト会議（AAC2006）をタイ・バンコクで、二〇〇九年に第二回アジア・アスベスト会議（AAC2009）を香港で開催するとともに、アジア・アスベスト禁止ネットワーク（A－BAN）を立ち上げた。筆者はそのコーディネーターも務めている。アジアと世界で一日も早くアスベスト禁止を実現することを最優先課題に、そのためにも、はば広い関係者がネットワークを形成・強化することを促進している。また、日本の被害者・家族団体は韓国とは兄弟姉妹の関係のうえに、これまでベルギー、イタリア、イギリス等の団体との交流を重ね、さらに継続・拡大しようとしている。

アスベスト禁止に反対する者たち

アスベストの生産・輸出は、歴史的にはカナダとソ連（現在はロシアとカザフスタン）が主導してきたが、リーダー役はカナダからロシアに移行している。USGSデータによる、一九〇〇年～二〇一六年の一一七年間の累積生産量は約二億トン。ロシア・カザフスタン（旧ソ連）が四一・六%、カナダ三〇・一%、中国六・六%、南アフリカ四・八%、ジンバブエ四・五%、ブラジル四・二%、その他八・二%という内訳である。南アフリカは二〇〇八年に輸出・輸入も含めてアスベストを禁止、ジンバブエは二〇一〇年、カナダは二〇一一年を最後に生産していない（カナダはついに禁止の決断をしたが、ジンバブエではまだ生産再開を探る動きがある）。二〇一七年十一月にはブラジル最高裁が連邦政府がアスベストを禁止していないのは憲法違反と宣告した。

残る生産国はロシア、カザフスタン、中国。中国は生産量のほとんどを国内消費したうえに、ロシアから輸入もしていて、輸出はまだ本格化していない。ロシアの生産は、以前はウラル・アスベスト鉱山がトップだったが、カザフスタンとの国境に近いオレンブルグ鉱山がとってかわっている。カザフスタン唯一の鉱山は北部のコスタナイにあり、オレンブルグとは地理的な意味だけでなく、密接な関係にあるようだ。ロシア・カザフスタンが現在の輸出の主役である。

日本に日本石綿協会があったように、主要なアスベスト使用国にはアスベスト産業のロビー団体が存在している。生産・輸出国と使用国のアスベスト産業は国際的に連携しており、現在カナダ・ケベックに本拠を置いている国際クリソタイル協会（ICA）があり、また、アジアではタイに本拠を置くクリソタイル情報センター（CIC）がある。さらに、世界のクリソタイル・アスベスト産業関係労働組合でつくったとされる国際労働組合連合「クリソタイル」なるものも、禁止反対キャンペーンを展開している。彼らは、ロシアをはじめとした政府関係者の支持を受けていることを誇ってもいる。

いまや、ある国でアスベスト禁止に向けた議論がはじまると、地元のロビー団体を応援するために世界中からロビイストがかけつけ、国際会議を開催したり、個々の政策決定者に働きかけたり、ロシアが公式の貿易協議等のなかで禁止しないように働きかけるといった動きが、必ずと言ってよいほどはじまる。

ILOやWHOをはじめとした国際機関・団体がこぞって、「アスベスト疾患を根絶するもっとも効果的な方法はアスベストの使用をやめることである」という論理で禁止を支持・促進しているなかで、有害な化学物質の事前のかつ情報に基づく同意（PIC）手続に関するロッテルダム条約の締約国会議で、PIC手続の対象物質リストにクリソタイル・アスベストを加えるという提案が、全会一致でないと決定できない議事手続のために、かつてはカナダ、現在はロシアを先頭とした一握りの国の反対によって繰り返しつぶされている。

最近では、存在も定かでないカザフスタンのクリソタイル・セメント産業連盟（UICC）なるものが資金を提供したとされるアメリカのインテリジェンス会社が、イギリス支社を通じて自称ジャーナリストを雇い、世界、とりわけアジアにおけるアスベスト禁止をめざす動きの内情を四年間にわたって探らせていたという国際スパイ事件も暴露されている

（代理人として動いた二人の人物と支払いを行った英領バージン諸島に登記された会社名、スパイに四年間の報酬・費用として約六五〇〇万円支払っていたことがわかっている。事件はロンドンの高等裁判所に継続中で、筆者も五人の原告のうちの一人になっている）。

二……各国編

◉カナダ

二十世紀を通じて世界のアスベストの「巨人」だったが（一九七三年が一六九万トンで生産量のピーク）、最後まで粘ったケベック州の二鉱山が二〇一一年を最後に生産をやめ、百年を超す歴史の幕を閉じた。休止鉱山の再開に州政府が資金援助するという計画に反対して、日本からの二人を含めアジアから七人の代表団が二〇一〇年末にケベックを訪れ、州内外のメディアから注目されたことも大きかった。カナダは、一貫して生産のほぼすべてを輸出にまわす「死の商人」だった。二〇一六年十二月、ついに連邦政府がアスベスト禁止に踏み切ることを発表し、二〇一八年実施の予定で協議が進められている。ケベックに本拠を置いていた国際クリソタイル協会（ＩＣＡ）は、ロシアに移るのではないかと予想されている。

ＧＢＤによる二〇一六年のアスベスト関連疾患死亡推計で世界第九位（五九一一人）。

◉ロシア

一九七六年にソ連のアスベスト生産量がカナダを抜いて世界首位に立った（ピークは一九八二年の二七〇万トン）。一九九一年のソ連崩壊後カザフスタンと合わせた生産量は、二〇〇〇年まで一〇〇万トン未満までに落ち込むが、その後は持ち直して二〇一五年まで一三〇万トン前後を維持。二〇一三〜二〇一五年は輸出の減少分を国内消費の増大で埋めて生産量を維持したが、二〇一六年は国内消費が前年比一〇分の一以下の五・四万トンに激減した。二〇一六年の生産量はロシア六四・五万トン、カザフスタン一九・二五万トンで、合計八三・七五万トン。ロシアは、アスベスト健康被害に関する国のデータがないだけでなく、政府が「被害はない」と主張してはばからないでいる。ＧＢＤによる二〇一六年のアスベスト関連疾患死亡推計で世界第一一位（四八四三人）。

◉ブラジル

アスベスト生産量はおおむね増加傾向を維持しつつ、二〇一六年には三〇万トン。輸出は、二〇〇八年の約一八万トンがピークで、その後二〇一六年の八・三五万トンまで減少し続け、産業の危機を訴えている。輸出できない分は国内で消費する構造である。鉱山をかかえていないサンパウロ州等が州法でアスベスト禁止を導入したところ、産業界が違憲と提訴して、最高裁は輸入を禁止する権限は州政府にはないと判断。それではと輸入以外の禁止を定めたことに対する最高裁判決が二〇一七年八月にあり、州の権利を確認。さらに最高裁は十一月に連邦政府がアスベストを禁止していないのは違憲と宣告し、多国籍企業エターニトはブラジルでのアスベストの採掘・製品生産を中止すると発表した。GBDによる二〇一六年のアスベスト関連疾患死亡推計で世界第一五位（三五二八人）。全国に八つくらいの被害者団体があり、連携しながら活動している。中心は、ブラジル・アスベスト曝露者協会（ABREA、http://www.abrea.com.br/）。

◉アメリカ

一九七三年には八〇万トンも使用していた使用大国だが、一九八〇年代を通じて激減。しかし、二〇一六年でも四八六トンとわずかではあるが輸入・消費がある。二〇〇一年まで国内生産もあった（一九〇〇年からの累計で三二八万トン）。一九八九年に環境保護庁（EPA）が段階的禁止規則を導入するも、産業界により提訴され、一九九一年に第五巡回控訴裁判所によって手続不備を理由に無効化された。結果、現在も使用が認められるアスベスト含有製品が残っている。二〇一六年に有害物質規制法（TSCA）が改正され、アスベストは対策を見直すべき最優先一〇化学物質の一つに掲げられたが、トランプ政権のもとで先行きは不明である。GBDによる二〇一六年のアスベスト関連疾患死亡推計で世界第一位（三万九三九五人）。歴史的に、また各地に被害者団体がある。最近活躍がめだっているのは、アスベスト疾患アウエアネス・オーガニゼーション（ADAO, http://www.asbestosdiseaseawareness.org/）。

◉中国

一九九五年と二〇一一年に各々四四・七万トンと四四万トンの二つのピークがあり、二〇一四〜二〇一六年も毎年四〇万トンの生産量がある。加えて、二〇〇九年の三〇万トンをピークとするロシアからの輸入もある。合わせた消費量は、二〇一一年の六三・八万トンがピークで、二〇一六年でも四八・八万トンである。輸出はまだわずかで、定着していない。採掘は大型鉱山地域へ集約されている。ロシアと違って、政府が「健康被害はない」と公言することはなく、健康被害のケーススタディ論文などもそれなりに発表されてはいるものの、実態はなお不明である。GBDによる二〇一六年のアスベスト関連疾患死亡推計で世界第二位（二万一五一〇人）。

◉イギリス

ピーク時の一九六四年に一七万トン強、累積使用量七百万トン近い使用大国。ＧＢＤによる二〇一六年のアスベスト関連疾患死亡推計で世界第三位（二万八〇六三人）。使用者に対して補償請求を起こすことのできない中皮腫被害者に対する給付金支払制度が二〇一四年に創設されている。被害多発地域を中心に一九七〇年代以降、被害者支援団体がつくられ、二〇〇五年にはアスベスト被害者支援団体フォーラムＵＫ（ＡＶＳＧ－ＵＫ）を設立。毎年七月にイギリス各地でアクション・メゾテリオーマ・デー（ＡＭＤ）の取り組みが展開されているが、二〇一七年には日本の患者と家族の会から二〇名の代表がイギリスを訪問し、七月六日にマンチェスターでフランス、ベルギー、スペイン、イタリア、オーストラリアからの代表も交えて国際交流会を行うとともに、七日には五都市でのＡＭＤイベントに参加した（http://asbestosforum.org.uk/）。

◉フランス

ＧＢＤによる二〇一六年のアスベスト関連疾患死亡推計で世界第七位（一万二五〇八人）。二〇〇二年に世界で初めて、職業病か公害か等を問わず、すべてのアスベスト被害者に同等の補償を実現するために、アスベスト被害者補償基金（ＦＩＶＡ）が創設されている。一九九六年に設立され、四〇の地方組織と一万八千人の会員を擁する世界最大のアスベスト被害者団体であるアスベスト被害者擁護全国会（ＡＮＤＥＶＡ）がある。ＡＮＤＥＶＡはこの間、イタリア、ベルギーの裁判支援等を通じてヨーロッパの被害者団体の連携を率先して促進するとともに、二〇一二年十月にはパリで初めてのアスベスト被害者国際デーを主催し、アジアからも日本（筆者）、韓国、インドから参加した（http://andeva.fr/）。

◉イタリア

ＧＢＤによる二〇一六年のアスベスト関連疾患死亡推計で世界第五位（一万五四二二人）。尼崎市のクボタ工場周辺の住民被害に非常によく似た事例が、多国籍企業エターニトのカサーレ・モンフェラート他にあった工場周辺で起こっており、イタリアにおけるアスベスト被害を象徴している。アスベスト被害者家族協会（ＡＦｅＶＡ）が一九八八年に設立され、二千人以上の会員を擁している。工場の所有者であるベルギー人貴族とスイス人実業家を相手に二〇〇九年にはじまった刑事訴訟は「史上最大のアスベスト訴訟」と呼ばれた。二〇一二年のトリノ地裁、二〇一三年のトリノ高裁判決とも、禁固刑の有罪判決と同時に約二千人の被害者に対する損害賠償も認めたものの、二〇一四年の最高裁判決は一転時効を理由にした無罪判決だった。一大スキャンダルとなったが、この裁判がヨーロッパ・世界の被害者団体の連携を促進した役割は非常に大きい。二〇一五年クボタ・ショックから一〇年、尼崎集会に、AFeVAの代表三人が参加している（http://www.afeva.it/）。

◉ベルギー

GBDによる二〇一六年のアスベスト関連疾患死亡推計で世界第一七位（二七九九人）。二〇〇七年に、日本の石綿健康被害救済法と同様に、労災保険で補償を受けられないアスベスト被害者のためのアスベスト被害者基金（AFA）が創設されている。多国籍企業エタニットの本拠地で、労働者被害のほか、労働者家族や工場周辺住民の被害も顕著。二〇〇〇年にアスベスト被害者協会（ABEVA）が創設され、創設者の一人である女性中皮腫患者がエタニット相手にベルギー初のアスベスト訴訟を提訴した。工場労働者だった彼女の夫と五人の子どものうち二人（いずれも職業曝露歴なし）も中皮腫で死亡している。彼女の死後息子ら（二〇〇七年と二〇一五年に長男が来日している）が訴訟を引き継ぎ、二〇一一年に地裁、二〇一七年三月に高裁で勝訴し、判決が確定した。高裁前にはヨーロッパ各国と日本の被害者団体の代表が支援にかけつけた（https://www.facebook.com/Abeva-asbl-1792301488351 27/?fref=ts）。

◉ドイツ

GBDによる二〇一六年のアスベスト関連疾患死亡推計で世界第六位（一万五二七八人）。すでにアスベスト禁止を導入している国としては初めて、政府機関が二〇一四年に「ナショナル・アスベスト・プロファイル」を策定している。アスベスト被害者協会グループ（Bundesverband der Asbestose Selbsthilfegruppen e.V.）がある（http://www.asbesterkrankungen.de/index.php/startseite.html）。

◉オランダ

GBDによる二〇一六年のアスベスト関連疾患死亡推計で世界第一二位（四六七一人）。工業諸国ではめずらしく労災保険制度をもっていない国だが、二〇〇七年に職業病か公害かを問わない中皮腫被害者補償制度がつくられている。二〇〇四年までにアスベスト含有屋根材の除去を義務付けたほか、二〇一七年秋にはサンドブラスト用砂にアスベストが含まれていたことがスキャンダルになっている。最近、アスベスト被害者団体の動きが伝わってきていない。

◉スイス

GBDによる二〇一六年のアスベスト関連疾患死亡推計で世界第二六位（一二七六人）。二〇一七年に保険業界の資金によって、労災保険を受けられないアスベスト被害者に対する自主的補償制度がつくられた。建材メーカーにも資金負担を求めている。アスベスト被害者団体（CAOVA）もこの動きのなかで重要な役割を果たしている。また、ソリダー・スイスという国際協力機関が、その香港事務所を通じて、アジアでのアスベスト禁止を支援するようになった（http://caova.ch/）。

◉オーストラリア

GBDによる二〇一六年のアスベスト関連疾患死亡推計で世界第一四位（四〇五八人）。アスベスト被害者団体、労働組合、がん評議会（CCA）等による全国アスベスト・サミットの開催やキャンペーンを経て、世界で最初にアスベストのない社会を実現すること等をめざして、二〇一三年に国家戦略と新たな国家機関「アスベスト安全・根絶機関」が創設された。最近でも、アスベスト含有建材が中国から違法に輸入された問題の摘発など、社会的関心が持続されている。各州に被害者団体があるが、全国ネットワーキングはまだ発展の余地がありそう。労働組合の国際協力機関APHEDAがアジアでのアスベスト禁止を熱心に促進している。

◉韓国

日本のクボタ・ショックの影響もうけて、二〇〇七年から段階的禁止を早め、二〇一五年にアスベスト全面禁止を達成した。二〇一一年に日本の石綿健康被害救済法にならった石綿被害救済法、二〇一二年には日本にはない環境省所管の石綿安全管理法も導入した。二〇〇八年に全国石綿追放運動ネットワーク（BANKO）、二〇〇九年にはアスベスト被害者・家族全国ネットワークが設立されている。後者は、泉南とも所縁の深いアスベスト紡織産業のメッカだった釜山、アスベスト鉱山のあった忠清南道の両地域グループ、及び全国にまたがる中皮腫患者等のグループで構成されている。日本の関係団体らとは兄弟姉妹の関係が続いている。GBDによる二〇一六年のアスベスト関連疾患死亡推計で世界第二〇位（一七八〇人）。

◉香港

労災被害者団体（ARIAV）や労働組合等により香港石綿禁用連盟がつくられ、一九九〇年代後半に一定の対策・規制が整備された。当時から将来の禁止が約束されていたというが、二〇〇九年のアジア・アスベスト会議の香港開催も契機となって運動が再活性化。二〇一一年に空気汚染管制条例が改正されて、二〇一四年四月からアスベスト禁止が導入された。二〇〇八年にじん肺（補償）条例が改正されて中皮腫も補償の対象になったが、これは職業病であるか公害であるかにかかわらず、同じ補償を提供する制度である。また、香港に本拠を置くアジア・モニター・リソースセンター（AMRC）が、アジアにおけるアスベストに対する草の根の取り組みを支援している。

◉台湾

日本のクボタ・ショックの影響もうけて、二〇〇八年から段階的禁止を早め、二〇一八年一月にアスベスト全面禁止が実施されることになった。労災被害者団体（TAVOI）が少なくとも二件の中皮腫事例等を支援した実績があるが、なかなかその後が続かないようだ。公衆衛生専門家らも禁止を促進するキャンペーンを展開、台湾職業安全健康連線という団体が二〇一七年に『致命粉塵』という本を出版して一六名の被害者のインタビューを収めているが、労災補償を受けられた事例は二件しかない。GBDによる二〇一六年のアスベスト関連疾患死亡推計で世界第三五位（七六六人）。

◉シンガポール

早くも一九八八年にアスベスト含有建材の使用、一九八九年に原料アスベストの輸入、一九九五年にはアスベスト含有ブレーキ／クラッチ・ライニングの使用等が禁止されているが、異なる役所が異なる法律のもとで規制してきた経過もあって、ごく一部のアスベスト含有製品の輸入・使用が禁止されていないようだ。二〇一四年には労働安全衛生（アスベスト）規則が全面改正されて、既存アスベスト対策が強化されている。中皮腫を含めた被害はすでに現われている。GBDによる二〇一六年のアスベスト関連疾患死亡推計で世界第六四位（一八三人）。

◉フィリピン

労働組合（ALU－TUCP）や労働安全衛生団体（IOHSAD）等が、アスベストを禁止するためのキャンペーンを展開している。フィリピン大学公衆衛生学部と政府関係部局が協力して、二〇一三年に「ナショナル・アスベスト・プロファイル」を策定、二〇一五年には政労使三者平和協議会が「フィリピンにおけるアスベストの製造・使用の全面禁止に取り組むよう労働雇用省、産業省及び天然資源省に求める決議」を採択している。しかし、フィリピン・クリソタイル産業協会（ACIP）は海外のロビー団体と協力して禁止に反対している。スービック米海軍基地元労働者の被害など、被害は確実に出ている。GBDによる二〇一六年のアスベスト関連疾患死亡推計で世界第三九位（六四三人）。

●マレーシア

消費者団体（CAP）や労働組合（MTUC）等が、アスベストを禁止するためのキャンペーンを展開してきた。労働省労働安全衛生局は、二〇一一年にそのウエブサイトに「アスベスト禁止提案」を掲載し、二〇一四年には三つの選択肢を示して関係者との事前協議ワークショップを開催している。すぐにも公式のパブリック・コンサルテーション手続が開始されるものと見込まれていたにもかかわらず、この間進展が伝えられていない。南太平洋アスベスト協会（SPAA）だけでなく、海外ロビーの働きかけが奏功しているのではと疑われている。被害はまだほとんど報告されていない。GBDによる二〇一六年のアスベスト関連疾患死亡推計で世界第五四位（二五九人）。

●タイ

公衆衛生専門家らが禁止の必要性を訴えて、二〇一〇年には全国保健総会で二〇一二年までに禁止を求める「タイ社会をアスベスト・フリーにする決議」が採択されたものの、実現に至っていない。消費者団体や労災被害者団体等も加わって、二〇一二年にタイ・アスベスト禁止ネットワーク（T－BAN）が結成された。二〇一四年には禁止賛成・反対双方の激しいせめぎあいが行われ、公衆衛生省と産業省が各々禁止導入を提言するに至ったにもかかわらず、軍事政権は決定を先送りしてしまい、議論が継続している。貿易関係を盾にしたロシアからの圧力が主な原因とみられている。アジア地域を射程に入れたクリソタイル情報センターもタイに本拠を置いている。被害はほとんど報告されていない。GBDによる二〇一六年のアスベスト関連疾患死亡推計で世界第二四位（一五五六人）。

●ベトナム

比較的若いNGO関係者らと禁止の必要性を訴えてきたベテランの公衆衛生専門家等によって、二〇一四年にベトナム・アスベスト禁止ネットワーク（VN－BAN）が結成された。二〇一四年を通じて禁止賛成・反対双方の激しいせめぎあいが行われ、全国屋根板協会（VNRSA）が海外ロビーを何度も招く一方、労働組合（VGCL）は禁止支持を明らかにした。禁止を支持する保健省らと、使用継続を望む建設省等との確執が鮮明になるなか、禁止の目標時期を設定できるかどうか重要な段階を迎えている。中皮腫と診断される事例は毎年三桁にのぼっているものの、まだ補償を受けた例はない。GBDによる二〇一六年のアスベスト関連疾患死亡推計で世界第一八位（二〇三八人）。

◉ラオス

政府関係部局と労働組合（ＬＦＴＵ）が協力して数年がかりで起草した「ナショナル・アスベスト・プロファイル」が政府の最終承認を待っているところ。その過程で季節操業のものも含めて一六のアスベスト製品製造工場の存在が確認されている（うち一三は中国、一はベトナムの投資）。禁止される可能性を察知して、海外ロビーの働きかけが強まっている。そのようななかで、ＬＦＴＵ、がんセンターやいくつかのＮＧＯが二〇一七年十月にラオス・アスベスト禁止ネットワーク（ＬａｏＢＡＮ）を結成することに合意した。被害の公式な報告はまだない。ＧＢＤによる二〇一六年のアスベスト関連疾患死亡推計で世界第一一四位（三八人）。

◉カンボジア

二〇一六年に労働職業訓練省が省令を出して、幅広い政府関係部局、労使団体代表からなる「ナショナル・アスベスト・プロファイル策定委員会」が設置され、二〇一七年夏に一週間のトレーニングコースを行うなど、作業が開始されている。タイ等から輸入は確認されていたものの、国内にアスベスト製品製造工場は存在しないと考えられていたが、どうもすでにあるようだ。二〇一七年十月に、二つの労働組合（ＢＷＴＵＣとＣＦＳＷＦ）と三つのＮＧＯがカンボジア・アスベスト禁止ネットワーク（ＣａｍＢＡＮ）を結成することに合意した。被害の公式な報告はまだない。ＧＢＤによる二〇一六年のアスベスト関連疾患死亡推計で世界第七三位（一三〇人）。

◉インドネシア

二〇一〇年にバンドンでインドネシア・アスベスト禁止ネットワーク（ＩｎａＢＡＮ）が設立され、その後、全国的な労働組合や環境団体等も加わり、研究者、政府関係者との連携も徐々に発展、二〇一七年には「ナショナル・アスベスト・プロファイル」も策定された。タイ資本のアスベスト・セメント工場労働者の組織化に成功し、代替化をめざしているほか、二〇一七年には初めて石綿肺被害者が労災認定を受けた。しかし、繊維セメント製造業者協会（ＦＩＣＭＡ）をつくる国内アスベスト産業の力はいまだ強大である。ＧＢＤによる二〇一六年のアスベスト関連疾患死亡推計で世界第三一位（一〇八八人）。

◉ミャンマー

アスベスト関連情報が少ない。しかし、これまで禁じていたアスベスト含有建材の製造・マーケティングに対する海外投資が解禁され、新規アスベスト工場設置に投資を招聘しようとする動きが伝えられるなかで、対抗する取り組みが必要とされている。二〇一七年九月に労働組合（ＢＷＦＭ／ＣＴＵＭ）が初めて、「アスベスト禁止」の経験を交流するワークショップを開催、Ｉｎａ－ＢＡＮ代表と筆者が参加して取り組みが開始された。被害の報告はまだない。ＧＢＤによる二〇一六年のアスベスト関連疾患死亡推計で世界第三〇位（一一三一人）。

●**太平洋諸島諸国**

二〇一七年九月、太平洋地域環境計画事務局（ＳＰＲＥＰ）第二十八回担当者会議において、その二一太平洋諸島諸国及び五メトロポリタン・メンバーの代表らが「太平洋規模でのアスベスト禁止の必要性」に同意した。これは、「アスベストを含有する製品及び廃棄物の輸入、再利用及び再販売に関する太平洋規模の禁止の開発及び実施を承認する」とともに、事務局に資源調達に努力しながら「かかる禁止の開発及び実施に関する作業を進めるよう指示」している。

●**ネパール**

二〇一五年六月から自動車用ブレーキ等を除くアスベストを禁止した。キャンペーンを主導した環境団体（ＣＥＰＨＥＤ）は二〇一六年に「ナショナル・アスベスト・プロファイル」を策定、政府関係部局や労働組合（ＧＥＦＯＮＴ）等とともにこれを発表して、禁止の履行確保と禁止後の取り組みの重要性を訴えている。被害の公式な報告はまだない。ＧＢＤによる二〇一六年のアスベスト関連疾患死亡推計で世界第七二位（一三〇人）。

●**バングラデシュ**

二〇一三年に労働安全衛生団体（ＯＳＨＥＦ）、労働組合や技術専門家らによってバングラデシュ・アスベスト禁止ネットワーク（Ｂ－ＢＡＮ）が設立され、二〇一七年には「ナショナル・アスベスト・プロファイル」も策定された。アスベストの回収も行われていたチッタゴンの船舶解撤労働者の集団健康診断を実施した結果、二〇一七年に同国で初めての石綿肺事例も確認されている。ＧＢＤによる二〇一六年のアスベスト関連疾患死亡推計で世界第二三位（一五七二人）。

●**パキスタン**

労働組合（ＮＴＵＦ）や労働者教育団体（ＬＥＦ）らによる取り組みがはじまっているが、国内のアスベスト産業の力も強い。ガダニ海岸では船舶解撤作業が行われており、バングラデシュ・チッタゴンと同様に労働者の集団健康診断が実施できないか検討されている。被害の公式な報告はまだない。

ＧＢＤによる二〇一六年のアスベスト関連疾患死亡推計で世界第三四位（八七三人）。

◉インド

二〇〇二年にアスベスト禁止ネットワーク・インド（ＢＡＮＩ）がつくられたが、全国ネットワークとして機能していないために再活性化が図られている。二〇一七年にはインド労働環境衛生ネットワーク（ＯＥＨＮＩ）によって「ナショナル・アスベスト・プロファイル」が策定された。国内生産もあり、鉱山跡地の住民も含めた被害も懸念される。グジャラート州のアラン海岸では船舶解撤も行われている。各地で被害者団体もつくられ、労働者・住民による様々な取り組みもある一方で、アスベスト・セメント製品製造業協会（ＡＣＰＭＡ）等をつくる国内のアスベスト産業の力はいまだ強大であり、取り組みの連携と戦略的なアプローチが求められている。いくつかの大病院で中皮腫事例が蓄積されているものの、補償された例はまだない。ＧＢＤによる二〇一六年のアスベスト関連疾患死亡推計で世界第八位（七五六五人）。

◉スリランカ

二〇一五年に大統領がアスベスト禁止導入の意向を発表し、二〇一六年に閣議で、二〇一八年から相対的に有益な代替品を採用することによってアスベストの使用・輸入を管理するとともに、二〇二四年までにアスベスト関連製品を禁止する実行計画を策定することが決定された。繊維セメント製品製造業協会（ＦＣＰＭＡ）が海外ロビーを巻き込んで反対し、二〇一七年末にロシアが、昆虫が紛れ込んでいたとして突然スリランカからの紅茶の輸入を禁止。スリランカは禁止の実施延期に追い込まれた。二〇一六年十一月に草の根から初めて禁止を支持するワークショップが、労働組合（ＮＴＵＦ）によってコロンボで開催され、筆者も参加したＮＴＵＦは、計画通りの禁止実行を求めている。被害の公式な報告はまだない。ＧＢＤによる二〇一六年のアスベスト関連疾患死亡推計で世界第六二位（二〇二人）。

シナリオ採録

タイトル　疾走プロダクション製作

タイトル　原一男監督作品

ナレーション（N）・原一男監督

進行の声「それでは泉南石綿の碑を除幕いたします」

○「泉南石綿の碑」建立式

1大阪府泉南市信達牧野

　共に闘った泉南の仲間たちが見守る。

進行の声「原告の岡田陽子、同じく原告の石川チウ子です。お願いします」

　「泉南石綿の碑」を除幕する原告・岡田陽子、原告・石川チウ子。

スーパー　2015年4月19日　泉南石綿の碑建立式

　石碑に刻まれた「泉南石綿の碑」の文字。

スーパー　「市民の会」代表　柚岡一禎

柚岡「六年前に亡くなった、原告の前川清さん、八〇歳で肺がんで亡くなった。石綿は俺の体をめちゃめちゃに壊した。しかし、この石綿の仕事があったおかげで一家が生きていけたし、子どもを学校に行かせることができた。憎むべき悪魔のような石綿ではありましたが、同時にそれだけではない泉南の石綿であります」

スーパー　原告団共同代表　山田哲也

山田「未来に石綿による被害者を出さない。公害に苦しむ人々を出さない。この石綿を前にして強く願います」

　「泉南石綿の碑」

○石綿村一〇〇年史

2資料構成

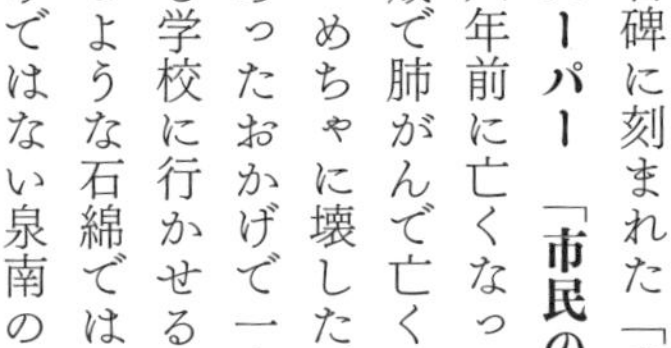

1

（写真の番号はシナリオのシーン番号）

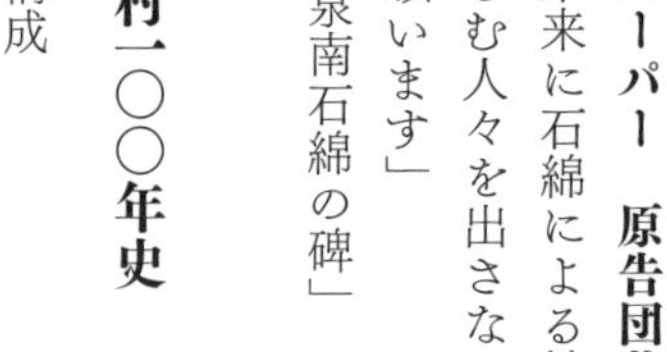

1

地図　大阪府泉南地域、泉南市、阪南市

監督（N）「大阪泉南地域は、明治の終わりから百年にわたって、石綿紡織業が唯一の地場産業だった」

スチール　報國第五一七号　石綿号　艦上攻撃機

監督（N）「戦前、戦中は軍需産業の要として」

スチール　当時の石綿工場、素手で石綿を混ぜる労働者

監督（N）「戦後は経済復興から高度経済成長期の下支えとして、建設、造船、鉄道等の基幹産業に貢献してきた。しかし、そのほとんどが労働条件も劣悪な零細企業で、こうした小規模の石綿工場が密集した地域は石綿村と呼ばれた」

スチール　石綿の原石

石綿の特性がわかる映像。

監督（N）「断熱性、耐火性、防音性、耐久性などの優れた特性を持ち、安価で大量に生産される石綿、アスベストは、正に夢の鉱物、奇跡の鉱石であった。

だが、この石綿は極めて恐ろしい側面を持っていた。石綿を吸い込むことを曝露というが、石綿が体内に入ると、二〇年以上の潜伏期間の後、石綿肺、肺がん、中皮腫等を発症させる。静かなる時限爆弾と言われるゆえんである」

クボタショックを報じる新聞記事。

「アスベスト関連病で」「一〇年で五一人死亡」

「住民五人も中皮腫」

「広がる『クボタショック』」

監督（N）「二〇〇五年六月二十九日、尼崎市の大手機械メーカー、クボタの旧工場の周辺住民にアスベストによる深刻な健康被害が発生していると報道された。

また、労働者が過去一〇年間に七四人死亡していたことも明らかになり、日本中に衝撃が走った。

クボタショック、である」

元アスベスト工場を見学する柚岡、弁護士たち。

監督（N）「クボタショックによって初めて泉南地域に危機感が生まれた。

柚岡一禎は『泉南地域の石綿被害と市民の会』を立ち上げ、弁護士有志と共に、それまで

2

2

埋もれていたアスベスト被害の掘り起こしを始めた」

石綿村と呼ばれるほど密集した泉南市、阪南市の石綿工場分布図。

スーパー　柚岡一禎と「市民の会」が調査・作成した泉南市の石綿工場分布図

スーパー　阪南市の石綿工場分布

監督（N）「その被害の実態は、想像をはるかに超えた甚大で深刻なものであった。そして一方、情報開示により、国の無為無策、失政が明らかになっていった」

スチール　アスベスト工場に於ける石綿肺の発生状況に關する調査報告

スーパー　内務省保険院

監督（N）「国は戦前から内務省保険院の調査報告によって、泉南地域の石綿被害の実態を把握していたにもかかわらず、これを黙殺」

泉南地域でのアスベスト工場の実態を調査する柚岡たち。

監督（N）「戦後も地元労働基準局の警告を無視、産業発展のための捨て石として棄民政策をとり続けてきたのである」

スーパー　2006年5月26日

新聞一面　泉南アスベスト国賠訴訟を報じる。

「石綿禍　国を集団提訴」「大阪地裁　泉南の八人『被害を黙認』」「国に誤り認めてほしい」

スーパー　家族曝露

スーパー　近隣曝露

監督（N）「二〇〇六年五月、ついに泉南地域の石綿被害者八名が国を訴えて、立ち上がった。そのうち一名は家族曝露、一名は近隣曝露の非労働者であった」

3メインタイトル　ニッポン国VS泉南石綿《いしわた》村

○原告　青木善四郎在宅尋問

4泉南市内

柚岡、車で岡田母娘、石川を迎えに回る。

柚岡「あと二人拾うんだけども、一人はここ、も

2

う一人ここ」
監督の声「おはようございます」
　青木宅へ向かう柚岡の車。
　スーパー　２００８年10月７日　大阪府泉南市

5青木が住む公営住宅

6青木宅・室内
　仲間たちに囲まれた青木。
　スーパー　原告　青木善四郎
柚岡「今日はね、裁判官にね、こんなん見せてね、裁判官迎えよう思ってるんですよ。今日は二時から裁判所が来て、もちろん向こうの、国の……」
　スーパー　【在宅尋問】症状が重い原告には　裁判官が自宅に出向いて尋問を行う
イラスト・タイトル
　原告　青木善四郎
　韓国籍
迫害を逃れ　日本各地を転々として　石綿村に流れ着く
　酸素ボンベからチューブでつながれた酸素吸入器をつける青木。
青木「なんでこないなったか。たいがい丈夫な体やったけど、こないなってもうて」
柚岡「堺市から表彰されたもんな」
青木「ああ。そうです」
柚岡「なあ。それほど丈夫な体やったわけ」

7公営住宅入り口
　プラカードを持って待ち受ける柚岡、仲間たち。
　裁判官二名、到着。
　スーパー　大阪地裁　判事
原告・支援者「よろしくお願いします」
柚岡「いい判決をお願いします」
石川「お願いします」

8公営住宅外観
　スーパー　2時間後

6

7

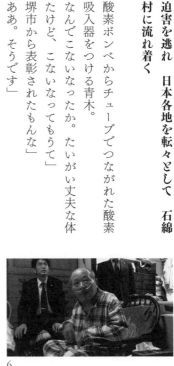

9青木宅・玄関

柚岡たち、青木の自宅に戻ってくる。

柚岡「入っていいですか?」

10同・室内

柚岡「長かったな。疲れたやろ。長かったね。ええ」

スーパー　妻 スミ子

スミ子「ありがとうございます。顔見たら喜ぶから」

柚岡「おお。一時間五〇分」

青木「はい」

柚岡「しんどかったやろう」

青木「はい。でも、何やね。誰が誰かわからん」

柚岡「そらそやね。同じ色の服着てるしな」

青木「そうそう」

柚岡「そうか」

青木「一人だけ、何か、よううなずく人がおったわ、誰やあの人」

柚岡「それ、うちとこの弁護士ちゃうん?」

青木「いや、いや」

柚岡「いつもと違う人?」

青木「違う人」

柚岡「ああ、そう」

不明「国の人か?」

青木「国の人違うか、よううなずいてた、話聞いて」

柚岡「うなずいてもらわなな。本当のこと言うてんやからうなずいてくれな、な」

青木「うん、そうですよ」

青木「いつ結論出んねやろう?」

柚岡「今のところね、来年、再来年の春」

青木「そんなにかかんの?」

柚岡「うん。これでも短いほうやで」

女性の声「頑張ってよ」

柚岡「後ね、今からね、岡田さんとかね、石川さんらがまた証言するわけ、同じことしてね。被害ありましたっていうことを言う」

青木「あの、マスクかけてる方が、岡田さんやね」

柚岡「岡田さん、岡田さん、有名なね、岡田さん」

青木「私ら苦労しましたよ、ほんまに」

スミ子「感謝せなあかんけど」

青木家の家系図が載った本を大切そうにめくる青木。

10

青木「これはもうほんまに大事にしますから」

スーパー　青木さんの家族の千年以上前からの家系図が韓国で出版されていた

棚に並んだ家系図全巻。

青木「まあいうなれば、命より大事やね」

陽子「こんなんじゃないですけど、家系図」

柚岡「岡田さんもこれの小型、持ってはんやて。もう何百年前？」

青木「大体千年ちょっとになる」

柚岡「え？」

青木「はい。新羅いう国ができたでしょう」

柚岡「おお、ほうほう」

青木「あの時分の、武将やったんや」

青木「これや」

柚岡「そうか？　ここ折ってるけど、これ」

青木「これが私ですねん」

柚岡「え？　あ、ほんまや」

青木「これが戦死した弟。これ、女の子やね」

青木を励ましながら帰って行く仲間たち。

一人ひとりと握手を交わす青木。

青木「はい、最後です」

陽子「はい」

石川「頑張ってよ」

春美「頑張ってくださいよ」

青木「もう生けるか、生けるんかわからんけど」

陽子「ううん」

石川「頑張ってくれらな。頑張ってくれらな」

支援者「頑張ってくださいね」

青木「はい、ありがとうございます。はい、おおきに」

青木の笑顔のストップモーション。

スーパー　青木善四郎　２００９年12月１日死去

○「勝たせる会」発足

11泉南市内集会場

集会の後、パンフレット用の集合写真を撮影する。

スーパー　２００８年11月16日「大阪泉南地域のアスベスト国賠訴訟を勝たせる会」（通称「勝たせる会」）発足

11

男性「ちょっとあの、元気に頑張るぞって雰囲気、表情出して」
村松弁護士「じゃあ、言うてえな、元気で頑張るぞって」
男性「頑張ろう」
一同「はい、頑張ろう」
男性「はーい、ちょっと待ってくださいね。何枚も撮ります」
男性「はい、頑張るぞ！」
一同「頑張るぞ！」
男性「はーい、いきますよ。もう一回、何回も。はい、いきます。はーい。もう一回、いきます。待って下さいね」
伊藤泰司「まだまだ頑張るぞ」
伊藤明子弁護士「もう膝が頑張れません」
男性「いきます。はい、もう一回、いきます。はい」

○隠岐島聞き取り調査

12鳥取県境港市フェリーターミナル
停泊中の隠岐行きフェリー。

スーパー　２００８年11月　鳥取・境港
切符を買う柚岡。
女性「隠岐のどちらに行かれますか」
柚岡「別府」
女性「別府まで」
乗船する柚岡、石川、澤田、岸、奥田弁護士。

13船室
聞き取り調査の準備をする石川、澤田たち。
石川「この人はね、連絡がつけへんのよ」
澤田「ふうん。何ていう？」
石川「和歌山のね、オギスミコっていう人やけど」
澤田「ああ、なるほど」
スーパー　石川チウ子さんの故郷・隠岐から多くの人たちが「三好石綿」に働きに出ていた
石川「この人ら」
柚岡の声「人物写真ばっかりやね」
澤田「人ばっかりですね。唯一工場が写ってんのが、この写真だけですね」
柚岡「あっ」

澤田「きのう話聞いたら、この屋根の上に真っ白、屋根の上、真っ白になってたっていう」
柚岡「ああ、そう」

14地図　境港から隠岐の別府港へ（そして三度へ）

15船上

デッキでインタビューに答える柚岡。
柚岡「この隠岐に、島根県の隠岐に、被害者がたくさんおるいうことがわかりまして、今回、皆さんと、被害者と一緒に隠岐を訪ねまして、初めて来ました」

イラスト・タイトル
「大阪泉南地域の石綿被害と市民の会」（通称「市民の会」）代表
柚岡一禎
祖父の代から石綿工場を経営して財を成すが　終戦とともに廃業
石綿被害に無自覚だった自責の念が強い

16船上

デッキでインタビューに答える石川。
監督の声「たくさん知ってる人もいらっしゃいますよね」
石川「はい。わかってる、みんな、はい、いろいろ話してもらいます」
監督の声「してくれますかね？」
石川「はい」

イラスト・タイトル
原告　石川チウ子
島根県隠岐の島から　都会に憧れて泉南の「三好石綿」に就職

17船上

船上でインタビューに答える澤田。
スーパー「勝たせる会」澤田慎一郎
澤田「まあ、一度会ってる方が何人かおられるので、その方たちにまた会えるのが本当は一番楽しみですね。ハハハハ」

18朝陽にきらめく隠岐の海

19西ノ島町浦郷三度地区俯瞰
　地図・別府港から三度へ
　　スーパー　三度《みたべ》地区

20三度地区内
　石川の実家のある地区。
石川「そこちゃう。その車のあるとこ」
　　スーパー　石川さんの元同僚に話を聞くため地区内を訪ねる
澤田「じゃ、ここですね」
石川「ここ、ここ」

21元同僚の家・玄関
　入って行く澤田、石川。
澤田「すいません」
石川「こんにちは」
澤田「こんにちは。すいません。あの、京都から、大阪からですね」
石川「こんにちは。すいません」
澤田「あの、昔、カワウチイツコさんが、大阪の工場に」
男性Aの声「そんなもん、ここらでわかるわけないやろう」
澤田「はい、妹さんは、今、どこ」
男性Aの声「妹だって何もわかってないやろう」
澤田「ちょっと、お話だけ、本当に少しだけでいいので。皆さんね、当時のお仲間の方がすごく集まってらっしゃるんで、ぜひね」
男性Aの声「な、そんな」
澤田「今、妹さんは、イツコさんの妹さんは？」
男性A「畑、忙しいんじゃけ、向こうに、向こうにおるけど」
澤田「畑？」
石川「畑、知らん、どこか」
澤田「ちょっと遠くのほうですかね？」
男性A「余り教えたくない」
澤田・石川「ハハハハ」

22別の元同僚の家・玄関
　澤田、石川、別の家を訪ねる。
澤田「すいません。おはようございます」
石川「すいません。おはようございます。いつもすいません」
澤田「すいません。昨日お電話させていただきま

19

した澤田ですけど。あの、エイジロウさんは？」
若い女性が玄関で対応している。
女性A「は、帰らないです」
澤田「ですか。あの、もし、よろしければなんですけども」
女性A「話はしたんですけど姉のほうにも、やっぱり、ちょっともう」
澤田「ちょっとね、あの、お話だけ。皆さんね、当時のお仲間の方、いっぱい」
女性A「母が病んでる最中であれば、うちもできるだけ協力してっていうこと言ってましたけど、母がもう既に亡くなってますし」
澤田「はい、ただ、前」
女性A「姉の家にも行って」
澤田「はい、お姉さんの家にも行ってですね、説明させていただいて、レントゲンとかCTを一回、調べてみませんかっていうお話をさせていただいただけで」
女性A「姉がそういうことをしないってことは」
澤田「いや、しないとは、言われてないです、私のほう」
女性A「それは多分、聞き間違いだと」
澤田「いや、聞き間違いではなくて」
女性A「すいません、（撮影を）止めてもらえませんか」
撮影、中断。

23同家の外
澤田、石川、男性、女性が話している。
男性B「断ったはずだけど」
澤田「あ、はい」
男性B「後からね、ああだこうだもされたくないって、家族の人は」
澤田「はい」
女性B「せっかく、何か、母も安らかに楽しく最期まで孫たちとベッドで遊びながら亡くなったのに。何か台無しって感じになってしまう」
男性B「うん」

24川沿いの道
肩を落として帰る、澤田、石川の後ろ姿。

25三度地区の墓地
ある墓の前で立ち止まり指さす石川。

スーパー　拒絶された仲間のお墓

石川「これ、これ、これ」
監督の声「これが？」
柚岡「これ、誰や？」
石川「ヨシエちゃん。肺がんで亡くなった人」
柚岡「この人か。ほう。妻時江六二歳。これは、石川さん、どういうことで知ってはるの？」
石川「いや、ちょっと親戚になるから知ってる」
柚岡「ああそう」
石川「うん。それでよう」
柚岡「いつ頃亡くなったん？」
石川「四年ほど前」
柚岡「四年前か」
石川「四年か、五年になると思う」
柚岡「この人も調査してくれるなって言ってるの？」
石川「うん」
柚岡「この人のことやな」
石川「うん。もう兄弟とか婿さんも、もういいですっていうことです」

26三度地区の集会場・玄関

手を取り合って旧交をあたためる石川と元の仲間たち。

スーパー　かつて「三好石綿」で働いていた人たちに　聞き取り調査をするために集まってもらった

小出「ああ、あんた、チウちゃんか」
石川「はい、ごめんね」

27同・広間

澤田の聞き取り調査を受けるために、並んで座った四人の「三好石綿」の元同僚たち。

スーパー　小出京子　藤谷順子　新敷秀子　真野チヨノ

澤田「じゃまず、皆さん、足崩されてなかったら足崩して」
澤田「京子さんはね、何がきっかけで三好に行くことになりましたかね」
小出「きっかけって」
藤谷「やっぱり、つてで入る」
小出「ああ、そうね。つてでね」
藤谷「うちの母親もいたしね」

小出「会社が募集してて、ほいでこの人のお母さんが」
藤谷「母親らがいたからね」
柚岡「マサさんね」
真野「私はね、藤谷さんが先にこう、何人か連れていった人、その写真、一年もたたんうちに写真を送ってもらって、写真を見たら、みんなが誇らしそうな顔してて」
奥田弁護士の声「当時は大阪で仕事するいうのは、憧れなんですかね？」
新敷「すごく憧れでした」
藤谷「そらもうそうだわね。働きたいからね」
真野「本当みんな変わってね、きれいになってて、本当、それもうれしそうな写真、すごいうれしそうな写真でね、それで、あ、よさそうだと思って」
藤谷「ああ、楽しそうだいう、そのね」
真野「はい。とにかく楽しい会社でしたね、行って。いい会社でした。そんな恐ろしいことがなかったらね」
柚岡「ほかにもね、石綿工場いっぱいあったんですが、三好はですね、福利厚生とかですね、お花のクラブとかもあったんでしたかね」
不明「はい、あったね」
柚岡「そういうことをよくした会社ですね」
真野「はい、まあ行ったです、和歌山もね、二回ぐらい行ってます。和歌山から城崎温泉、それで」
柚岡「仕送りできましたか」
藤谷「仕送りなんかしない」
藤谷「洋服ぐらいだな」
真野「旅行があるからね、本当次にっていう、着るもんですね、大概ね。それにぎりぎり、もう（お金を実家に）送るどころじゃなかった」
藤谷「三好に売りに来たでしょう、三好へ、売りに。反物持ってきたりとか、売りに来たよ」
真野「売りにも来たわな」
小出「よう売人がね」
真野「貝塚っていうとこに芝居がよう来て。芝居を見に、それが二五〇円でね、見られるから、それをね、本当に見に行ったですね、私なんか。それを見に、新家からずっと、各駅電車でね乗って、それにも楽しみで行っとったですわ、実演見に」

27

澤田「皆さん、アスベストが危ないって初めて認識したのは、まあ恐らく、二〇〇五年の五月か六月のクボタの事件だとは思うんですけど」
新敷「私は十年ぐらい前に入院したときに、レントゲンにこう、この白いのは何だろうかって」
澤田「十年ぐらい前に？」
新敷「はい。先生に言われたんですよ。ほんで一応調べてみなさいと言われたんですけど、まさかこういう大きなね、問題になるとは」
小出「風邪が長引くので、私は。そしたら発病じゃないか、発病じゃないか思ってね。もうノイローゼになるぐらい心配しました」
柚岡「風邪は長引きますか？」
小出「長引きます」
柚岡「皆さん、どうですか？　風邪は」
藤谷「年とったせいだ思ってます」
小出「二週間かかります」
真野「風邪はすごく気つけておるけどね、ちょっとこれおかしいと思ったらもう、すぐ病院かかるけど、それでも、これでもういいかな思ったら、咳がまず二週間も三週間も咳だけが続くから、咳薬をもう二十日ぐらい飲みますね、一遍に」

テーブルに昼食用の手作り料理が並ぶ。
昼食をとりながら談笑が続く。

奥田弁護士「小さい頃のチウ子さんは」
柚岡「勉強、せんかったですか？」
石川の姉「はい」

姉の口を手で塞ごうとする石川。
お握りの入ったバットの横に三度小学校の文字。

奥田弁護士「ここの三度《みたべ》っていう名前は、何か由来があるんですか？　三度《さんど》って書きますよね。何が三度かなと思ってるんですけど」
小出「いろいろ聞かれますけど、私もはっきりわからんね」
奥田弁護士「わからない」
澤田「何か、生まれて、結婚して、死ぬときぐらいしか来ないから」
真野「そやから、ほかのとこの村や、三度以外の村とかからはね、三度とボンダは見たことないって言うぐらいね。ボンダって後ろのね、頭の後ろのことだけど、だから三度とボンダは見たことないって、そんだけ言われてる」

澤田「ボンダ？　ボンダ？」
真野「ボンダっていうの、この後ろをね。後ろ、はい。」

28三度地区の河原
童心にかえって、小石投げをする石川。

29小出家・居間
澤田がパソコンを持ち込んで、聞き取り調査を続ける。
澤田「こちらが疾走プロダクションっていう、映像製作会社でよろしいですかね。映像製作会社の原監督」
小出「ああ、会社員ですかね？」
澤田「ハハハハ」
小出「和歌山県、ああ、キイヨウコさんってね、名字が何だったかね」
澤田「ねえ」
小出「知ってる、知ってる。現場が一緒じゃったから」
澤田「ふうん。ヨウコさん」
小出「ヨウコさん、仕上げ部、仕上げでおるね」
澤田「いや、仕上げの上だから、ロービンで」
小出「ああ、ああ、ロービンにおったですよ、体格のいい人だったわね」
澤田「ほう」
小出「ウシロジマサコの字は、あげじゃないわね」
澤田「ちょっと待ってくださいね」
小出「まあ、あんた、私に勉強さすでないの、疲れとんのにね」
澤田「えーと、サカナカヒデコ。これ、あれだったらちょっとね、もう適当にここ書いちゃっていいんでね」
小出「ああ、もうしんどいな」
澤田「フフフ、ごめんなさいね」
小出「私、また疲れるから思って、今ノーシン飲んどんの」
小出「カワサキタケオは、武士の武だったと思うけどね。そんないい加減なことではいかんでしょ、人の名前」
澤田「いや、アバウトでもいいっすよ」
小出「わからんかったら片仮名で」
澤田「覚えてたら教えてください」
小出「覚えて。だと思うからね。人の名前はね、

29

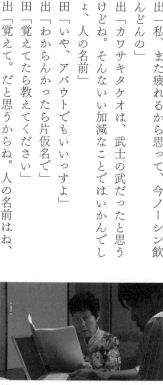

勝手に漢字つくったらいけんの、大事だから」
澤田「ハハハ、はい。タケオの……」
小出「漢字がどんな字だったかな思うときは、片仮名で書けばええ」
澤田「はい、わかりました。じゃ、横棒線ね」
小出「ハハハ。そうですよ。人の名前は大事な、みんな親がね、意味を込めて」
澤田「あの、三好がいい会社だからおいでってね。そういうことは言われなかったの？」
小出「ううん、ううん。いい会社って悪い会社って、もうどこでも、いい悪いわからんがね、私らは。田舎のね。もう連れに来てくれて、働くとこが決まればいいわけだからね。いい会社だから行こうとかなんとかはないの。行ってみてびっくりしたのね。まあ、こんな汚い空気。田舎でこんなきれいな空気のとこからね。でもまあ会社いうもん、こんなもんだろう思ってね。だから後悔したいうわけはないです」
澤田「後悔はしてない？」
小出「うん。ない、ない」

30西ノ島町国賀海岸・摩天崖

夕日が沈む絶景の岬、それぞれの思いを胸に岬に立つ五人。
監督の声「なんか石川さんだけ目線が違うんですけど」
石川「え？　ハハハハ」
澤田「夕日ですよ、夕日ですよ。カメラちゃいますよ」
監督の声「体の向きを夕日に」
奥田弁護士「もうすっかりカメラ目線になってしまってる」
石川「カメラ目線、ハハハ」

○原告団共同代表　南和子（**近隣曝露**）

31泉南市・集会場

スーパー　泉南アスベスト国賠の早期解決を求める泉南集会

伊藤明子弁護士「それではですね、ここで南さん、南和子さんがですね、後ろに、あれ何だろうなと思って見られた方もいらっしゃると思いますけども」

スーパー　原告　南和子（**近隣曝露**）

30

30

南和子、会場の壁に貼られた自作の水墨画について語る。

南「皆さん、こんにちは。第一陣原告、遺族原告の南です。

　私の下手な水墨画を皆さんに見ていただく。父の本当の、息苦しさ、そして無念に亡くなった、こんな何か病気で、なぜこんなんになったのかということを描き残しておきたいと思いました。私の家までこの三好石綿の粉塵が毎日、毎日このようにして粉塵をかぶってたんです。周辺住民は病気だけ与えられ、苦しみながら死んでいくのです」

イラスト・タイトル

原告団共同代表　南和子（**近隣曝露**）

父は石綿工場に隣接する畑で農業に従事

工場から吐き出される石綿の粉塵で石綿肺になり

呼吸困難に苦しみながら亡くなる

32南和子自宅

南和子、インタビューに答える。

南「石綿工場があんたの近くでなかったんかって、こう尋ねられたんです。あっ、それで、あっと思い出してね、おじいちゃんも。石綿工場やったらもう田んぼの間近くでね、大きな三好石綿工場がありましたっておじいちゃんが言うてね。あっ、それやそれや。それを吸うたからあんたがね、ここ、いっぱい、肺にその石綿がね、突き刺さってるんやって言うて、先生に言われましてね。

　普通の人だったらはあーっと吸うて、またはあーっと吐いて力いっぱいそういうふうな動作ができるんだけれど、おじいちゃんの場合はそれができない、その人の半分以上もできないんです。環境課の方が軽い気持ちでね、いやそんな、アスベストってそんな心配したことないんよとかね、ああそんなん、そういうふうに死んでいくのは皆当然や。そんなん、ああ、あそこもここもって皆、アスベストで死んでいってるやんかってこういうふうな軽い気持ちで話されてたんで、そうじゃないんですよって」

スチール　故・南寛三

スーパー　故・南寛三

32

南「私の父はこれほど苦しい思いでね、普通の死に方じゃないって、異常な死に方で亡くなったんだから、そんなにわからんかったら五分息とめてくださいって言うたんです。そんなことしたら僕が死んでしまうやないかって。いや、その死ぬ苦しい思いで死んでいったんですってこう言うたんです。ほんでそこから話が始まりましてね」

○原告団共同代表　岡田陽子（家族曝露）

イラスト・タイトル

原告団共同代表　岡田陽子（家族曝露）
両親共に石綿工場労働者　韓国籍の父は石綿肺で死亡　母も石綿肺
陽子は生後8ケ月から5歳まで　母に連れられ石綿工場の粉塵の中で育った
憧れの看護師になったが　20歳後半から石綿肺を発症　退職を余儀なくされる

33岡田陽子自宅

岡田陽子がインタビューに答えている。

陽子「私、アスベスト（肺に）入ってなかったら、今頃ここで取材されてることもないし、まだ白衣着て仕事してますもん」

スチール　看護師時代の岡田陽子

陽子「子どもに、変な話、お金の心配もかけてないし。やっぱり気になります。まだ余りにも子どもが若過ぎるんで、その部分でやっぱりすごい負担をかけたくない。わかりますもんね、重荷になるっていうのが。だからその部分はすごくつらい。その部分でアスベストは恨みますし、危険性知ってて言わんかった国に対してもすごく恨みたい。危険っていうのわかってたら、近づかなかったかもしれないし、生活のためアスベストを選んだとしても、私をその中へ連れていくことはしなかったと思うし。その部分ではすごく、強く恨む。もう、普通におだやかに過ごしてると思うんです、子どもと二人。すごい子どもが大事なんですよ。そんな中で今この状態になったんで、悔しい。母親にはかわいそうやなと思うけど、先逝くからねってすぐ言うてしまう」

陽子の隣に母、岡田春美。

33

スーパー　母・原告　岡田春美

春美「で、まあそれ言われるからつらいですよ」

監督の声「子どもに先に逝かれるのがつらいですもんね、お母さんからすればね」

春美「こんなんな、連れていってこんな目に遭わしてと思ったら、つらいですよ」

春美「もう皆、子連れやからね。はい。わかってくれてますよってに、はい」

監督の声「工場のどこに寝かせておいたんですか」

春美「私の仕事してる横です。ほやから怖いもの知らずでね」

監督の声「そうか。思えばそのときから吸ってたんだ」

春美「ほやから、もう、食べてんと一緒や」

陽子「由緒正しきアスベストですね。ハハハ」

春美「はい。もうこんな悪いっていうのわかってたらね、連れていかへんし。もう後で思うても、後の祭です」

○原告　藪内昌一

イラスト・タイトル

原告　藪内昌一

沖縄から出てきた母を助けて子供の頃から

石綿工場で働く

34藪内昌一自宅

藪内昌一がインタビューに答えている。

藪内「沖縄の那覇市やと思うんやけどね、住所は」

スチール　故・藪内キク

スーパー　故・藪内キク

藪内「その時分は大阪の市内によ、ちょっと親戚いてたんやて。そんで、それを頼ってきて、ほてまた、そっからまあ、この泉南のほうへ、来たらしいわよ」

藪内、インタビューに答えている。

藪内「お父っあん亡くなるとき、小学校六年ぐらいになってきたんかな。ほたもう、それからね、僕も仕事に行ったんよ。何年かしてシンワ紡績っちゅうとこもね、まだ中学校卒業してへん時分に、まあかなり大きな会社やったけど雇ってくれたんよ。ほてそこで、中学校卒業したら、健康保険とか入れてくれたし。

マスクは着けてたら邪魔になるしね、つい放

34

っとって、とにかく機械をはよ直して動かすちゅうことを頭に置いてたさけよ。体、こまいさけよ、中へバールとか持っていって、こべりついたやつとって、ちゃんと空気通るようによ、そんなんして行ってきたけど。で、母親にも言われたけどね、もうこんな仕事行かんほうがええん違うんちゅうてよ、石綿のことよ、注意はしてたけどね。ほんでも栄屋石綿って、この辺で一番、設備の整った会社やしね」

スーパー 「**栄屋石綿**」

藪内「ダクトとか、あんな集塵機とか皆、ほかの石綿の会社にようせんような設備してたしね。今の社長の親ちゅうのが、石綿組合の会長かなんかしてはったんかな。ほんで、何でも手本を示すようによ、そういうことしてきた。自分とこ、財産ごっつうあったんやて、山とかよ。そんなん切り売りしてもうて会社へつぎ込んだみたいなんやで。

ほんでそんな話も聞いたことあるしね、ほてみんな、石綿工場を訴えちゃれへんか、その社長とかよ、言うてくれたけど、僕にはほんなこと、ようせんわって言うたんやけどよ。

アスベストのことはね、やっぱり僕、国の偉いさんが一番悪いんやと思うわ。ね。もうちょっと早くからよ、アメリカやめた時点でよ、日本も危ないからやめろって言うてよ、しちゃってくれたら被害なかったかと思うんやけどね。そのときまだどんどん製品、作れ、作れやったんちゃうかな。どこの会社も皆、注文が多くてよ。ほてアメリカやめたら、よけ多かったやろ、うん」

タイトル　追訴が相次ぎ　8人で始まった第1陣
原告団は最終的に31人になる

○原告　前川清

イラスト・タイトル
原告　前川清
淡路島出身　「栄屋石綿」で技術畑の責任者として定年まで働く
弟は石綿が原因で21歳の若さで亡くなる

35前川清自宅

前川清がインタビューに答えている。

監督の声「何年間、働かれたんですかね、弟さんは」

前川「六年ぐらいやったかな」

監督の声「六年でもうアスベストの病気として出るんですか」

前川「あかん。あかん。そらもうその人のね、まして若い者は早い」

監督の声「若い人は早いんですか」

前川「早い。今までの経験から見ても三十代、四十代で亡くなった人はぎょうさんいてる。

その頃まあ、家内と知り合うてね。ほんで家内には、二人の妹がおったわけや、両親はもう亡くなってんねん。両親は、昭和二十年と二十一年ぐらいかな、二人とも亡くなってんねん。それは無論、栄屋で働いとってね」

スーパー　さかえや＝「栄屋石綿」

前川「ええ、亡くなったんだ。ええ、だから無論、もう石綿で。

ほんで、うちの家内は、昔の女学校へ行きよったんやけど、それやめてね、働かんかったら食っていかれへんさかいに、妹二人いてんねやもん。うん。三つと七つの子、残してね、女の子ばっかり。結局、石綿の会社へ栄屋そのまま、親の後を、まあ継いで一緒に働いたわけやけんど。

それは何だろうな、家内は、あの、なんじゃな、嫁はんとしては最高やったやろうな。よう働くしね、手は器用やし、賢いしね、あいつは。だから会社でもね、栄屋で働くけんね。この初めて糸をひく、よりをかける、そのときにやな、まあ普通の木綿糸ぐらいな、あんな石綿で木綿糸みたいにひかれる道理がないやない、あんなもの。ええ、それをひかされて、俺が機械でひくんよ。それをよりかけんのは、家内がよりかけんねん。ほんでそれをね、そんな細いものはね、石綿やもん、せいぜい長うても、二センチまでや。そんなものをまたちょっと一割混ぜてね、で、綿で糸にひくんやもん。ほいでそれを今度はよりかけさすんや。そら切れて、切れて。ほんでそれをね、一番先にやらすのは誰かっていったら、俺は家内や。おい、喜代子、ここへ来いっちゅうて。ほいでおまえこれ、よりかけてみちゅうて、かけさすんよ。ほら、家内でも

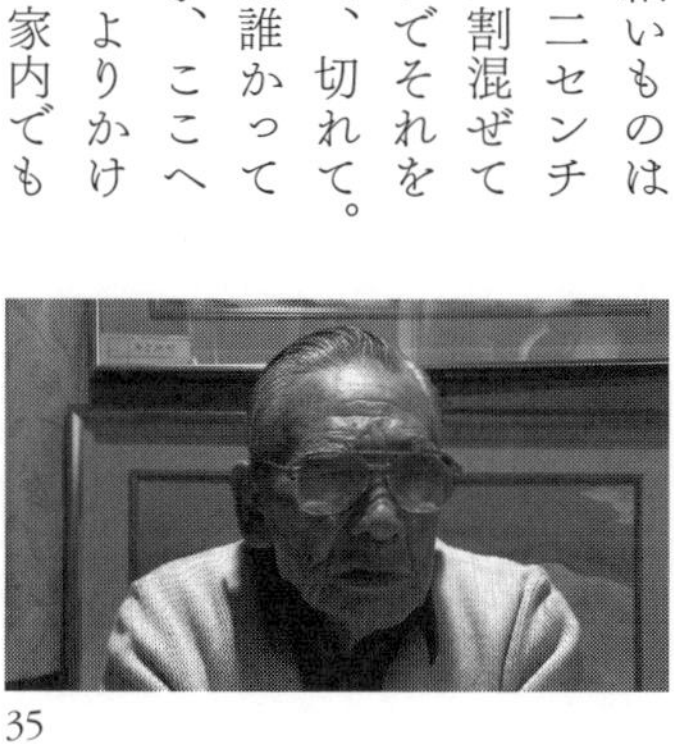

35

焦ってね、一生懸命やってんねんで。ほんでも、家内やったら紡ぐんや。だからいつでも、だからこないして、持ち歩きよるけどね、これ」

前川、携帯電話の画面に映し出された故・前川喜代子の写真を見せる。

スーパー　故・前川喜代子

前川「だからほんま、これね、亡くなる二年ぐらい前。八〇歳や。それの悪いことということは知っとるとこ、どこもないわ」

前川、インタビューに答えている。

前川「石綿で働いとった皆、全部がそうよ。全部がそうや。だから案外ね、無関心なん。だから石綿をね、手袋、軍手はいてつかんだりや、素手でつかんだりや、できんのよ。うん。ほいで、何ていうの、いっこも怖いとはわからんのやな。だから、あきらめが先に立つわけな。何でかって言うたらな、淡路におってね、山のことしとって、こんなもん七〇、八〇まで働ける道理がないやろう。ね。それが、まあこっち来たおかげで、何じゃのう、年金もろうて食べていける、のんきにこうやっていける、それの代替えを考えたらね、やっぱり何じゃなあ、先にそのほうが、先に立つな」

スチール　故・前川喜代子

前川「だから恨める間はまだええねんけどね。ええ。恨める間はええねん」

前川、インタビューに答える。

前川「けんど、恨みもできらんような状態に置かれた者はもっとつらいで。うん。そらつらい」

前川清の表情のストップモーション。

スーパー　前川　清　２０１０年12月24日　死去

○原告　西村東子

36東京・四谷駅前

スーパー　２００９年2月　東京・四谷

スーパー　30万人署名集め東京行動　団体回り

37東京都教職員組合

八木弁護士、西村東子、大森泉南市会議員、入っていく。

38同・中

組合幹部に署名活動をアピールする八木、大森、西村。

八木弁護士「こちら原告の一人、西村さん」

スーパー　弁護士　八木倫夫

西村「お願いします」

八木弁護士「まあ、ここまで来るのも大変なね、かなり呼吸機能の障害が。で、全国に呼びかけて署名をいただいておりまして、えー、何ぼでしたっけ？」

大森泉南市議「三〇万」

八木弁護士「三〇万。三〇万の署名ということでやっております」

スーパー　原告　西村東子

西村「痰出すのが精いっぱいで。だから、ガーゼのマスクをしてはこう、ちょっとおろして、あれを何をこうね、頭にかけて首にしてからやったから、一つずつ外してしてたら、仕事できなかったんですよ」

イラスト・タイトル
原告　西村東子

宇和島出身　夫が家に給料を入れないため
石綿工場で働き　子供達を育てる

39西村東子自宅

西村東子、飼い犬を抱えながらインタビューに答えている。

西村「私はどうしても働かなあかんので、砂川のコトブキっていうところに入ったんですよ。朝は七時から、まあ私はちょっと五時頃からしてました」

小林の声「朝の？」

西村「はい」

小林の声「朝の五時から？」

西村「はい。寮に一人女の人がいてたんですよ。その人も朝、早う出て、早う来なっていう段取りだったんですよ。ほったらいいよと。やっぱり相手が要る仕事ですから、一人が早う出ても、一人では機械が回らないからね。だから、いいよ、私も五時でって。で、五時から働いて、その人は早う来て、早う去《い》てましたけど、私は働かなあかんので、どうしても主人のお金がないんでね」

39

スチール　西村東子の若い頃、水着姿

小林の声「それでちょっと、質問しなかったんですけど、どうしてご主人は、あの、お金が入ってこなかったんですか」

西村「何ていうんかね、働くのは、仕事に行くんですけどね、お金を入れてくれないんですよね。まだ給料入らんとか言うてね、もう全然家に入れなかったんです。私はほんで、失業保険の、アハハ、お金で一つずつしゃもじ買うたり、スプーン買うたりね、そんな生活初めからして、そのとき、なんで私帰らなかったんかなと思って、ハハハ。家でもう離婚して帰らなかったんかなと思ってね」

スチール　西村東子の若い頃、新婚時代

スチール　元夫の若い頃

西村「今思ったら、ほんまばかみたいだなと思ってね。ハハハ。暴力は振るうしね、うん。もう帰りとうてもお金はないしね。そらそこら辺のね、電車で帰れるぐらいのとこならすぐ帰るけどね、やっぱり向こう四国まで帰るいうたら、大分お金要りますからね」

西村東子、インタビューに答えている。

西村「今度、会社で仕事中に倒れたんですよね。次の仕事にかかるのに、かごの中に玉入れてずっと引っ張ってたら、そのかごを引っ張られへんねん、ずっと。抜けていくんですよ、手が力が入る。ほしたら、今度二回目に引っ張ろうと思ったときには、自分の体が倒れてしもうて。そこで意識がなくなったんです。二カ月間入院して、検査されて、そこで肺繊維症っていう病名もらったんですよ」

スーパー　肺繊維症（じん肺／石綿肺）

西村「ちょっと痛みがね、背中がきゅうっと押さえられる、東京に行ったときになったときと同じような症状が今出よる、ちょっとね。

もう息子らに言わしたら、裁判したって勝つことないわよ。ほら国のほうが強いもんって言うて、ハハハ、言われてね。今日は裁判やってちゅうたら、そう、じゃ頑張ってねって言って、ハハハ。ちょっとそんなぐらいの言葉つけるぐらいで、ハハハ」

小林の声「何か、ワンちゃんが眠たそうにしてます。何かとろっとしてる」

西村「もう、しんどうなってきたの。眠たい」

小林の声「子供さんと、赤ん坊と同じですね。目がとろんとして」

40同・家の中
洗濯物のかごを抱えて、一段一段と階段を上る。
西村「はあ、よいしょ」
西村「はあ、よいしょ」
一段ごとに息切れ。

41同・二階ベランダ・洗濯物干し場
口をすぼめてフーフー息をつぎながら干し物をする。

42同・ベランダ
手すりに凭れて遠くを見る西村東子。

タイトル　２００９年９月　泉南アスベスト国賠訴訟２陣提訴

○２陣原告　赤松四郎・タエ

43病院のベッド
赤松、点滴を受ける。
看護師「はーい」
看護師「どうする？　いつもの速さにする？」
赤松「うん」

イラスト・タイトル
２陣原告　赤松四郎・タエ
尾道出身　元漁師　夫婦二人で泉南の石綿工場で働く

44赤松自宅・寝室
襖をそっと開けて入るタエ、寝ている夫に顔を近づけ寝息をうかがう。

45同・居間
タエがひとりで答えている。
タエ「あ、よかった、あ、息してるわちゅうときは、一番安心してこっちに帰ってくれます。もうそれが一番いいです、もう生きてたら。息してなかったら、またよくなったけど、またどんなんなってんかなと思ったりね。それをまたの

42

ぞきに行ったりと、時間なったら絶対起きますし、それがもう、ああ、うおお、ちゅうのが一番幸せですね」

インサート　映像

酸素マスクをして眠っている赤松四郎。

46同・居間

タエと赤松が並んで答えている。

タエ「魚が好きやったからね。漁師やったから昔」
監督の声「そうですか」
タエ「漁師っていっても、まあお兄さんが船に乗っとったんやな」
赤松「ふん」
タエ「あんたやで」
赤松「そうや」
タエ「うん。ほんで、船乗っとったからね、あんなんが主にあったから、ほんで魚が主に好きやったわな」
監督の声「漁師ってどこの漁師さんでした？　場所は、港は」
赤松「僕ら、港は尾道」
監督の声「尾道ですか」
赤松・タエ「はい」
監督の声「はあはあ」

○原告　佐藤健一・美代子

47佐藤家（ビデオ映像）

スーパー　撮影・谷智恵子弁護士

美代子「こっち側、ちょっとだけこっち来て。こっちへ、ちょっとだけこっち座って」

重い症状の佐藤を介護する妻・美代子。

スーパー　原告　佐藤健一

美代子「よいしょ。よし、よし、よし、それでええ。で、ごろんしてごらん。ごろんは？　ごろんしてごらん」

妻の支えでベッドに横たわる佐藤。

美代子の声「パパ、何でこんなんなったん？　何でこんな病気になったと思うって言うたらな、アスベストやな。アスベストやなちゅうて泣くんやし。うん。そうやなあって言うたら、俺何も悪いことしてないのになあって言うたんや」

スーパー　この撮影の数日後、２００９年

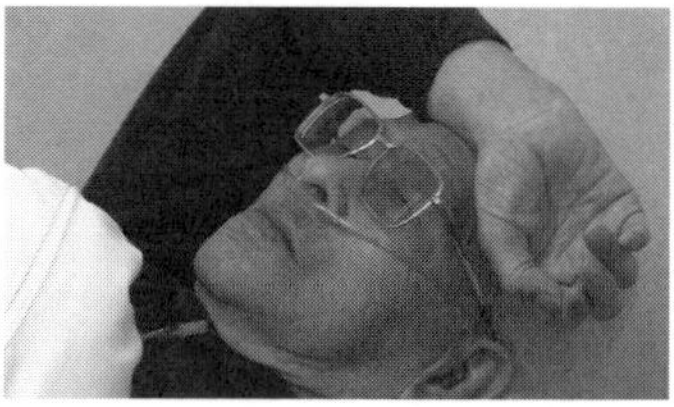

45

46

6月6日に死去

谷智恵子弁護士の声「病院に最後、入院しはる日のほとんど数日前やったと思うんですけど、行かせてもろうたんです」

48谷智恵子弁護士の事務所

谷智恵子弁護士、インタビューを受けている。

スーパー　弁護士　谷智恵子

谷智恵子弁護士「もう本当に、転げるみたいに悪くなってましたから」

49佐藤家（ビデオ映像）

美代子に手を引かれながら、立ち上がりトイレに向かう佐藤。

美代子「どうすんや、言うてパパ。酸素、あっち向いてるで。あっちゃ向いてるで。立つんか。ああ、立たせちゃる」

谷智恵子弁護士の声「後で聞いたらね、ものすごい娘に怒られたって言うてはりました。もうほとんど、うもおうもなく、押しかけたいう状態ですね」

50佐藤家・居間

当時を振り返ってインタビューに答える長女・恵美子。

スーパー　長女・恵美子

恵美子「元気になるっていうの思ってたから、今撮らなくてもいいじゃないのって。いくら裁判をしてるからっていってもそんなにね、弱ってもう痩せて、何ていうんやろ、もうベッドに寝たきりの状態のときを撮らなくても、もう少し、よくなって、会話ができるとか、そういうところを撮って、まあそれをね、裁判に使ってね、裁判官の人たちにわかるかどうかね、伝わるかどうかわかんないですけど、でもどうしてそんな、本当にもう今撮らなきゃいけないのって」

51佐藤家（ビデオ映像）

ベッドに横たわる佐藤。

谷智恵子弁護士の声「佐藤さん、今、お話し、ちょっとだけいいかな？」

美代子の声「答えるわ、今やったら。先生、大きな声で言うちゃってな。大きな声で言うちゃって」

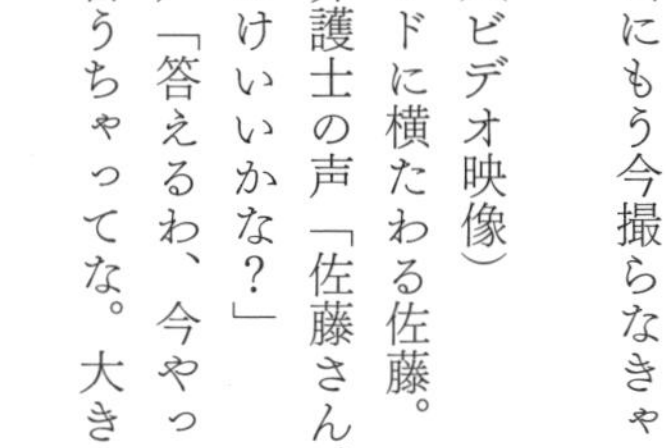

51

谷智恵子弁護士の声「佐藤さん、弁護士の谷です。

こんにちは。今、ちょっとお話しできますか？

声出すのん、つらいかな。今、どこが苦しいですか。どこつらいかな。痛いとこありますか？」

美代子の声「パパ、パパ、どっか痛い？　パパ、どっか痛い？」

かすかに胸の辺りに手をやる佐藤。

恵美子の声「胸」

美代子の声「胸な、胸な」

52 谷智恵子弁護士の事務所

カメラに向かって語る谷智恵子弁護士。
谷智恵子弁護士「佐藤さん、どこしんどいですかって言って聞いたら、胸押さえはるんですよね。で、もうしゃべる元気はもちろんないから、もうこれはね、本当に裁判官にこれ見てほしいと思うたんです。裁判の原告で法廷で、まあ仮に言われへんとしたらね、佐藤さんの意思やと、私はそう思うと、佐藤さんここで自分の力絞って姿見せてもらうのが、裁判に対する思いやし、それはそれで弁護士としてはね、それをやるのが私の仕事やというふうに思ったんです」

53 佐藤家・居間

佐藤美代子、当時を振り返って、インタビューに答える。
監督の声「あれは、あの、別にご主人撮られることに抵抗はなかったですか」
美代子「あったです、私もありました。ありましたんや」

イラスト・タイトル
原告団共同代表　佐藤美代子
夫に内緒で原告団に入るが、夫亡き後、夫の無念をはらすため原告団共同代表となる

54 佐藤家・居間

佐藤美代子、涙を拭きながら語る。

美代子「娘もごっつい怒ったんや。パパの何でこんな悪いとこ、何でビデオに撮るんやって。私ももう初めはもう、ためろうた。嫌やと思った。思ったんやけども、思ったんやけども、うん。裁判を起こしてるんやから、今はもう岡田さんらもあんな苦しんでるんやから、私はその苦しんでるとこもビデオにおさめるって、心を鬼に

54

して決めたんや。初めはためらった、私も、うん。

　私をぎゅうって抱くんやけども、パパこっち向いて座ってるでしょう。パパが私をぎゅうっと抱くけど、せで座ってて、力がないから、（腕が）ぽてんってなって、ほいでまたぎゅうっと抱いて頭なでなで私をして、ほんでまたこうするんや。うん。で、すまんのう、すまんのうって言って、それが最期や」

○大阪地裁判決日

55大阪地裁外観
　スーパー　2010年5月19日　大阪地裁判決日（提訴から4年目）

56裁判所正面玄関前・広場
　判決を前に集まった原告団、弁護団、支援者。
　藪内のタスキを掛け直す奥村弁護士。
奥村弁護士「ばっちしですよ」
藪内「はい（にっこり）」
奥村弁護士「ハハハ」
　岡田春美が持つ夫の遺影を見て、西村が声をかける。
西村「男前やな」
春美「え？」
西村「男前やな」
春美「男前やないけど。死ぬ前はもうこんなげっそりなってたな」
西村「そうやろな」
春美「これはまだ、まだましなときやねん」
　車椅子に乗り、夫の遺影を胸に抱く青木スミ子。
　スーパー　故・青木善四郎
　スーパー　原告　青木スミ子

57裁判所前・歩道
　並んで入廷を待つ原告たち。
西村東子、苦しくなってしゃがみ込む。
支援者の女性が背中をさする。
女性「ちょっとな、しんどいわな、立ってたら」
西村「ああ」
　原告団に入廷行動を指示する村松弁護士。

「大阪・泉南アスベスト被害　国は責任を
認めて早期解決を！」と書かれた横断幕を
手に歩き出す原告団。
村松弁護士「いいですか」
マスコミの人の声「じゃ、皆さん、すいません、
よろしいでしょうか」
村松弁護士「ゆっくりでいい。ゆっくり歩けばい
いから、ゆっくり。じゃ、行ってください。ゆ
っくりでいいよ」
裁判所の正門直前で足を止める原告団。
**スーパー　裁判所敷地内でのプラカードや
タスキの持ち込みは禁止されて
いる**
村松弁護士「タスキ、とって」
弁護団の声「タスキ、とってください」
弁護団の声「じゃ、入廷します」
村松弁護士「はい、入りましょう。ゆっくりでい
いよ」
裁判所に入ってゆく原告団、その後に弁護
団が続く。

58大阪地裁外観

59裁判所正面
駆けだしてくる若手弁護士三人。
待ちきれずに旗を開く。
（旗）勝訴。
メディアの声「こっち、こっち！」
（旗）泉南アスベスト被害　国の責任を認
める
万歳、万歳の声が響く。

60裁判所前広場
街宣車上からの勝利宣言。
谷真介弁護士「勝ちました！」
弁護士「わーい！」
谷真介弁護士「ご支援、ありがとうございまし
た！」
弁護士「ありがとうございました！」
谷真介弁護士「たった今、大阪地裁第二十二民事
部の小西裁判長は、泉南アスベスト被害を明確
に認めて、国の責任を明確に認め、原告らを救
済する判決を言い渡しました」

61東京・じん肺弁連事務所

大阪・泉南アスベスト被害
国は責任を認めて早期解決を
57

勝利判決の実況報道に全員から拍手が起こる。

一同「おー」

スーパー　東京　じん肺弁連事務所

原告　蓑田も笑顔で拍手する

スーパー　原告団共同代表　蓑田　努

思わずうれし泣きする泉南の弁護団、伊藤明子弁護士、小林邦子弁護士。

伊藤明子弁護士「よかった」

支援者「よかったですね」

スーパー　泉南アスベスト国賠弁護団

蓑田「ありがとうございます」

蓑田、伊藤明子弁護士に握手を求める。

蓑田「ありがとう」

タイトル　勝訴ではあるが　近隣曝露の南和子
家族曝露の岡田陽子の請求は却下された

62大阪・弁護士会館会議室

判決直後の弁護団検討会が開かれている。

原告団共同代表の佐藤美代子、藪内、岡田陽子、南、そして柚岡も出席。

岡田陽子・南の排除を気遣う佐藤美代子と藪内。

谷智恵子弁護士の声「喜んでいいんですよ」

佐藤「はい。違う。ここらがあかんから、あんまり喜んだら……」

村松弁護士の声「いや、わかる。それはわかる」

スーパー　弁護団副団長　村松昭夫弁護士

村松弁護士「岡田さんに、記者会見に出てもらう。岡田さんは自分自身のは認められなかった。これはもうそうなんだけども、しかし、国がね、泉南のアスベストの被害について、本当に大きい責任を持ってるってことを判断されたっていうことはね、それは全体的にはね、非常にうれしいことだと。南さんも恐らくいろいろ聞かれるとは思います。それは、残念なのは残念であるんだけども、しかし、自分たちが代表として、この裁判進めてきたわけやん」

スーパー　原告団共同代表　南和子（**近隣曝露**）
原告団共同代表　岡田陽子（**家族曝露**）

62

柚岡「私は認められず残念だったけど、言うていいですね？」
村松弁護士「そこは、そらそうです」
柚岡「当然、言わんとあかんねんね。そやけど、全体で言えばね、我々は勝ったと」
南「全体としては、まあ大きなね、勝利を得たっていうこと」
柚岡「それは、大丈夫かな、言えるかな。ね。ちゃんと言うてくれ」
村松弁護士「あなたは代表としてみんなを引っ張ってきたんや」
南「ええ、ええ」

63大阪・記者会見会場
村松弁護士「内容は被害者二六人のうち、二三名について石綿工場で働いていた労働者皆さんについて、このアスベストによる健康被害の国の責任を初めて明確に裁判所が断罪をした。正にその面では私たちは、我が国のアスベスト被害の裁判の中で、画期的な判決というふうに評価をしております」

64東京・ホテルの一室
陽子「アスベストは、曝露したのはあるけども、呼吸状態がアスベストと、直接関連されることができないっていう感じのことを言われたんですよ。ええっ、ていう感じですよね。あと何年かけたら私らみたいなん認めてくれるんかなっていうのはありましたよ。私（アスベストが）自分の中入ってるってわかったのが、もう昭和六十二年だったんで、すごいそれは思いました」

○控訴阻止東京行動

65東京・厚生労働省外観
スーパー　判決翌朝
拡声器の声「環境省は被害者の声を聞いてほしい。解決のために、直ちに動いていただきたい。そのことを強く要求いたします。
ご通行中の皆さん、環境省、労働省の皆さん」
スーパー　厚生労働省前
スーパー　早期解決を求め　控訴断念を訴える
降りしきる雨の中、ビラ撒きをする原告た

65

ち。

拡声器の声「初めてアスベストで国の責任が認められました。アスベスト被害を発生させた、拡大をさせたこの責任が厳しく断罪をされました。大阪泉南アスベスト国家賠償請求訴訟の原告団、弁護団です」

悔し涙を押さえきれない岡田陽子の姿。

拡声器の声「……こういう思いで、昨日判決後上京をいたしました。原告の多くは高齢者とそして咳や痰、息切れ、肺がんや中皮腫への不安など本当に大変な病気と不安の中で生活をしております。もう被害救済は待ったなしの状況です。生きているうちに救済を」

66東京タワーの夜景

スーパー　長妻厚労大臣が控訴断念の意向を表明し　小沢環境大臣も同調したと報じられ

原告団・弁護団の期待が一挙に高まった

67厚労省前（夜）

スーパー　2010年5月31日　厚労省前

控訴阻止行動

夜を徹して泉南の訴えが続く。

奥田弁護士「原告の病状、進行する病気、これを考えれば今解決をせずして、いつ解決するのでしょうか」

スーパー　奥田愼吾弁護士

蓑田「また、明日も来ます。明後日も来ます」

スーパー　原告団共同代表　蓑田努

68東京四谷・弁護士事務所

弁護団団長を始め弁護団が顔を揃えている。

村松弁護士「九時からの国会の本会議の合間にやることとなってて、まだその結果が出てないねん」

スーパー　控訴断念決定の報を今か今かと待ちかまえる弁護団

村松弁護士「はい、はい、はい、はい」

隣室で記者からの報告の電話を受ける村松弁護士。

芝原弁護団長「うん、もうちょっと待って。うん、十一時まで待つとかということで」

67

伊藤明子弁護士「長妻（厚労大臣）さんと小沢（環境大臣）さんと千葉（法務大臣）さんと仙谷（国家戦略大臣）さんと細川（厚労副大臣）さんと官房長官、入って決まらなかったんで、三〇分ぐらい前に鳩山（首相）さんが入って、で、終わったんだけど、ぶら下がり（記者の取り囲み取材）には誰も何も答えなくて。まあ噂とかでは仙谷さんに一任したっていう話もある。ただもう、それはちょっとわからない」

スーパー　伊藤明子弁護士

村松弁護士「誰も何もしゃべらないんだけども、最後、仙谷さんにぶら下がったら、任されたって言われたと言ってるんだって、自分が。（記者の）予想としてはいろいろ異論出たけども、長妻さんが最後までずっと粘ったからってことで、恐らく収拾つかなくなって仙谷さんに一任となったんじゃないかと。途中から首相も入って、そうなると一時間以上、長期。すごいあれですよ。ほんで途中から首相も入ったんだけども、首相も途中から出た」

段々雲行きが怪しくなり、頭を抱える岡弁護士。

村松弁護士「やっぱり民主党だめだな」

村松弁護士のため息。

村松弁護士「ああ、なあ、もう。初めてのことだから何とも言えんけども」

ついに控訴に決まったことを電話で仲間に伝える村松弁護士。

村松弁護士「国が控訴すると。最後ね、仙谷のあれでこういうことや。ほんで、ほんでね、明日はね、まだ正式じゃないけども間違いなく仙谷さんが言ってるから、各社にさ、記者から全部入ってきてるから間違いないので、ビラはもうそれに対して断固抗議すると」

69泉南市役所

急遽、不当控訴に対する抗議に集まった原告たち。

スーパー　泉南市役所

スーパー　不当控訴抗議の記者会見

原告を代表して西村東子が訴える。

西村「原告の西村東子です。私も酸素を放せない生活をしております。この間も水を飲んだだけで、息ができなくなって、もう死ぬかと思いま

68

68

した。犬に助けられました。本当に自分一人のときには、いつ死ぬかなと思うときもあります。また今度国が控訴をするって言ってます。どうか私たちあと何日、何時間生きられるかわかりません。どうか国のほうも皆、頑張ってるんでしょうけど、私たちも苦しいのです。お願いです。救済のほうよろしくお願いします」

○原告・西村東子

70西村宅・寝室

帰宅後、ホッとする間もなく、腕時計を見る西村東子。

西村「もう六時やな。お弁当つくらなあかん、ゴフォ、ゴフォ……」

71同・台所

料理する西村の手元。

スーパー　夜勤で働く2人の息子のために
どんなに苦しくても弁当作りを
続けている

72同・浴室

大好きなお風呂も、咳き込みが激しくて苦しい。

西村「ゴフォ、ゴフォ……」

73同・寝室

湯上がりのパジャマ姿で、ベッドに腰を下ろす。

西村「ハァ、ハァ……ごめん」

監督の声「いいえ、どうもありがとうございました」

西村「ええ格好で、ハァ、ハァ、フワア、ハァ……」

○韓国アスベスト交流訪問

74韓国・ソウル・金浦空港

岡田陽子の韓国人の従兄弟と通訳の男性が一行の到着を待っている。

スーパー　２０１０年10月25日　ソウル
金浦空港

通訳「柚岡さん」

ゲートを出てくる泉南の一行。

スーパー　アスベスト被害　韓国交流訪問

通訳「ご苦労さまです」
岡田「ありがとう」
通訳「大丈夫でした？」
岡田「大丈夫でした」

柚岡に従兄弟を紹介する岡田。

岡田「うちの父親の弟の」
柚岡「弟さんの長男？」

スーパー　岡田陽子の従兄弟

岡田「はい。いつもお世話になってます。私ら日本語しかしゃべらへんもんで」

75歓迎会

一堂に会した日韓のアスベスト運動の担い手たち。

韓国料理の並ぶテーブル。

スーパー　韓国アスベスト被害者支援団「BANKO」の歓迎会

男性「〈韓国語〉コンベ」
一同「コンベ〈乾杯〉」

口々に「お疲れでした」「どうも。コンベ」。

通訳「遠いところ来ていただいた被害者の皆さんと韓国の被害者、それから今後またバンコバンジャン、皆さんの力をあわせて頑張りましょう。ということで乾杯」

76翌日・新聞取材

スーパー　韓国の新聞社取材

女性記者「〈韓国語〉」
通訳「まず、岡田さんに幾つかお尋ねします」
女性記者「〈韓国語〉」
通訳「お父さんはいつ日本にいらっしゃいましたか」
岡田「一八歳のとき。一応、親に反対されて、紹介で阪南市のほうに。仕事があるし、社宅もあるしっていうんで二人で来たんです」
通訳「来たのが、じゃ翌年になりますか」
岡田「それは二十九年」
通訳「お母さん方の両親が反対されたということですか？」
岡田「はい。おばあさんは死ぬまでうちの父親のことを、国籍さえ違ったらすごいええ婿やって言うてた」

76

通訳「当時じゃ、泉南地域で韓国人見るのはもう、
普通の情景だったんですかね？」
松島「そうですね。周りが全部。働いた仲間は」
スーパー　原告家族　松島加奈
通訳「〈韓国語〉」

77韓国のアスベスト被害者支援団体（ＢＡＮＫＯ）
集会場
記念撮影。
個別の交流。
韓国の女性「私の名前は……〈韓国語〉です」
日本で交付されている石綿の健康管理手帳
を説明する松島。
松島「これがこういうふうになってて、それから
こういうふうになってる」
女性「はい」
松島「これは管理手帳というものですね」
会食の席で。
岡田「おいしい」

78翌日・移動の車の中
昨日取材した新聞記事の掲載紙を見る岡田。
通訳「やっぱ岡田さんの、酸素吸ってる姿は絵に
なるみたいで」
岡田「ああ、そうですか」
岡田「本当だ。機械をこう持ち上げたものなんだ」
通訳「（記事を読む）強制徴用に石綿の被害まで。
在日同胞の家族、襲った受難」

79郊外を走る車
険しい道がつづく。
スーパー　閉山されたアスベスト鉱山採掘
跡へ見学に向かう

80走る車の中
岡田「私やったら間違っても行かへん道やな」
通訳「見るだけで」
岡田「見るだけ。怖い」

81廣川石綿鉱山
危険区域と示されたプラカードを掲げる韓
国の女性。
スーパー　廣川石綿鉱山
女性「(Dangerous areas. Very dangerous areas

77

asbestos.)」

　防護服着用の職員たちがアスベスト計測器を示す。

岡田「ちょっとだけ」
不明「ちょっとだけ」
岡田「そこら辺までだけ」
通訳「行きます？」

82 石綿採掘跡の見学

　鉱石から石綿をこそげ落として見せる韓国の案内者。

女性「(This is asbestos. Very dangerous. This is asbestos.)」
不明「ここは何年前まで使ってたんですか？」
案内者「〈韓国語〉」
通訳「〈韓国語〉」
不明「〈韓国語〉」
通訳「九〇年代まで」

　石綿工場を経営していた松島が解説する。

松島「この石に混ざってるっちゅうことやね」
監督の声「これを粉砕して取り出すわけやね」
松島「これは大体ね、スレートに使われてたと思うわ」
柚岡「ほう。外したらほんまに繊維になってね、綿菓子のように」
松島「それはカナダみたいな、ああいうとこからとれるん違うかな。あっちのほうから送ってきてました。柚岡さんとこの袋ありましたやろ。ああいう袋にがちっと入れた、こうしてちぎったら、こう短い（毛）足があって」
柚岡「そうそう。繊維になって」
松島「そやから、こういう大きいのを何個か持っていって、崩して、そしていろんなもんに混ぜて。やっぱりその国、その国に多分、石綿系いろいろあったと思うんです、種類が。これはもう一番安い、安もん」
監督の声「一番、安いやつ」

　石綿の欠片。

松島の声「恐らくここらこう掻いたら、石綿のこれが混ざってるんですよね、この石自体に」

　尖った先で石綿をこそげ落としてみる。

柚岡「ほう、ほんまやね」
松島「だからあそこに危険物として、あれ貼られてるん違う？」

82

柚岡「そない思うたら、貴重品かな、これ？」
松島「こういうの、私ら吸うてると思うんです」
古川の声「粉というより、本当は細かいね、繊維なんです」
　　柚岡を挟んで、岡田と松島がポーズをとる記念写真。
松島「ちょっと、背高く」
岡田「ちょっとスマートに」
不明「はい、キムチ」
岡田「はい、キムチ」

83元鉱山労働者の被害者宅訪問
　　スーパー　元鉱山労働被害者との交流
案内者「〈韓国語〉（彼は鉱山から五〇〇メートルの所に住んでいました。子どもの頃から、そして鉱山で働きました。彼の兄も一緒に働いていて今回補償の対象になった石綿肺にかかりました。彼自身は肺がん患者です）」
被害者「〈韓国語〉（寝るときも横向きに寝ることができません。あおむけにならないと咳が出ます）」
松島「補償されてるんですか？」
通訳「〈韓国語〉（補償はありますか）」
被害者「〈韓国語〉（補償はありません）」
松島「何にも？」
通訳「韓国の労災保険は一九八〇年から始まってるので、その前については今扱いの対象になってないんですね」
岡田「私も酸素吸ってるけども、何の補償もない」
岡田「私も酸素吸って、石綿肺の病気ですけども、頑張りますので、頑張ってください」
岡田「気持ちだけですけど、日本の昆布茶」
通訳「昆布茶」
岡田「昆布茶。これ以上届かん。すみません」
通訳「〈韓国語〉（小さなプレゼントですが、日本のお茶を持ってきました）」
被害者「〈韓国語〉（ありがとう）」
　　別れ際に手を取り合う岡田と被害者。
岡田「頑張ってください」

84沈む夕陽

85滞在ホテル
　　酸素吸入器の管を柚岡に直してもらう岡田。

83

岡田「中、違うよ。ジャケットの中よ」
柚岡「こん中？」
岡田「その中まで入れんでいいって」
柚岡「肌、肌のとこやな」
岡田「ちゃう、ちゃう」
岡田陽子の父の弟（叔父）の家族、妹（叔母）が訪れる。
岡田「ああ！」

スーパー　岡田陽子の韓国の親戚家族が会いに来てくれた

通訳「岡田さんの、叔父さん、叔母さんがいらっしゃいました」
拍手で迎えられる。
叔母さんに息子の写真を見せる岡田。
岡田「英祐、足。ハハハハ」
久しぶりの再会に涙ぐむ岡田。
岡田「やっぱり、久しぶりに会うと涙が出てくる」
柚岡「そらそうや」
女性の声「よかったね」

86同・別室
水入らずで過ごす岡田一族。

従兄弟「まあ高校のときにですね、一応、大阪から、送ってもらった何か手紙の封筒があったんですよ。それ僕持ってたんですよ。その住所ずっと持ってて、まあ、お父さんの兄弟がいるなってことは知ってたんですが」
監督の声「どんなふうに思ったんですかね？」
従兄弟「お父さん、そっくりな顔だなって思って、ハハハ」
監督の声「そう。本当ですか？」
従兄弟「本当にそっくりなんですよ。ハハハ。この白髪もそっくりで、ハハハ」
岡田「うん。そうや。ちょっとあのときはうちの父親のほうが大きくなってたから」
スチール　岡田陽子の父の遺影
岡田「少し叔父さん、うちの父親を縮めたら叔父さんになる」
叔父さんの柔和な表情。
従兄弟「この性格もそっくりなんですよ。ハハハハハ」

87アスベスト鉱山跡地
スーパー　アスベスト被害者団体「ＢＡＮ

KO」

チェ・イェヨンスーパー　ホンソン地区アスベスト鉱山跡地

立て札を読むBANKOの案内人。

通訳「ご案内ということで、この地域は過去石綿鉱山地域として危険に曝露することがあるので、立ち入りを制限します」

チェ・イェヨン「〈韓国語〉」

通訳「この畑の中にもですね、石綿が交じった小岩がありますし、家の土台のほうにも、家の周辺にもそういうのが、石綿交じりの石が入ってます……」

岡田陽子が家に携帯電話をかけている。

岡田「え、おばあちゃんが入院？　またハリ上がったん？　どこへ？　えー、この間みたいになったん？　切る。変わったことない。切るわな。うん」

携帯電話を切る岡田陽子。

岡田「おばあちゃん、入院です。ハハハ……」

監督の声「あらら、こっちのおばあちゃん？」

岡田「うちのおばあちゃん」

監督の声「え？　日本の？　お母さん？」

岡田「お母さん」

監督の声「あら」

岡田「あら。ちょうど私こっち来た日に、来た翌日、病院に行ってもうその日に入院せえって言われたのを帰ってくるの待ってる」

監督の声「あややや、あらまあ」

岡田「あららら」

監督の声「あらら。心配だ」

岡田「帰ったら、即病院連れていかなあかん。大変だ」

88元アスベスト鉱山労働者の家

スーパー　元労働者を訪ねる

89同・家の前

通訳が彼を紹介する。

通訳「下のおうちにお住まいなんですけれども、石綿鉱山歴があります。検査もしました。まだ確定した診断は出てないみたいです」

松島「やっぱり日本の人が来てたわけ、最初は？」

元労働者「〈韓国語〉」

87

通訳「日本人が来て、鉱山つくった」
監督の声「何年の話ですか、今のお話は？」
元労働者「〈韓国語〉」
通訳「今から七〇年前の話です」
元労働者「〈韓国語〉」
通訳「鉱山に通った人はですね、それが原因かどうかわからないけれども早死にしたそうです」
松島「やっぱりね」

90インタビュー・柚岡一禎
スーパー　ホンソン（**洪城**）**地区**
柚岡「この近辺、ホンソン地区のですね、鉱山のほとんどは日本の占領時代にですね、開発されてそれがですね、ずっと戦後も引き継がれたんですね。
日本の戦時体制の下で、開発された鉱山そのまま、そして機械、設備もですね、そのまま継続されて、つい最近まで韓国で石綿の採鉱が行われたと聞きました。驚きました」
監督「ねえ」
柚岡「結局ね、同じなんですよ。泉南の石綿も日本のですね、在日朝鮮人、韓国人、また地方から来たですね、貧しい田舎の人々を使って、石綿紡織業をやらしましたですね。ここもですね、この韓国でもですね、この石綿鉱山で働くしかなかった人々、ほかに仕事ができなかった。それはですね、実は日本軍の朝鮮支配によって経済が破壊されてですね、起こってきてるわけですから、その人たちがこの鉱山で働いてる。だから結局、この石綿っていうのは、誰かれ皆平等にやってる仕事じゃなくって、貧しい人とか、生活の困難な人がやむにやまれずやったということではね、泉南もこの韓国のホンソン地区も同じなんですね」

○原告　松本玉子

イラスト・タイトル
原告　松本玉子
2歳の時　母に連れられて韓国から日本へ
極貧生活のため小学校に行けないまま17歳で親の決めた相手と結婚

91松本玉子自宅

松本玉子、インタビューに答えている。
監督の声「韓国から来たということで日本の、その、人たちからばかにされるとかいうようなことはありましたか？」
玉子「それは十分にありました」
監督の声「あ、やっぱりありましたか？」
玉子「はい。朝鮮、朝鮮って言うからね、うちのお母さん、言葉があんまり知らないでしょう。発音がおかしいんで、『朝鮮、朝鮮ってばかにするな』言うてね、『同じママ食ってどこ違う』って、それだけは私、しっかり覚えています。ええ。もう狭いとこでね、部落はね。山と海しかなかったですわ。炭とか何にもないからね、みんな木を持ってきてね、かまどで炊いてね、御飯炊いたりね、いろいろしてね。それで水も、飲み水は汲みに行かなあかんねんね。学校は行かせてもらわれへんしね」
監督の声「行かせてもらえなかった」
玉子「それからまあ言うたら、ちょっとおってから、あれ一七歳ぐらいかな、嫁に。主人も結局はね、お母さんに勝手にね、あんまり苦労ばっかりかけるし、嫁に行ったらちょっとでも楽するかな思って、親としてはそんな思いやったらしいわ。それから主人働けないでしょう」
監督の声「お仕事は何だったんですか、そのご主人」
玉子「ぶらぶらと、そこら」
監督の声「定職はなし？」
玉子「なし」
監督の声「というより、働こうと思っても仕事がないんですか」
玉子「そう。そこへもってね、主人も学校行ってなかったみたいです」
監督の声「あ、ご主人も」
玉子「はい。子どもたちは私が何とかカバーして、ほいでまあ、一応三人ともね、学校は高校まで出して、一生懸命でそのときは働いてね、石綿行ったりいろいろな仕事ばっかりしてね。もう相当私もがたがきましたわ」
監督の声「そうですか。玉子さんに暴力を振るうということもあったんですかね？」
玉子「あ、そんなこともありました」
監督の声「そんなこともあるんですか」
玉子「それだけ、私が『はい』って聞いても、そんなんやのにね、逆らったら余計ですわ。殺されたかわからん状態」
監督の声「ということは、ご主人に愛情を持つことはなかったですね」
玉子「なかったです。湖山さんいうて、ここのこう行ったとこにありました」
監督の声「湖山さん？　湖山さんの工場で？」
玉子「はい。まあ言うと、混綿みたいな仕事でね、こんな形になったもんをね、割れたりしたやつを持ってきてからね、壊すの、また粉にしてね。それで、吹きつけみたいに使う原料を作ってたからね。土方みたいな感じやね。混綿いうて、中でするけど、埃がごっついわね」
監督の声「お仕事は、きつくはなかったですか」
玉子「まあ言うたら、きついほうだけど、頭使わんでいいからね。体を使えばいいから、まあそれだけ楽やわね、私としたらね。力する仕事のほうがね、私としてはいいですよね」
監督の声「そうですか」
玉子「それで私、主人が亡くなってからね、ほいで一年納骨済ましてね、それから学校行くようになりまして、はい」

監督の声「学校は中学ですか。高校ですか」
玉子「あれはね、小学校。小学校でもね、（名前は）中学校になってるけどね、もう全然私の知らんのでも、一から、もう鉛筆の持ち方から教えてくれたよ。でも、もうすごくいいね、勉強したら。ねえ、いいね」
監督の声「一番最初に何を勉強したんですか？」
玉子「え？　あいうえおとか」
監督の声「『あいうえお』からですか」
玉子「私ちょっと、ほんなら今、ちょっと習ったやつ」
　松本、背後の押し入れから紙を出してきて、机に並べる。
玉子「あのね、私の名前、これです」
監督の声「ええと」
　『うれしいね』と題された一枚の作文。
監督の声「ああ」
　漢字で書かれた名前、尹敬任
　スーパー　ユン　ギョンイム
玉子「漢字はね、わかる漢字とね、わからない漢字が。みんなね、それでもおかげさんで、今でもね、読み仮名つけてくれます」

玉子「学校いい、やっぱりね、学校はいいね」
監督の声「いいですか」
玉子「ええ」
監督の声「何がいいんですか？」
玉子「あの、字習ったり、いろいろな教えてくれるからね。ものすごく、私、もうここ（胸に両手をやる）、ちょっと明るくなった感じ、自分で。変わったって言いますよ、友達でも。ほいでまた勇気が出ます」

92 岸和田市立岸城中学校
松本玉子の当時の担当・石立先生がインタビューに答えている。

スーパー　岸和田市立　岸城中学校　夜間学級　当時の担当・石立先生
石立「本当にね、こつこつと、もう恐らくほとんど休んではないと思いますね。本当に熱心で真面目で、こつこつこつこつと勉強される方でした。

ご自分のこと話されてる中で、私はもう本当に学校へ来るまでもう、いつもびくびくしていた、っていうふうなことをよく言うてはりましたね。

だから、学校でまあ直接的には読み書きとかそういういろんな、音楽習ったりとか、いろんな学校のこと習うんですけれども、やっぱり彼女にとってそれ以上の何ていうかな、生きていく上での自信、それから何ていうかな、誇りっていうんですかね、人間としての誇りみたいなものを、取り戻したっていうふうなところが、何よりも私は大きいことではないかなっていうふうに思いますね」

93 松本玉子が書いた作文
うれしいね
二コース　尹敬任　58さい

名まえが　かけて
うれしいね
みんなで　べんきょう
うれしいね
びくびくしなくて
うれしいね

94南和子宅（未明）
窓から灯りが見える。
スーパー　２０１０年９月12日　午前４時
南和子宅

95同・台所
南、石川、隣人、三人がおむすびを作っている。
南「熱いなあ、そやから。ちょっと大きいかな」
石川「どうやろ、これぐらいでええんちゃう」
南「それぐらいでいい？」
隣人「ほしたら、三角もあんた、こんなんして俵にして、ここでぱっと」
南「俵にしようか」
隣人「うん」

96泉南市・樽井公民館
控訴審に向けての原告団総会が開かれている。
スーパー　大阪泉南アスベスト国賠訴訟第7回原告団総会
南「今日は皆さんに本当に、このおむすびを朝、四時半から、今日食べていただこうと思ってむすんできました。私たち三人で、今日は本当に控訴審を目指し、しっかり結ぶように、このおにぎりで結びを、解決したいと思います。その気持ちでたくさん三百個もむすんでまいりました。皆さんどうぞ召し上がっていただきたいと思います」
談笑しながら、おむすびを頬ばる原告、弁護士たち。

○南和子宅近隣現地調査

97三好石綿工場跡地
裁判所・厚労省などによる視察が行われている。
スーパー　２０１１年４月14日　泉南市「三好石綿」工場跡地
スーパー　裁判所による初めての南和子宅近隣現地調査
南和子の先導により、調査団が移動する。
高裁裁判長を中心にした調査団。
スーパー　大阪高裁　三浦潤裁判長

97

スーパー　近隣曝露も救済される可能性が噂され　三浦裁判長に対する期待が高まる

98泉南市立新家公民館前

調査終了の挨拶。

南「どうぞ、よろしくお願いいたします」
弁護士「よろしくお願いします」
裁判所の人「それじゃ、失礼いたします」
南「はい。どうもご苦労さまでございました」

立ち去る三浦潤高裁裁判長。

厚労省の役人たちも帰ろうとしたとき、柚岡が呼び止める。

柚岡「厚労省のムラマツタツヤさん、せっかくだからぜひ原告の話、聞いてください。いいでしょう、時間あるんだから」

スーパー　厚労省役人

スーパー　「市民の会」柚岡一禎

無視して立ち去ろうとする厚労省の役人たち。

柚岡「いやいやいや、聞いていただく」
ムラマツ「これから行くとこあるんですよ」
柚岡「ムラマツさん、あなた厚労省、東京から来られたんだから、ね、今日、聞いてくださいよ。原告たくさん来てるんだから」

蓑田も出てくる。

蓑田「私も原告です」
柚岡「どうですか、現場見られて」
役人「あの、ちょっと、やめてください」
柚岡「近隣曝露いうこと、実態よくわかりましたか」
役人「あの、考えてください」
柚岡「いや、あなた何で妨害するんだ」
役人「帰りましょうか」
役人「帰りましょう」

行く手をかき分けて出て行こうとする厚労省役人たち。

その後を追う、柚岡、南、佐藤たち。

柚岡「ムラマツさん、どうですか⁉　聞いてください！」
佐藤「聞いてくださいよ、私たちの訴えを」
柚岡「やめてください、どういうことですか⁉」
柚岡「早期解決をあなた……（聴取不能）だろうが」

不明「通りますんで、通りますんで」
柚岡「なんであなた、止めるんだ」
佐藤「聞いてくださいよ」

99南宅前から駅に続く道
逃げるように足早に進む役人一行。
問い詰めながら後を追う柚岡、佐藤、南。
佐藤「石綿で亡くなったら、あなたはどうしますか」
柚岡「どうするんだムラマツさん！ 何で聞いてくれない。逃げるように帰るんか、あなた、え！」
南「近隣曝露がどうなってるか。……してたんです。どうか見てください、私たちのこの意見を。今日見ていただいてわかること多いです」
石川「気持ち聞いてください、お願いします」
南「しっかり私たちのこと、聞いてください」
柚岡「自分の目で見られて、どうだったですか？ え！ ムラマツタツヤさん！」
南「何かご返答ください」
柚岡「厚労省っていうのは、国民の健康のためにあるんだろうが。何をしたんだ今まで、六年間。ムラマツさん、どうなんだ」

100新家駅改札
必死に改札を通ろうとする役人、慌てて切符を落とす。
柚岡「どうして聞いてくれないんですか、原告、せっかく来られたんだ、あなた」
佐藤「亡くなって、苦しんで逝った人の気持ちもわかってくださいよ！ あなたの家族やったらどうするんですか！」

○大阪高裁判決日

101大阪高裁・全景
スーパー　２０１１年８月25日　大阪高裁判決日（提訴から5年目）

102大阪高裁前の広場
原告団の中に武村絹代。
監督の声「武村さん、大丈夫？」
憔悴しながらも笑顔を見せる武村。
スーパー　この日の早朝　母の原告　原田

102

102

モツが死去

武村「はい、大丈夫です」
監督の声「気落ちしてない？」
武村「今日は頑張ります。もうね、覚悟はしてましたから」
監督の声「うん」

イラスト・タイトル
原告　武村絹代
石綿肺で苦しむ母の闘病生活を最後まで看取る　国への怒りに燃えている

武村「でもね、私ね、八月二十五日がね、判決の日やからそれまでは頑張ってねってずっとね、言ってきたんで」

インサート　映像
娘・武村絹代に付き添われた、車椅子の原告原田モツ。
水島潔医師の診察を受ける。
スーパー　故・原田モツ
原田モツの石綿肺のレントゲン画像。

武村の声「これもねやっぱり、何かのね、母のね。母親はやっぱり、表立ってはこうして来れなかったから、最期にね、自分の体をもってね、身をもってアピールね。これは本当に許されへんことやと。早期、やっぱり解決してくれと、それをね、身をもってね、言いたかったんやと思います」

103 大阪高裁正門前
原告団、弁護団の入廷行動。
「大阪泉南アスベスト国賠訴訟再び国の責任を明確に！」と書かれた横断幕。
大阪高裁の窓。

104 大阪高裁正門
走ってくる奥村弁護士。
「不当判決」の旗を掲げる奥村弁護士の怒りの表情。
メディアの声「原告は敗訴です」

タイトル　大阪高裁判決
「国が行った法整備や行政指導は　著

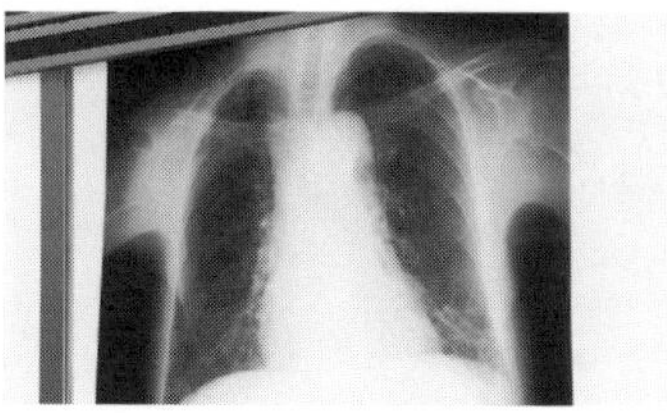
102

104

しく合理性を欠くものであったとは到底認められない」

105 記者会見

スーパー　高裁判決　記者会見

村松弁護士「今日の判決は、率直に言って私たちの耳を疑う、信じられない、司法の役割そのものを放棄する判決と言わざるを得ません」

南「周辺住民も認められるかと思って非常に期待しました。けれども、今日の判決は何ということでしょうか。本当に怒り心頭しております。けれども、本当に人間の命を助けてもらえる、人間の命があってこそ、国民のこうしたいろんな、私たちの社会的なこともできるんです。日本国が本当に人間がいなくしてどのようになるんでしょうか」

106 東京・官邸前

スーパー　谷真介弁護士

谷真介弁護士「私は判決のとき東京にいて、第一報を東京で聞きました。全く信じがたい、原告の方に何と声をかけたらいいのかわからない、そんな判決でした。しかし、被害者がいる以上、屈するわけにはいきません」

悔し涙を拭う弁護士たち。

スーパー　伊藤明子弁護士

谷真介弁護士「泉南の原告の方々と解決するまで、私たちは闘い続けます」

涙をこらえて懸命に拍手する伊藤明子弁護士。

107 病室

入院中の母を見舞う岡田陽子。

スーパー　近畿中央胸部疾患センター

陽子「はい、読む？」

高裁判決文を母に読んで聞かせる陽子。

陽子「一番腹立つとこ、読んじゃるわ」

春美「うん」

陽子「腹立つのがな、高度経済成長の、産業の発展、厳しく規制したら産業の発展が遅れるさかいに、しゃあないねんて。厳しい規制はせんでええねんて」

スーパー　母・原告　岡田春美

春美「そやかて……」

106

106

陽子「泉南の人は死んでもええんやて」
春美「泉南の人は死んでもええ」
陽子「そう。なんせね、あそこへ勤めに行ったあなたが悪いのと、そういう書き方やねん」
春美「ばかちゃうん」
陽子「腹立つやろう」
春美「うん」
陽子「ほな私ら、そこへ生まれたのが悪い、フフフフ」
春美「ハハハ」
陽子「そないなるやんな」
春美「ほいて、昔から住んでる地域の人、どないなるの？」
陽子「だから、今回は地域もへったくれもない。全員ぱあ」

○西村東子見舞い

108 西村東子宅
柚岡が部屋に入って行く。
スーパー　2012年1月10日　西村東子を見舞う

柚岡「しんどい？」
ベッドに横向きで寝ている西村。
スーパー　原告　西村東子
柚岡「西村さん、一陣やろう。あとの三〇人、二陣のほうへ回ったあんねん、二陣の裁判ね。この判決が三月二十八日にある。この判決、これ絶対勝たんとあかんねん」
柚岡の話に目だけで答える西村東子。
柚岡「ほんでそれ終わった後は、いよいよ西村さんや岡田さんらの裁判の勝利をね、目指して最高裁判所へ訴え出る、その運動になっていくんやね。これがね、一年かかるんか、三年かかるんかわからない。時間がまだいつと、判決もまだ決まってへんし」
聞いている西村の表情が反応して、一瞬目が見開かれる。
かなり症状の進んだ西村の様子を心配そうに見守る岡田陽子。
柚岡「なあ、西村さんゆっくり休んでな、体力の回復に努めてな」
西村「長い裁判になったなぁ」
柚岡「そうやな。ほんまにな」

106

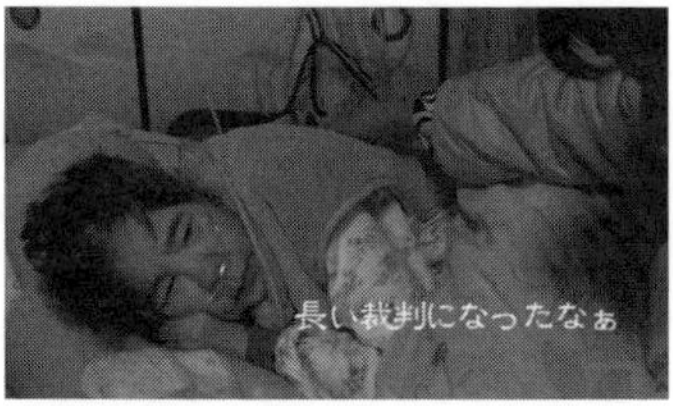

108

西村「すんなりいくかと思ったけど」
柚岡「裁判、長引いてな、その間に亡くなった人もいてるしなあ」
苦しそうに咳き込む西村東子。
岡田「痰、切れる？　叩いていい？」
柚岡「いけるか？」
岡田「叩いていい？」
西村「(頷く)」
西村東子の背中をやさしくトントンする岡田陽子。
西村東子の言葉がリフレインして聞こえてくる。
西村の声「長い裁判になったなぁ」
スーパー　長い裁判になったなぁ

109 故岡田春美儀　葬儀式場
棺の中の岡田春美の穏やかなデスマスク。

タイトル　15日後

110 故西村東子儀　葬儀式場
祭壇に飾られた遺影。
泣きながら線香をあげる岡田、その横に柚岡。
花にうずもれた西村東子のデスマスク。
次々と仲間たちが棺に花を手向けてゆく。

○2陣大阪地裁判決日

111 大阪地裁外観
スーパー　2012年3月28日　2陣大阪地裁判決日

112 淀屋橋
判決日の朝の宣伝活動。
スーパー　小林邦子弁護士
小林弁護士「すごく私、(一陣)高裁の判決を聞いたときに、裁判所が裁判所の役割を放棄したなと思ったんです、何か。だから私は弁護士だけど、法曹という世界に身を置く者としてすごく恥ずかしかったし、情けなかった。だって最後に、裁判所しかないと思って訴えた人が、期待を裏切られたというか、裁判所が自分のする仕事をちゃんとしなかったっていうところがす

112

ごく悲しかったし、悔しかったんです。なんで、今日はきちっと裁判所が、裁判所って何をするとこなのかっていうところをちゃんと自覚して判断を出してほしいし、それだけの根性があるかどうかというところだけが、一番心配です」

113 大阪地裁正門
　走り出てくる二人の若手弁護士、その喜びの表情。
　掲げた二枚の旗には、それぞれ「勝訴」「泉南アスベスト被害再び国を断罪」。
支援の男性「万歳！　泉南アスベスト裁判、勝ちました。万歳」

114 裁判所前の広場
拡声器の声「皆さんにも見ていただきましょう」
　二人の弁護士が掲げる勝訴の旗。
拡声器の声「勝訴。再び国を断罪！」
　拍手と歓声。

タイトル　しかし、この判決では　国の責任が
１９６０年～71年に限られたため
佐藤・西村・赤松の３名は　賠償対象
から外された
また、国は控訴期限の４日前に早々と
控訴を決定　２陣も高裁で争われること
となった

○赤松四郎・タエ

115 走る車の中
　赤松タエを乗せて運転する柚岡、助手席の岡弁護士。
スーパー　入院中の赤松四郎の容態が急変
集中治療室に運ばれた
　病状説明書の手書きの図を見る岡弁護士。
岡弁護士「え？　ああ、これのことか。胆管結石って書いてあるわ、確かに」
　病状説明書に書かれた「総胆管結石」の文字。
タエ「涙ぼろぼろ」
スーパー　妻・タエ
岡弁護士「え？　お父さん？」
タエ「うん。私の顔見たら、あれしたけどな」

115

柚岡「そのとき、もの言うたか？」
タエ「いや、言うてないんですよ、もう、パイプで。もう涙が出てたけん」

116 ＣＲ室

スーパー　救急センターＣＲ室

昏睡している赤松四郎。

タエが泣きながら呼びかけている。

タエ「起きて。なあ、目あけて。弁護士さんが来てくれたで。弁護士さんが来てくれたで。起きて、起きてよ、お願い。お願い。起きて。目あけて。目あけてよ。お願い……。

元気なってよ、ほんまになあ。元気なってよ。元気なって、早う。弁護士さんも来た、元気なってって言うてくれてるで」

○岡田陽子と長男　英祐

117 東京・全水道会館

スーパー　東京　全水道会館

「すべてのアスベスト裁判の勝利をめざす4・28集会　石綿対策全国連絡会議第24回総会」と書かれた横断幕が会場に貼り出されている。

スーパー　原告団共同代表　岡田陽子
長男　英祐

118 同

インタビューに答える岡田陽子。

岡田「母が死んでから、僕行けるときやったら行ってあげるよっていうことで」
岡田の声「今まで本当、泉南であった集会にも一切行ってなかったんですけど、これで二回目です」
インサート　映像

休憩時間に仲間たちと談笑する岡田陽子、英祐。

岡田「はい。本当、助かります。すごく頼もしく感じました」

119 会場・外

エレベーターから降りてくる岡田陽子、英祐。

118

母親の荷物もすべて担いだ英祐と笑顔の岡田陽子。
知人の男性が声をかける。
知人「何か、でも、ちょっと元気なった？」
岡田「元気、なりました」
知人「うん、本当、そんな感じなって安心したわ」
岡田「大分、家の中でこもってましたから、ハハハ」
知人「そうやろう」

○赤松四郎・タエ

120 病室
CR室から普通の病室に戻れた赤松四郎。
うれしそうに世話を焼くタエ。
あめ玉を口に入れる赤松。
赤松「口、さみしいねん」
タエ「口がさみしいんやな」
夫に寄り添うタエ。
タエ「ここが膨れてるから、格好悪いで、カメラさん」
岡弁護士「なんで膨れとん？　袋があるけん？」
タエ「おしめ」
岡弁護士「あ、おしめしとるけん？」
タエ「うん」
赤松「おまる、見しちゃろうか？」
タエ「いらんこと。な。こんな元気になったやろう」
タエ「カメラさんも聞いてびっくりしたんやで、あんたの顔見て、みんな」
岡弁護士「やっぱ、もともとは強いんや、体な」
担当弁護士の岡千尋の声も弾んでいる。
スーパー　岡千尋弁護士
タエ「なあ。私はもうあれで、もうあかんのかなと思ったけど、心配しとったけど」
岡弁護士「どっか行きたいとことかないん？　尾道は？　尾道」
タエ「尾道はどうですかって」
岡弁護士「行かんでいいん？」
夫に代わって答えるタエ。
タエ「もうあかんもんな、尾道も兄弟も死んだしな」
ベッドに寝る赤松。
岡弁護士「（二陣地裁判決で）うまくいかんかったら、

がくっときた？　がくっときた？」
赤松「ん」
岡弁護士「がくっとこんといてなって言ったやん」
タエ「もう忘れてるんちゃう？」
岡弁護士「忘れた？　覚えとるじゃろ。フフ、嫌なことは忘れたか」
　赤松、何とも答えない。
岡弁護士「次、（二陣裁判）九月ぐらい」
タエ「九月。それまでな、生きてほしいな。頑張ってよ」
四郎「生きるよ」
岡弁護士「おお」
タエ「おお。頑張ってよ、なあ」
岡弁護士「また裁判所で、話してくれる？」
　赤松の目を閉じた表情のストップモーション。

スーパー　赤松四郎　2012年6月27日死去

121赤松タエへのインタビュー

スーパー　原告　赤松タエ

監督の声「今でもご主人の夢を見るとかいうことありますか？」
タエ「あります」
監督の声「ああ。どんな夢ですか」
タエ「あの、夜中にね、私が寝てるか、今度は反対にドアあけてね、私はこっちのほうに寝てたさかい、ドアあけてすうっと、すらっとあけて、ちょっと見てた。目あけたら、あれお父さん、のぞいとったんちゃうか、起きてきて私の顔見てきたんかなと。目覚めたらもう夢やったしね。それが二回か三回続けてありました。
　もうちょっとしてやりたかった。してやりたいな、こうしてやりたいなと思ったんやけど、私がもう、足らないし、応援するのも足らんかったと思ってます。
　今までお父さんがおったら、何やらかんやと用事さしたりしてたけども、それが用事が何にもない、一遍にあれしたから、それがちょっと寂しいね。今までが、（私に）あれしいよ、これせいよ、してくれとか、それが一番、まだ幸せやったかなと、今、お父さんがおらんようになってからようわかります。いつも用事さすときが一番よかったかな、うるさいなと思ったけ

121

ども、一番それが、用事さすのが一番幸せやったね」
監督の声「そうですか」
タエ「うん」
監督の声「真面目な人ですよね」
タエ「ええ、もう」
監督の声「酒もばくちもやらなかった。ばくちもやらないでしょう」
タエ「はい、そう。いや、やりました」
監督の声「やったんですか、若いころは？」
タエ「若い頃は、競馬、競輪、マージャン、パチンコ。もう何でももってこいやったね」
監督の声「やったんですか、博打」
タエ「ええ、ええ」
監督の声「強かったんですか」
タエ「さあ、それは知らんけど。あの、パチンコのときはね、ようわかりますんよ。あの、勝ったらちょっと、まあ一万円勝ったら半分もらったり、くれたり」
監督の声「そうですか」
タエ「はい。ほんで負けたらもう、帰ってきたら黙ってるから、すぐわかるから、ああ、負けたんやな、何にも言わんとこと。そんなのが一番私はよかったかなと思って。やさしかったしね。怒るときはごっつい怒るけども、まあ、二人がおるときが一番幸せです。幸せやったかな」

○2陣原告　仲谷親幸

イラスト・タイトル
2陣原告　仲谷親幸
叔父の経営する「仲谷石綿」の現場を任されて30年働く
2陣初の尋問を在宅で受ける

122仲谷家・居間
仲谷、インタビューに答えている。
仲谷「この石綿ちゅうのは昔から話聞いて知ってましたからね。叔父さん、叔母さんから聞いてましたから。叔父さん、叔母さん、やってたんですよ、石綿は。だから僕をかわいがってくれて、名前、子どもになってるんですよ。だから、人にはそんなこと言われんけども、苦しいことばっかり」

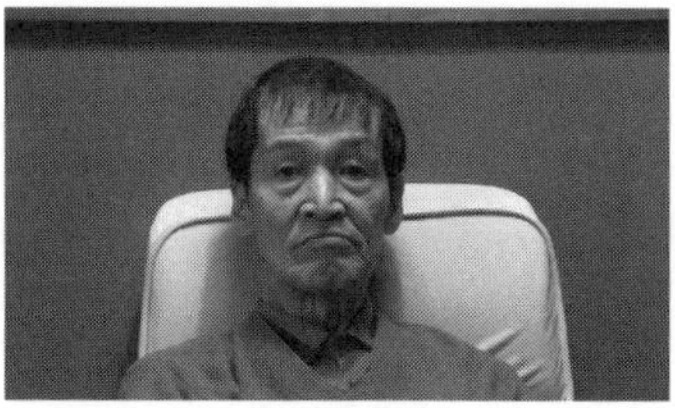
122

監督の声「しつこいようですが、ご自分としては裁判なんかやってもしょうがないと思ってらっしゃる?」
仲谷「そうですよ」
監督の声「勝てっこないじゃないかって思ってらっしゃる?」
仲谷「勝てっこ……、この裁判かけてどうするちゅうことできないでしょう。だから子どもや孫には絶対させたくないちゅうのとおりです」
監督の声「今、お聞きしていると、もうほとんど仲谷さんは、絶望してらっしゃるっていうふうに聞こえますよね」
仲谷「はい。もうそのとおりですよ」

スーパー　妻・輝子

妻・輝子が側に座る。
輝子「結核か、それとも何かもやもやとするもんがあるちゅうことで。まあ先生、佐野市民病院紹介しますちゅうことで。ほで、佐野に行って、ほでMR、造影剤入れて撮ってきて、ほんでそれを先生とこ、持っていったんですけども。これは、がんかもわからへんと」
監督の声「余命六カ月って言われたんでしたっけ?」
輝子「いやいや違います。一年って言われました」
監督の声「余命、一年か」
輝子「はい」
監督の声「一年だってことは、今、ご主人」
輝子「初めてでしょう、言うてなかったんです」
監督の声「え? じゃ、言うちゃいけんこと?」
輝子「そう、ハハハハ。いや、余り、耳が遠いんで聞こえない、ハハハ。全然言えなかったですよ。ハハハハ。でも、もう二年からですわ」
監督の声「ねえ」
輝子「うん。もう三年目になりますから」
壁にかけられた真鯛の色彩付き魚拓。
輝子の声「まあ、この人の人生は、幸せな人生ですわ。はい」
監督の声「したいことしてっていうのは?」
輝子の声「もう釣りし、マージャンし」
マージャンのトロフィー。
監督の声「あ、マージャンの話は前回聞かなかった」
輝子の声「マージャンも兄弟でずっとしたんです。

もう遊んでばっかし。幸せな人生だったと思います、私は苦労ですけど」
何とも言えない表情で聞いている仲谷。
輝子「フフフ。ね、わかってんな」
仲谷「（苦笑い）」
輝子「ハハハハハ」
監督の声「そうなんですか」
輝子「うん、私は思うてる、この人は幸せや。死ぬまで多分、私が生きてる間、幸せやと思いますわ、うん」
輝子「あんたも何か言いよ」
仲谷「言うことないもん」
輝子「もう言うたん？」
仲谷「もう言うた、言うた」
輝子「ああ、そうか、フフフ」
監督の声「でも、在宅尋問のときには、さすがに黙ってるわけにはいかんでしょう、裁判所の人がいろいろ質問するから」
輝子「裁判所の人、十七日に来るんよ。そのときはどんどん言うてくださいって、ね」
仲谷「言うことあったら言います」
輝子「言うことあったら言います、自分の思ったことをな、言うてもらったらな」
居間に飾られた、夫婦で旅行した記念写真。

123 仲谷家・外観
スーパー　２０１３年１月17日　仲谷さん在宅尋問の日

124 仲谷家・居間
客を迎え入れる仲谷。
仲谷「上がってよ」
輝子「椅子、ありますから」
奥村弁護士の挨拶。
奥村弁護士「控訴審の二陣の原告で、ご自宅ですけど、最初に尋問ということで、ちょっと緊張されてると思いますけども、いつもどおり頑張ってください」
仲谷「こっちこそ、よろしくお願いいたします」
奥村弁護士「はい、ありがとうございます」
柚岡が入ってくる。
柚岡「痩せたか？　あんまり変わってへんように思うけど。もともと細身で」
仲谷「そうです」

柚岡「なあ」
半田弁護士の声「今、五〇キロしかないんですよ」
柚岡「仲谷さん、あんたここで、工場長みたいなことやっちゃったんか」
仲谷「もう、何でもしてきました」
柚岡「何でもな。そやわな。小っさい、仲谷石綿は割と大きかったけども、それでもな、泉南の石綿工場いうたら、小さいもんやし」
仲谷「やっぱり、うちか、栄屋さんな」
柚岡「ここの二つは大きかったわな。ほんで新家の三好とな。この三つは飛び抜けて。
ほんなら石綿の一番最盛期のときを知ってるわけや」
仲谷「そやな」
柚岡「なあ。仲谷さんとこも、集塵機らは、仲谷石綿よ、きっちりしてたほうやな」
藪内「うん、そうやし、ええほうや」
柚岡「仲谷石綿はな」
藪内「皆、できてた」
仲谷「うちのお母さん、栄屋石綿にちょっと習いに行っちゃったんよ」
柚岡「ああ、なるほど」
仲谷「教えてもらいに行っとったんや」
柚岡「なあ」
「裁判所、来られたそうです」の声。
柚岡「ええ、大変だこれは」
監督の声「はい、はい」

125 仲谷家・玄関・外

尋問を終えた裁判官が玄関から出てくる。

佐藤の声「ありがとうございました。ありがとうございます。よろしくお願いします」

仲谷輝子、玄関の外へ出てきて見送る。

裁判官、車に乗って去る。

佐藤の声「ありがとうございます。よろしくお願いします。ありがとうございました。ありがとうございました」

126 仲谷家・居間

尋問後の仲谷をねぎらう弁護団と仲間たち。

半田弁護士「皆さん、どうも今日ありがとうございました。練習してたときより一番うまくいきましたね」

谷智恵子弁護士「もう人間嫌やって言うてくれた

から、気持ちが出てたと思います」
半田弁護士「やっぱり今後、自分のがんが進むかもしれないこととかね、あとはもう三〇年以上ずっと石綿で働いてきてこうなったのと思ってるというのは、もうそんな考えてもしょうないから、考えんようにしてるけども、やっぱり、まあ腹の立つ思いでいっぱいやというようなことを最後にね」
佐藤「今、食べてる？　よう食べてる？」
輝子「その日によってね」
佐藤「うん、うん。少しでもいいからね。何回にも分けて食べたほうがいいよ」
聞いている仲谷。
佐藤「また元気になってよ」
仲谷「ありがとうございます」
佐藤「『女のきもち』歌わな、チーヤの気持ちよ。カラオケ上手なんよ」
輝子「わかる？　知ってるんですか」
佐藤「知ってる、知ってる。うちのな、息子をな、ようかわいがってくれてね」
輝子「へえ。あ、本当」
佐藤「うん、店に出てたから息子がな、一緒に出てて。ような、来てくれたんよ」
柚岡の声「スナックをやってたんや、この人」
佐藤「よう来てくれたんよ」
輝子「スナック……」
佐藤「いや、来たことあるよ、尾崎のブーゲンビリアっていうとこな」
輝子「ああ、あ、息子さんをな。大事にしたんな」
佐藤「そうや、そうやしよ。かわいがってくれてな」
輝子「ああ……」
佐藤「歌が上手でな」
面映ゆそうな仲谷の表情のストップモーション。
スーパー　仲谷親幸　２０１３年８月９日死去

○２陣原告　松本ケイ子

127 松本ケイ子自宅
母・松本ケイ子を一人で介護している長女ユキ子。
母親をベッドに寝かせる。

ケイ子「座るか」
ユキ子「座ったら、まだふうふう言うてるやん、ちょっと」
監督の声「はあ、はあ、はあ」
ケイ子「座ったら、ころころころころする」
ユキ子「よっしゃ、はい」
ユキ子「こんな音がね、ずっと」
監督の声「え？　今何か、うん、少し聞こえた」
ユキ子「これがずっと続くんですよ、ひどいのが、これの」

ユキ子、母に酸素吸入のチューブをつける。

ユキ子「こんな感じのきつい」
監督の声「ああ」
ユキ子「うん」

イラスト・タイトル
2陣原告　松本ケイ子
宇和島出身　夫が事故死した後　石綿工場で21年間働く
娘に介護されて寝たきり生活

監督の声「子どものころの記憶、ありますか」
ケイ子「あります。子どものときはね、案外よかったんです。もうほんま。一人娘みたいにね、育ちました。大事に、大事に。大事にね」
監督の声「大事に、大事に。へえ」
ケイ子「してもらったんやけど、お父さんが兵隊から帰ってから、九州に行ってからがもう家の中、お父さんが、病気になって、チブスになって」
監督の声「チブス？」
ケイ子「うん。それから学校へもね、半年行かれへんかって」
監督の声「ああ、そうですか。そして？」

長女ユキ子が答える。

スーパー　長女　西村ユキ子

ユキ子「そこで、集団就職」
監督の声「あ、集団就職で」
ユキ子「ええ」
監督の声「割と早めに結婚されたんだ」
ユキ子「一七になるときに私を産んでますのでね」
監督の声「え、一七歳のときの子どもさん？」
ユキ子「そうです。私ら石綿《せきめん》って呼ばないで、石《いし》綿《わた》、石綿《いしわた》って、呼んでた時分ですので、そこは

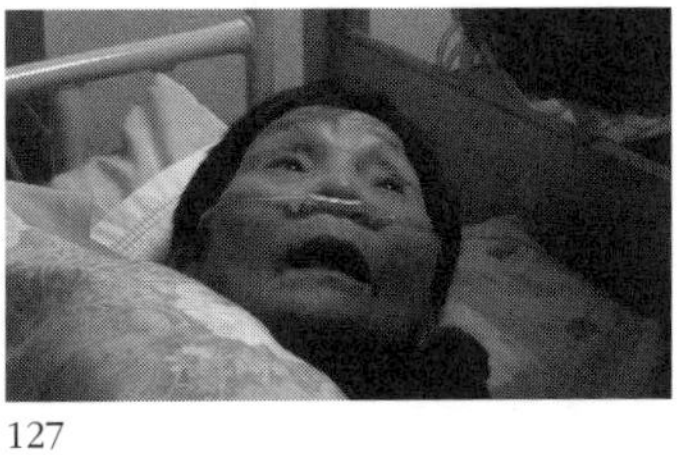

127

何するとこや言うたら、私たちに、まあ車の関係やいうのは聞いてあったんですけど」
監督の声「車の関係。物を作るという意味で？」
ユキ子「そうそうそう。だけで、たまに母に会いに行ったら、頭、三角巾かぶいて」
八木倫夫弁護士が部屋の隅で待機している。

スーパー　八木倫夫弁護士

ユキ子「肺結核やった」
八木弁護士「うん」
監督の声「肺結核？」
ユキ子「ええ」
八木弁護士「平成十七年にクボタショックを見て、おかしいなと気づいて十七年の暮れから十八年の一月に入院して検査を受けて、中皮腫疑いや言われてたのが、石綿肺と肺結核の合併症ってわかって入院した。入院中に弁護士と連絡とって、弁護士が病院で会ったんやね、最初は」
ユキ子「そうです」
八木弁護士「平成十八年の五月に一番最初に会った」
監督の声「はあはあはあ。何か、親子であるがゆえの、こう憎悪って」
ユキ子「あります」
監督の声「ねえ」
ユキ子「ええ」
監督の声「それは、はたから見てて言うのは簡単ですが、実際はなかなか」
ユキ子「私が一番きついんちゃう」
監督の声「つらいよね」
ベッドの母に話しかけるユキ子。
ユキ子「あのな、辻野さんが亡くなったんやて」
ケイ子「うん、わかった」
ユキ子「うん。かわいそうやったな」
ケイ子「なあ、お葬式に行ったらなあかんな」
ユキ子「もうお葬式終わってんで」
ケイ子「ええ？」
ユキ子「お葬式、終わってんで」
ケイ子「終わったん。えらい早いな」
ユキ子「うん」
ケイ子「もう私も、はよ逝きたいわ」
ユキ子「まだ、連れに来えへんて」
ケイ子「ハハハ」
ユキ子「まだまだ天国で、夫婦げんかしてるうちは連れに来えへんて」

ケイ子「はよ連れていってくれたらええのにな」
ユキ子「顔、見たない言われたんやろ?」
ケイ子「ハハハ、顔見たない」
ユキ子「それやったら、迎えに来えへんて、まだ」
ケイ子「へへへ、顔見たない言うから、まだ来えへんと思うわ、ハハハ」
ユキ子「まだ、うん。まだそっちおれって」
監督の声「まあでも、まだ裁判終わってませんから、死ぬわけにはいかんですよ」
ケイ子「うん」
監督の声「裁判勝ってから」
ケイ子「そやな」
監督の声「一安心して逝くっていうふうに考えないと」
ケイ子「……」
ユキ子「まだまだやんな」
監督の声「ねえ」

○原告　藪内昌一葬儀

128 真如寺・外観

スーパー　泉南市　真如寺

129 同・本堂

ひっそりと葬儀がとり行われている。

藪内昌一の遺影。

スーパー　藪内昌一　２０１３年7月28日死去

骨箱と位牌。

スーパー　一人暮らしだったため発見が遅れてしまった

読経の声。

泉南の仲間たちが列席する。

何度も声をつまらせながら弔辞を読む柚岡。

柚岡「発見されるまで六日間経ってる。一年で最も暑い時期に六日間遺体が放置されたら、どうなる? 容易に皆さん、想像できると思います。自分の目で確認したのは、私と二人の妹さん、ここにおられる妹さん、遺体に対面しました。

今日、来られている中村千恵子さんは、原告や被害者の顔を絵手紙の形でたくさん描いておられます。彼女は言いました。いろんな顔を見てきたが、これほど素朴で、やさしい表情の男の人は知らない。この人の目は……天真らんまんな子どもの目そのものだ、彼女は言ってます。

私たちも全くそのように考えます」

130 同・談話スペース

藪内昌一を偲んで、語り合う仲間たち。

南「藪内君の、その思い出がね、やっぱり、いつもの笑顔のそういった形で私、思い浮かべるんですけどもね」

女性「でも、皆さんのね、アスベスト被害者の運動する中でね、藪内さん、ほんまに人間らしく生きれたと思いますわ」

一同「うん、そうですね」

女性「また、楽しい思い出もいっぱいあったやろうしね。私、あの写真なんか知りませんよ」

スチール　原告団や支援者たちとの集合写真

南の声「あ、そうですか」

女性の声「どこへ行ったときな、皆さんで旅行で」

南の声「そうですね。はいはい。東京へ行って、浅草へ行ったときの」

スチール　浅草での記念写真

女性の声「あれ、浅草観音の？」

南の声「はいはい。浅草行ってね、私と藪内君と浅草へ行って、柚岡さんと一緒にね。ほんで、東京へこれからね、一緒にまた、うん」

スチール　観光地での笑顔の藪内

南「東京行動行こう言うて、一緒に写した写真だったんですよ」

湖山「八年間の活動の中でな、まあ楽しかったんちゃう、あっちゃこっちゃ行ってね」

南「そうやね。みんなと」

男性の声「そうやね。多分、そうやと思うで」

女性「仲間がいっぱいできて」

湖山「ほんまにね。これなかったらね、みんな寂しい人生なってるんだわ」

南「一人ひとりが寂しくね。やっぱり彼もすごく力強くこういうふうにやっていこうっていう、その力があったんやと思いますわ」

南「藪内君もそれが一番のね、モットーのあれやったんかと思いますわ。判決が、判決が言うて、いつもね。判決早くくれたらええのにな言うて、そんなにも話ししたことあるんですけどね」

石川「でも判決はいいけど、カラオケに行こうなってね、しょっちゅうそれを言うてた」

南「藪内君のカラオケ、全然聞いてないの」

石川「ああ、そう聞いてないの。聞かせてもらおうと思いもってね、よう聞かんと」
南「全然、よう聞かせてもらってない」
湖山「もし、勝ってたらやで、みんな」

○岡田陽子と長男 英祐

131 岡田家墓地

スーパー　2013年8月20日

炎天下、汗を拭きながら墓掃除をする岡田陽子、息子・英祐。

陽子「よいしょ」

墓に水をやる岡田陽子。

陽子「よいしょ。こっちは手、届くんです」
監督の声「うん」

墓の花を取り替える英祐。

陽子「一個だけ色違うのあるけど、こっち返しといて」
英祐「はいよ」
陽子「うん」

清掃の済んだ墓に手を合わせる岡田陽子。

陽子「また、来れるときに来ます。見守っといてください。よいしょ」

132 岡田宅・居間

陽子と英祐が並んで座り、インタビューに答える。

監督の声「何か、私いつもお母さんがこっちに座ってらっしゃる」

インサート　映像

並んでインタビューを受けている陽子と故岡田春美。

楽しげに笑う二人。

監督の声「記憶がすごく残ってて、今、息子さんが座ってらっしゃる。私、不思議な感じがするんですが、岡田さんは、何かそういう感じしません？」
陽子「そうですね。並んでたらいつも私より小さかったんです、母親で」
監督の声「そうです、お母さん」
陽子「だから横でこう胸張られてるみたいで、私こんなんなりそう」

132

132

監督の声「ねえ」
処方薬の数々を並べる陽子。
陽子「これが咳で、これが痛み止めで、痰を切れやすくする。気管支広げて、で、喘息とかこういうふうな感じのアレルギー症状の分を抑える薬と、で、血圧の薬。これ飲み出してからねもう、胃の調子ががんと悪くなったんですけど」
監督の声「胃、やられるんだ」
陽子「うん」
陽子、さらに薬の袋を取り出す。
見守る英祐。
陽子「全く動かないから、骨粗しょう症のほうに入りまして。これも血圧のほうの薬で、高脂血症の薬、で、循環器のほうの発作もその時にがんと起こしたんで、そっちのほうのお薬、で、これは胃薬です」
監督の声「胃薬」
陽子「はい」
監督の声「うわあ」
陽子「フフフ」
英祐「昔に比べたらやっぱり、顔、白なりましたね」
陽子「ハハハ」
英祐「あの、血行悪くなるんですよ、そう感じで。全身、もうほんまに、体とか血の気なくなりますもん。うまいこと酸素吸えてないんで、手とか白くなるんですよ、青白く。酸素行ってないんですよ。
もう、首に、よう真綿で首を絞めるってあるじゃないですか、ずっと絞めてるの一四年間かけて絞め殺すんですよ。四十年間絞めて、絞め殺すんですよ。それこそ最初は体調悪いとかそんなんで言ってますけど、最終的にはもうほんまに、息止まりますからね、冗談抜きで。絞め殺す言うたら、本当に正しい」

タイトル　休憩

○『命て　なんぼなん？』上映＋トーク

133『命て なんぼなん？』チラシ
スーパー　弁護団から集会で上映する作品を依頼され
『命て　なんぼなん？』（**２０１２年、67分**）

を制作

イラスト・タイトル

映画監督　原　一男

ドキュメンタリー歴40年になるが、本作を

迷い悩みながら撮り続けている

監督の声「このアスベストの問題が」

134上映会場・東京

壇上の原一男監督が観客に語りかけている。

監督「日の目を浴びるってことが実はなかったんです、長い間」

スーパー　『命て　なんぼなん？』上映＋トークを東京・大阪で開催

監督「掘り起こしたのが柚岡さんなんです、本当に。本当に地道な、何ていうか、活動を展開してて、今日に至ります」

壇上の柚岡一禎。

スーパー　「市民の会」代表　柚岡一禎VS原一男監督

監督「いつも柚岡さん、怒ってらっしゃるんですよ。怒りの柚岡」

インサート　映像　怒りの柚岡①

柚岡、厚労省の役人に食い下がる。

柚岡「近隣曝露いうこと、実態よくわかりましたか？」

役人「考えてください」

柚岡「いやいや、あなた、何で妨害するんだ」

柚岡「厚労省っていうのは、国民の健康のためにあるんだろうが」

インサート　映像　怒りの柚岡②

柚岡、弁護団を怒鳴りつける。

村松弁護士の声「言えますよ」

柚岡「どこ、言えないよ」

柚岡「なんでや！　俺が行くがな」

監督「で、なぜ、怒ってんのか」

柚岡「そうですね。もう手遅れなんです、実は。そのことをですね、もうずっと私、運動やりながらですね、悔いが残るんですね。もう全部死んでしまった。どれだけの人が仕事をしとって、

134

どれだけの方が亡くなったかっていう正確な数字がわからないんですよね。でまあ、それはですね、私たちがこの、私は見殺しにしたと思ってます、自分が。だからそのことがね、よく目を向けんとここまで来たなっていう自分に対する怒りっていうようなのが、私の場合は当初からありましたですね」

監督「裁判という方法について、私は何かどうも解せないなっていう思いが実はずっとありましてね。どういうことかっていうと、裁判って結局、国家の側から用意された場所じゃないですか、基本的には。国側の何ていうか、証人なんておかしなこと言うやつがいるんですよね、頭くるでしょう。おまえ、何だよっ、て言いたいじゃないですか。言うと抑えられるでしょう。そういうことに対して柚岡さんは、異議ありって、あえてけんかを売ろうとするんですが、けんかを売ると法廷の秩序を乱すっていうことで抑えられるじゃないですか」

柚岡「裁判で国の責任を問うっていうことは、どうもまどろっこしくなりましてですね。ましてや、大体、公害運動などは、署名と団体要請で支援をお願いしますって回るんですよね。署名みたいなもん、集めてもしょうがないでっていうのは、僕はいつもこう気持ちの中にありましてね。もう厚労省へ石綿の粉、ぶつけに行かんかいとみんなに言うたんですね。石綿の粉だったら、まずいんだったらメリケン粉でいいですからね。そういうちょっとした形もつくらへんか」

スーパー　【三浦潤】元大阪高裁裁判長・現関西大学大学院教授

柚岡「三浦潤っていう人がさっき出てきましたですね。この人の判決がもう非常にひどいもんでして、で、研究室に行ってですね、『あなたあれ、どんな気持ちで書いたの？』ということを私は問いたいと思っています」

135上映会場・大阪

「勝たせる会」事務局長・伊藤泰司が質問を受けている。

スーパー　「勝たせる会」事務局長　伊藤泰司

監督の声「署名っていうものの重要性は、伊藤さ

135

んがいつも先陣を切ってっていうか、先頭に立って説いてらっしゃる」

伊藤泰司「そんなことないですよ、そんなことないですよ、ハハハ、えらいすいません」

監督の声「というふうに見えるんですが」

伊藤泰司「うーん、三浦判決のときはですね、最初は三六万集めました。三浦判決のとき二四万集めて、で、全国六五〇〇団体の団体署名って、すごい署名集めまして、それであの結果だった。本当に原告の皆さん方、署名もう嫌だっていうふうなことはもう、大分出ましたね。だけど、あの判決がひどいから応援しましょうって言う人は当然出てくるわけです。で、そういう人たちが全国から、まあ、周りから支援してくださったっていうことなんでしょうかね。

だってね、裁判長の机の横にですよ、ダンボール箱が、署名がこう積まれていくわけですよ。で、三四万、三六万というのは二二箱ですよ、こんなダンボール箱が。要するに、国に持っていくとかそんなんじゃない、裁判官の部屋に持っていく署名がこう、どんと積まれるわけです。それはね、こう増えていくわけですから、それは間違いなく圧力になってると思いますよね」

136 上映会場・大阪

スーパー　三浦元裁判長に会いに行くことについて

監督の声「直接、何ていうか、会いに行こうじゃないかという動きがまあ、ありました」
伊藤明子弁護士が質問を受けている。

スーパー　伊藤明子弁護士

監督の声「で、そのときに弁護団のほうからは、それもやめてくれと。それは判決に影響を与えるからというふうに聞いてるんですが、判決に影響を与えるんでしょうか」

伊藤明子弁護士「与えるかどうか、与えたかどうかっていうのは、検証のしようがないとは思いますけれども、与える可能性はあると思います。

憲法上のやっぱり裁判官の独立というのが、憲法上、身分保障がされてますのでね。判決を直接、批判されることはあってもですね、それは学問的にとかいろんなことはあっても、個人として文句を言われたり、あるいは、そういう形で面と向かって批判をされるということはないということが前提になってると思います。だからそれは、まあ、やめ……私だって聞きたい。もう弁護団のほうが、そら聞きたいです。あそこまで立証してね、もう何でというのは、それはもう聞きたいのはやまやまですけれども」

137 上映会場・東京

スーパー　鎌田幸夫弁護士

鎌田弁護士「この事件の場合は、わかっていただくように、運動体がないですよね。今まで戦後ずっと、虐げられてですよ、被害が隠れて、バックアップしてくれる運動体も、労働組合も何もないでしょう。どうやって声を上げるんですかと。そのときに裁判を起こすことによって初めて監督が映画に、新聞もマスコミにも取り上げられて、こんなね。特に岡田さんとかですよ、労働者以外の家族とかが曝露してるというような人が、裁判を起こすことによって報道があり。マスコミも悪いんですよ。本当、初めから報道してくれたらええねんけど、裁判起こさないと報道してくれない。裁判を起こすことによって世の中に広く知れますよね」

監督「本当のこと聞きますけどね、そういうもう場の空気は悪いと、国側の。そういう時に、原告団のほうから声が出ると、何だ、おまえよ、おかしいんじゃないかって。その時に内心、やれやれ、もっと言え、もっと言えというような気持ちがあることはあるんですか、弁護士先生っていうのは。それとも、いや、ちょっとやばいな、もう静かにしたほうがいいなっていうふうに思うもんなんですか」

鎌田弁護士「正直言うたら、両方の気持ちがありますね、フフ」

監督「あ、そうなんですか」

鎌田弁護士「やっぱり、言うてもらったと思うときと、これがどんどん続いていくときの、やっぱり次のところに行かないかんというんで、やっぱりそこが我々の言ってみたら、職業人なんでしょうけど、あの、ああ言ってもらってよかったなっていう部分はもちろんありますよ」

138 上映会場・大阪

スーパー　原告団共同代表　山田哲也

監督の声「あの、原告団の人たち、もっと怒って

137

いいんじゃないかっていうような不満が私にはあります。昨日も話したとおりです。怒りっていう感情は、山田さんの中にはあります？　どういう形でもいいいんですが」
山田「もちろんございます」
監督の声「ね」
山田「はい。これだけ裁判で、もう国の不作為とかも明らかに認められているのに、何で反省しようとしないか」
監督の声「皆さんの動きを私はカメラ回しながら思うのは、何かこうじれったさと、何か本当にこういうことしかできないのかっていう悔しさとがね、いつも入り交じってんですよ」
山田「なるほど。まあ、極端な話ね、厚労省前、総理官邸前で焼身自殺？　いうことですよね、極端な話、フフ」
監督の声「いや、あの……」
山田「私、そういうふうに聞こえてくるんですね、ハハハ」
監督の声「そこまでは言いませんが」

イラスト・タイトル

原告団共同代表　山田哲也
生まれも育ちも岸和田　「三好石綿」に30年勤めた父が悪性腹膜中皮腫を発症した時会社から門前払いされた　その体験が闘いの原動力となっている

山田「父親が亡くなった時に、労災手続していく中で」
　スチール　故・山田英介
スーパー　故・山田英介
山田の声「その三〇年間勤めた会社からいきなり紙切れ一個で、そんなやつ知らん的な紙が来たんですね。知らんから勝手に労基署行ってやってくれと」
山田「そこはもう最大の怒りだったんですけど。まあ今に見とれということで、自分で手続き踏みながら、一つひとつこなしていって労災認定されました。で、いよいようときに、新聞紙面にその会社が、うちの会社に勤めとってアスベストの被害、受けた方はすぐ連絡下さいというような新聞紙面、出たんです。
　ですから怒りだけやったら、その場のその場の怒りだけやったら、何も物事進まないんですよ。一つひとつこう積み上げていって、最後にもう一発って考えるのが私のやり方なんかなと。その怒りをぶつけていく全てが、この裁判で勝つっていうので晴らされるのかなと」

監督の声「ということは、逆にさっきから私が何か山田さん、いかにもこう責めてるような言い方の、この私のほうが、むしろ山田さんに言わせりゃ違和感を覚えます？」

山田「もちろんそうですね。フフフ。

　私の祖父が、ここで言うべき話かどうかわからないんですけども、私の祖父が、まあ天皇、侮辱して捕まったことがあるんですね」

監督「え？」

山田「天皇さん、侮辱して捕まって、しょっぴかれてるっていう」

監督「あ、そうなんですか」

山田「はい。そういうのがあるので、何の意味もないことはしたくない。ちゃんとルールにのっとってそれで勝っていきたい。

　みんなそれぞれ本当にね、原告団とはなってますけども、それぞれ本当に、闘い方って個人個人、家庭家庭の事情でいろいろあると思うんですね。それを絶対一緒の気持ちに固まってやるっていうのは、絶対、無理なんです。どううまくやるかだと思うんですね、勝っていくには。そこは私はずっと信念持って、怒りだけではまとまることはできない。みんな怒りを持っていこうっていうふうな形でまとめることはできないと思っております」

○2陣高裁判決日

139大阪高等裁判所・外観
　　スーパー　2013年12月25日　2陣高裁判決日

140裁判所前
　弁護団に一言インタビュー。

鎌田弁護士「勝ちます」

奥村弁護士「何も言えない。勝ってからいろいろ話したいと思います」

村松弁護士「もう、もう緊張ですよ。とにかく、大阪地元での闘いっていうのはこれが最後なんで、何としても勝つ」

141 裁判所正門前歩道
『大阪・泉南アスベスト国賠訴訟　勝利判決と早期解決を！』と書かれた大きな横断幕を先頭に持ち、原告たち、弁護士たち、支援者たちが進む。

142 判決の旗出し
駆けだしてくる若手弁護士。
「勝訴」、「三度国を断罪」の旗を掲げる。
拡声器の声「勝訴判決です！」
拡声器の声「第二陣訴訟の判決は、国を断罪」
拡声器の声「勝訴判決です！」
支援者たちの声「万歳！」

143 裁判所前広場
谷真介弁護士、感激の完全勝訴宣言。
谷真介弁護士「内容からして、完全勝訴と言うべき内容となっております」
弁護士「よし！」
谷真介弁護士「(二陣) 地裁の判決をかなり推し進めて国の責任を認めた、そういう判決になっております」

144 東京・厚労省前
スーパー　東京　厚労省前
車の中で待機していた伊藤明子弁護士が飛び出してゆく。
伊藤明子弁護士「勝った！　勝った！」
そのまま厚労省正門まで突進して警備員に止められる伊藤明子弁護士。
拡声器の声「ただ今、大阪から判決報告がありました。原告、勝訴です」
拡声器の声「多くの国民の皆さんに対して、しっかりと宣言をする。文字どおり政治主導による全面解決」
佐藤美代子の笑顔。
佐藤「よかった。うれしいよ」

145 東京・厚労省前・車の中
おむすびを頬ばる伊藤明子弁護士。
呼びかける声「勝利の味、します？」
伊藤明子弁護士「します」

146東京・厚労省前
　原告弁護団と集まった支援者たちのシュプレヒコール。
拡声器の声「国はアスベスト問題を解決しろ！」
支援者・伊藤明子弁護士「国はアスベスト問題を解決しろ！」
拡声器の声「国は責任を認め、上告をするな！」
支援者・伊藤明子弁護士「国は責任を認め、上告をするな！」

147大阪・弁護士会館会議室
　判決評価会議。
　全員に笑みがこぼれる。
鎌田弁護士「よかった。よかった」
　喜び合う弁護士たち。
村松弁護士「向こう、喜んでたやろう」
　柚岡が入ってくる。
村松弁護士「おお、よかったな。うれしかった」
　思わずハグする柚岡と村松弁護士。
村松弁護士「もうな、想定されるな、最高」
　東京の小林邦子弁護士からの電話に答える。
村松弁護士「ほいでな、丁寧に認定してるわ、医学的知見もさ、昭和三十一年から三十四年まで実施された（労働）衛生研究のうち三十一年度及び三十二年度までによって明らかにされたと認めるのが相当でありってことで」
小林弁護士の声（電話）「お願いします。早いな結構」
村松弁護士「いや、いやいや、もうな、あんまりな、検討するまでもなくという感じなんだ」
谷智恵子弁護士「たばこ（喫煙歴による減額）もなし」
村松弁護士「全く減額してないんだ」
小林弁護士の声（電話）「たばこも、期間もせず？」
村松弁護士「なし」
谷真介弁護士「労災（保険給付の額を損害額から損益相殺として控除）もなし」
小林弁護士の声（電話）「自営（自営の石綿工場での曝露歴による減額）も労災もなし？」
村松弁護士「なし」
谷真介弁護士「自営も労災もなし。全部なし」
村松弁護士「全部なし」
小林弁護士の声（電話）「一切なしですか」
村松弁護士「うん。かつ、にもかかわらず基準慰謝料額を一〇〇万ずつ」
小林弁護士の声（電話）「一〇〇万ずつ上下、あの、上下全部一〇〇万アップですね」
村松弁護士「はい、はい、はい」
小林弁護士の声（電話）「へえー（驚嘆）」

148 司法記者クラブ・記者会見
村松弁護士「今回の判決は三たび、一陣の地裁判決、二陣の地裁判決に次いで三度にわたって、三たび、国の責任を明確に、厳しく裁いたという点で大変意義のある判決というふうに考えております。それにとどまらず、あの二年前の一陣高裁判決を内容的にもこれを乗り越えて、高等裁判所において初めてアスベスト被害に対する国の責任を認めたという点でも大変意義のある判決というふうに考えております」
赤松「いつも生きてたらもっと喜んだと思うけども、あの世から喜んでくれてると思い、私も仏壇、今朝、朝来るときにちゃんと仏さんにあげて、いけるようにって参りました。以上です」
タイトル　原告団弁護団はすぐに政府への「上告阻止」の働きかけを始めた

柚岡一禎ら6名は泉南から厚労省前の集会へ向かうはずだったが……

○建白書直訴行動顛末

149 新幹線・車中
スーパー　2014年1月6日
東京へ向かう新幹線に乗った、柚岡、南和子、満田ヨリ子、藤本幸治、中村千恵子、湖山幸子。
柚岡「僕は皆さんに今日初めて提案することがやね、せっかく東京に行くんだから、首相官邸にこの六人で行きたいというのが提案なんですよ」
柚岡、建白書を取り出す。
柚岡「建白書っていう形でですね、首相にこれ、届けようと思ってね。今言いかけたように弁護士には言うてません。弁護士は多分ですね、この行動に対しては快く思わないんじゃないかと。その辺が皆さんの同意を僕はとらずに、今日いきなり言うて賛成してほしいなと思ってる理由なんですよね。どうですか、皆さん」

南「そんなん、それはいいと思います。やっぱりね、解決させようと思うならば、我々はこういうふうな強みを持って行動しない限りは、何か緩やかな感じでしたら、絶対それを受けとめてくれないと思うんですよ」

スーパー　原告　満田ヨリ子

満田「いや、まあ、弁護士さんが一応こういうのをね、わかっててするんだったらいいけど、柚岡さんの独断でこんなんとって、後で……」

柚岡「建白っていうのは、一般の庶民、力のない者が政府の一番トップに意見を申し上げるっていう、そういう意味らしい、辞書で引いたらね。これが破られたりしたら、こちらを出そうと二つ作ってきて、まだほかにも実は同じ書類を持ってます」

満田「いや、だから、すごい」

スーパー　原告家族　藤本幸治

藤本「やっぱりですね、これを出すために弁護士の先生、知らなんだでは……」

南「ちょっと具合悪いですか」

藤本「ちょっと後で、弁護士との間でもめるかなっていうのが危惧されますけどね」

スーパー　原告　湖山幸子

湖山「もうね、国の腹は決まってると思うんですよね。だから我々もう最後ですから、あの手、この手、いろんな手をやっぱし知恵出してね、やるだけやらな、後悔すると思う。うん。やるしかないと思いますよね」

150
首相官邸前

「総理官邸前」道路標識。

首相官邸前の広い道。

柚岡の声「いいですか」

原告・支援者たちの声「はい」

柚岡の声「はい」

首相官邸に向かって進む柚岡。

151
首相官邸入り口前

柚岡の行く手を塞ぐ通行止め。

柚岡、警備の警官に声をかける。

柚岡「えっと、首相にお願いに来ました。泉南のアスベストです。しかるべき人につないでいただきたい。どうぞ」

警察官A「申しわけない。受付へ」

柚岡「え？　受付はどこですか」
警察官Ａ「こちらからちょっと、一般の方は通れないので」
柚岡「ここ、通れないんですか？」
警察官Ａ「そうですね」
柚岡「ぜひ、あそこ（首相官邸）へ行きたいんです」

対応する警官。

警察官Ｂ「一時的に私がお話を承ります」
柚岡「はい、お願いします」
警察官Ｂ「名刺、受け取らないっすけど、えーと……」
柚岡「名刺、受け取ってください、どうぞ。でないと私は不審な人間ではないんで」
警察官Ｂ「ええ、わかりました。目的が、え？」
柚岡「泉南のアスベストの裁判がこの間、終わりまして、上告をしないように首相から英断を、またご指導をお願いしたいと、各担当大臣に」
警察官Ｂ「ああ、なるほど。なるほど。私、警察官なんで、その辺伝えます。私に言われてもあれなんで」
柚岡「はい、お願いします」
警察官Ｂ「一の一から……」

無線で連絡を取る警官Ｂ。

警察官Ｂ「今、官邸から担当の人、来ますんで、ちょっと待ってもらっていいですか」
南の声「はい」

ようやく現れる官邸職員。

スーパー　官邸職員

官邸職員「アポイントメントがないってことで」
柚岡の声「ありません。はい」
官邸職員「はい」
柚岡の声「緊急のことなので」
官邸職員「で、中にお通しできないっていうことで、アポがないので」
柚岡の声「アポがあれば入れるとこですか」
官邸職員「ええ。何らかの形で部屋のほうからこういう方が来ますということであれば」
柚岡「順番に手順を踏んでおりますと、私たちの気持ち、またお願いが首相ないし、その極近い方に伝わらないんではないかという焦りがあるんですね。ぜひですね、この建白書を受け取っていただきたいと思います」
官邸職員「それも含めてですね、内閣府のほうで受け付けてますので、本当申しわけありませんけども」
柚岡「いやいや、年末にまた一人亡くなりまして、この八月から小さい、たった六〇人の原告団なんですが、どんどん死んでいきましてですね、とうとう生存原告が少なくなってしまった」
官邸職員「もうちょっと時間いいですか。ちょっと私、また当たってみますから、ちょっとお待ち下さい」
柚岡「はい、ぜひ」
南「ぜひお願いします。ここでお待ちします」
　官邸に戻ってゆく職員。

×　×　×

　待ちかまえる原告団。
南「あ、来た、来た、来たよ。あかんって言われるかもしれないで」
官邸職員「あの、同じ回答で本当申しわけない。今、確認したところですね、そういう関係の書類をこちらでは受け取れないってことで、回答がありました」
南「ああ、そうですか」
官邸職員「はい」
柚岡「ウエダ様は今、どなたと相談されましたか。誰と相談されました？」
官邸職員「はい」
柚岡「はい、じゃなくって、誰と相談していただきましたか」
官邸職員「私の上司になりますけども、はい」
柚岡「その方に我々直接訴えること、できませんか」
官邸職員「はい」
柚岡「はい、という、納得できないです」
官邸職員「ええ、できません。はい」
南「私たち本当にね、もう無我夢中でこうしてお願いに上がってるんですから、どうぞもう一度ね、ちょっとあれしてみてください」
官邸職員「回答が一緒なので」
湖山「命はどうでもいいんですか」
官邸職員「いえ。あの、対応ってことなので」
湖山「命なんですよ」
官邸職員「あの、ここでは受け取れないってことで、内閣府のほうに行ってもらうようにお伝えくださいってことで」
満田「アポもとらんと押しかけて、ね。前例がな

151

いのはわかってます。でも、この日本国がそういう常識ばかりに縛られないで、たまには、あの、ね」
南「こういうふうなことで、やはり命を助けるっていうことも大事ですから」
官邸職員「前例がないのでっていうことで」
柚岡「じゃ、これを前例にしてください。私たちは必死です」
南「前例がなければ、前例のようにしていただいたらいいんです」
柚岡「我々行かせていただきますよ」
官邸職員「あの……」
柚岡「いえいえ、そこじゃなくてここ行かしてほしい」
　柚岡、押し切って進もうとする。
官邸職員「ここは……」
柚岡「これはもう、私、行かせてもらいます、ここ」
柚岡「通してくださいよ、申しわけないですが」
警察官「渡れません、こちら側は」
　柚岡を阻止する警官たち。
　柚岡に続く南。
柚岡「いや、何とか通してください」
警察官「だめです、だめです」
柚岡「ウエダさん、ウエダさん、困るんだ、私は」
警察官「だめです、だめです。こちらはだめです」
南「私たちはあれですよ。どうしても行かなきゃ」
柚岡「我々の帰りを待ってるんだ」
南「何十人ほどの命を救うために来てるんです。あなた、どきなさいよ、ちょっと。私たち、入れますよ」
　警官たちともみ合う南。
警察官「ここは入れません」
警察官「ご案内してもらってください、そのほうが」
　官邸職員、南を官邸とは反対の道に先導する。
官邸職員「受け取らないってわけじゃないんです」
南「そうでしょう。だから行きますよ、私は。あなたの後ろについて行きますよ。どうしても命、何十人の命を助けなきゃいけないんですから」

152 内閣府・受付

警備員「請願、陳情は、ええ、受付……」

151

官邸職員「じゃ、代表の方ですね」
警備員「どなた、総理大臣宛てなんでしょうか」
南「はい」

スーパー　正式な陳情受付（内閣府）に案内されただけだった……

警備員「で、あの、すいません。構内での撮影はちょっと勘弁していただいて。外なら構わないです」
監督の声「わかりました、はい」

スーパー　そして官邸職員は消えた……

警備員「で、宛名はどちら……」

153内閣府前の歩道

中村千恵子が電話を受けている。

中村「安倍首相にね、建白書を受け取ってくれって折衝してて」

スーパー　厚労省前で上告阻止集会を行っている伊藤明子弁護士からの電話

中村の声「あ、内閣官房、内閣府っていうところに来て、そこで受け取ってもらって。はい、はい、はい」

「内閣官房」の表札。

中村、通話が終わり、携帯電話を切る。

スーパー　「勝たせる会」中村千恵子

中村「ああ、えらいこっちゃ。今、集会もやってるから、私たちを待ってるからさ。早くあっちも行きたいし」

154官邸前

スーパー　再び　官邸前

官邸事務所の人がやってくる。

待ちかまえる柚岡たち。

官邸事務所の人「官邸事務所の者ですけど」
柚岡「ああ、そうですか」
官邸事務所の人「先ほど何か、対応が悪かったって」
柚岡「名刺はもういいですか」
官邸事務所の人「はい？」
柚岡「名刺はもういいですか」
官邸事務所の人「何ですか」
柚岡「名刺」
官邸事務所の人「名刺、ちょっと持ってないですが」

柚岡「私はお渡ししたほうがいいですか」
官邸事務所の人「いや、結構です」
柚岡「さっき、渡してますね」
いきさつを訴える柚岡。
柚岡「肝心なときにおられないんですよ、ウエダさんが。道案内されただけなんですよ」
官邸事務所の人「あの、本当は連れていく自体がだめなのね。紹介はできます」
柚岡「そこまで日程が切迫してるっていうのは、あんまりないと思いますよ」
官邸事務所の人「いや、そんなことないですよ」
柚岡「皆さん、どうしてるんですか」
官邸事務所の人「だって、ここまで来るっていうことは、そういうことじゃないんですか」
柚岡「期日を決められてるんですよ」
官邸事務所の人「え?」
柚岡「期日を。八日ということ」
南「上告されたら……」
官邸事務所の人「そこは、内容のとこはあれですけど」
柚岡「だから、そのことをお伝えに来たんです」
官邸事務所の人「来る方は、みんなそういう気持ちで来るんですよ」
不明「……受けるの何も、ただだから、建白書……」
官邸事務所の人「それは受けるところですからね。そういう持ってくる人はかなりの数がいますんで」
次第に高圧的な態度になる官邸事務所の人。
建白書を取り出す柚岡。
柚岡「聞いていただけます?」
官邸事務所の人「ああ、聞くだけならいいですよ」
柚岡「はい。建白書。安倍内閣総理大臣におかれましては、日夜国務に御精励の段、大慶に存じます。

× × ×

上告せず、今判決を確定させるべきこと、建白書をもってお願い申し上げる次第です。
二〇一四年一月六日、我々の名前を出しております。この建白書を受け取っていただけませんか」
官邸事務所の人「私はちょっと受け取ることはできません」
柚岡「じゃ、もう一遍。役職は何ですか」

官邸事務所の人「はい？」
柚岡「役職名は？」
官邸事務所の人「警備の担当ですね」
柚岡「警備の担当者？（気が抜ける）」
官邸事務所の人「（動じず）はい」

155 厚労省前（夕方）

日も暮れて、すでに集会は終わり、支援者たちの姿も見えない。

伊藤明子弁護士に叱られている柚岡。

伊藤明子弁護士「集会にさ、原告、誰も来てへんて、一体。礼儀を重んじる……こんな、そんな失礼なことはないと思うよ」

しゅんとして聞いている柚岡。

伊藤明子弁護士「すごい……」
柚岡「もうあそこへ行って、すぐここへ来る予定やってん」
伊藤明子弁護士「予定とかいう問題じゃなくて、誰のための集会やねん。原告、誰も来いひんてさ」

ひとり立ち去る柚岡の後ろ姿。

スーパー　翌日、国は最高裁に上告した

○不当上告への抗議

156 厚労省前（朝）

スーパー　翌朝　厚生労働省前

抗議の集会。

奥田弁護士の拡声器の声「泉南アスベスト国賠訴訟、二陣の上告方針が決定したことについて」

原告家族の藤本、携帯電話で話している。

藤本「まだこれから、だから最高裁でもう一遍やるっていうことで」

157 同上・街宣車の上

柚岡がマイクを握って訴えている。

柚岡「この運動がどれだけの効果を持ったのかというのは、私はあえてこの壇上から皆さんに問いたい。

私は今から厚労省に入っていきます。阻止されてもこれは強引に入って行きます。私と一緒に行動できる方は、ぜひ参加していただきたいと思います。以上です」

柚岡、マイクを置くと意を決して車を降りる。

街宣車の上でマイクを持って話す芝原弁護団長の声が響く。
芝原弁護団長の拡声器の声「今、感情が高ぶって『市民の会』の柚岡さんが、いろいろ言われていますが、私たちは今回の上告についてですね、このように考えます」
柚岡の呼びかけに応じて、南、湖山が後に続く。
南「行ってきます」
支援者「行ってらっしゃい。頑張ってね」
支援者「頑張って」

158 厚労省前・入り口

柚岡の行く手に屈強な警備員が立ちはだかる。
警備員「大臣とアポイントメント……」
警備員「いや大臣とアポイントメントない方は、無理」
柚岡「……アポイントメント……そんなこと」
警備員「だめ、だめだ」
柚岡、体当たりするが、びくともしない警備員。
柚岡「……入れさせてくれ」
警備員「だめ、だめ、だめ、だめ」
柚岡「入れさせてくれ」
警備員「アポイントがないと入れられません」
柚岡と警備員のやり取りを心配そうに見守る村松弁護士。
警備員の声「……会えない、無理。入れられない」
柚岡「正規のルートを通ったら会わないんだよ」
警備員「正規のルート……（カメラに向かって）撮らないで、撮らないで、撮らないで」
警備員の声「（撮影）だめですって」
柚岡「……するんだ」
警備員「正規のルートだったら、約束あったらオーケー。約束なきゃ入れられません」
柚岡「あかん、あかん」
警備員「約束なきゃ入れられません」
警備員「申しわけない」
柚岡「……そこで」
警備員「無理、無理。だめ、だめ、だめ、だめ」
村松弁護士「あのね、つなぐだけつないで……」
警備員「だめ、だめ、だめ、だめ。だから電話してくださいよ、五二五三＊＊＊＊代表でありますから、

　そこにアポイントとってくださいよ」
柚岡「いや……」
警備員「アポイントをとって……」
柚岡「(不明)」
警備員「そうしないと入れられない、入れられない」
柚岡「(不明)」
警備員「こっちに来て、無理なの」
柚岡「あかん、だめだ」
警備員「だめ、だめ。約束ないと、入れられない。撮らないでくださいって言ってるでしょう」
柚岡「何言ってるんだ……」
警備員「撮らないでください」
柚岡「何でだ、おまえ」
警備員「僕はとりませんよ」
柚岡「本来は、一〇階からおりてくるべきだろうが」
警備員「それは」
柚岡「何人殺したら気、済むんだ」
南「ひどいですわ、それやと。おりてきなさいよ」
中村「田村大臣、出てこい!」
湖山「おりてきてくださーい!」

　中村、湖山、厚労省ビルを見上げて叫んでいる。
柚岡「アポイント、正規のルートでとれると思ってるのか。とれんから来てるんだ、ここへ」
警備員「だったら、私らも入れられません」
南「電話したらいい? 電話。田村大臣に会いたいです。だから電話したら、今おっしゃったようにその電話」
警備員「(不明)」
南「私たちは電話しますよ、そしたら」
警備員「電話してください、五二五三＊＊＊＊です」
　見守る村松弁護士の表情。
南の声「電話番号」
警備員の声「〇三の五二五三＊＊＊＊ですから」
　柚岡、厚労大臣へのアポとりの電話をかけている。
拡声器・支援者の声「国の上告決定を糾弾!」
拡声器・支援者の声「上告決定を糾弾する!」
柚岡「(電話)いいですか」
　柚岡、携帯電話を切る。
　集会のシュプレヒコールが響きわたる。

拡声器・支援者の声「全てのアスベスト被害を救済しろ！」
拡声器・支援者の声「我々は勝利するぞ！」
拡声器・支援者の声「勝利するまで闘うぞ！」
拡声器・支援者の声「闘うぞ！」
拡声器の声「ありがとうございました」
柚岡、南と湖山を促す。
柚岡「よし、地下から行こう」
行動を起こす柚岡。
柚岡「入り口もう一つあるから、そっから行く」
芝原弁護団長「いや、どっちだっても一緒や、そんなもん。一緒や」
南「裏から行っても、表から行っても？」
芝原弁護団長「一緒、一緒」
南「一緒。あかんって言われる？」
芝原弁護団長「ちゃんとそやから、申し込み、上がったらええがな。何も言わんとやな、そんなこと言うとってもあかんで」
南と湖山を説得する芝原。
芝原弁護団長「いやいやもう、そらもう皆さんは行かない、ね。弁護団は、それは反対ですわ。そういうことやったところで、何の意味もない。一人の感情的な動きだけでやね、そんなもん、何にも進むわけやない」
南「どうにもなれへん？」
奥田弁護士「そんなもんで解決されたら、とっくに解決してますわ」
芝原弁護団長「そうそう。そらもう柚岡さん、間違うてることはもうやめてくださいよ。もっと筋を通してやってください」
芝原、柚岡に向かって激しく批判する。
柚岡「強力な運動。今までの形ではだめだということが、これでわかったんだから」
芝原弁護団長「何でですねんな」
柚岡「そうじゃないですか」
芝原弁護団長「何でですねんな」
柚岡「（不明）へん」
芝原弁護団長「日本の法治主義をね、あなた理解せえへん」
柚岡「法治主義じゃないですよ」
芝原弁護団長「え？　自分の意見が絶対正しいってあり得ない」
柚岡「今は自分たちの素直な感情をぶつけるとき

ですよ」

芝原弁護団長「だからぶつけたらよろしいやん、この集会で。たくさんの人にやね、参加してもらうためにやったらいいんですよ」

柚岡「我々、(不明)」

芝原弁護団長「このね、警備にね、こういうガードマンになんぼぶつけたところで、何の意味もないですよ」

柚岡「警備」

芝原弁護団長「こういうことは、もうやめてください」

柚岡「今から、裏から行きますわ」

芝原弁護団長「そらもう、反対。それやめてください。もう原告団、行くのやったら行ったらええけど、それはもう間違いやろう。そういうことはしない」

柚岡「行きましょう」

芝原弁護団長「原告団、行かない」

柚岡「地下から入って行ける」

柚岡、先に歩き出す。

南も湖山も行動を起こせない。

芝原弁護団長「ああ、まあ言うと思えへんかったけどな」

村松弁護士「いや、気持ちはわかるよ。気持ちはみんなのな、そら何でやという気持ちはわかるけどさ、でも、それを突破するのはな、苦労しながらやってきたわけやん」

南の声「八年もね、かかりながら」

159 厚労省の地下入り口への歩道

歩く柚岡、決意の表情。

柚岡、立ち止まり、振り返る。

スーパー　振り返って見ると　ついてきた原告はひとりもいない

柚岡「原告、来てなかったらあかんな。原告、来てなかったら行けないな」

柚岡、苦渋の決断。

柚岡「少しでも厚労大臣に近づきたいために、中に入ってですね、面会を要請するということを考えました。ところが、支援者、ほかの原告の同意を得ることはできなかったんで。原告も弁護団の説得を受け入れて、残念ながら足を止めたみたいですね。

ええ、残念ながら、厚労大臣に面会を要求し、厚労省内に押しかけることは、断念せざるを得ない。非常に残念です」

160厚労省前

村松弁護士「もう後は、解散ということにします」
南「そうですか。はい」
村松弁護士「そういうことで」
湖山「ありがとうございました」
南「もう長いこと本当にね」
村松弁護士「長いことって、まだ今からやんねん。何を言ってんねん、それ」
南「でも、長いことだった」
村松弁護士「あんた、もう終わったつもりになったら困るで。困るで。今度まだ、今度もこの倍返しでやるぐらいのつもりで」
満田「倍返し、それはいい言葉ですね」
村松弁護士「僕らやろうということで決意してんだからさ、これで終わるなんて思われたら、大変なこっちゃから」
南「ええ、そうですね」
村松弁護士「もう大変だって、そうして」
南「わかりました」
村松弁護士「そういう思いでみんなに語って、ほかの原告に」
南「はい、わかりました」
村松弁護士「みんな同じように、柚岡さん言ったように、もう悔しいだろうと思うけどな」
湖山「千倍返しで」
南「そうや。千倍も百倍も」
村松弁護士「最高裁判決が出てね、国がやったら、国がこれほど惨めなことはない」
南「ああ、そうですか」
村松弁護士「そういう選択をしたっていう、そのことをわからせる」
満田「上告した理由がね、余りにもおかしいですよね」
村松弁護士「腹、据わってないやんか」
満田「おかしいわ、本当に」

161厚労省近くの歩道

憤懣やるかたない思いの中村、湖山。

中村「田村さんさ、あかんよな」
湖山「あかんと思う」
中村「絶対さ」

湖山「絶対、おかしいよ」
中村「そうよ」
湖山「絶対おかしい、ほんまに」
中村「原告に会わんとね、そんな勝手に決めるなっていうねん」
湖山「そうよ、ほんまやで。正義がないしね。本当に人として……」
中村「ちゃんと説明して原告さんに……」
湖山「そう、納得させて」
中村「一度も会ってないんやで」
湖山「そうやねん」
中村「それがやっぱしさ、失礼な人や」
湖山「無視よね。無視よ、ほんまに」
中村「無視やわ。どういうこと？」
湖山「人を人と思ってない」
中村「なあ」

タイトル　この後　原告団総会の中で　何らかの直接行動を実行したい　という機運が高まった

○「田村厚労大臣はん泉南原告に会うてんか！」行動厚労省役人VS泉南原告団

162厚労省前

泉南原告団、弁護団、「勝たせる会」伊藤が並ぶ。

スーパー　２０１４年５月15日～６月４日「田村厚労大臣はん　泉南原告に会うてんか！」行動

伊藤泰司「（指さして）会うてんか横断幕」
拡声器の声「今日から『田村厚労大臣、会うてんか！　行動』をスタートさせました」
石川、道行く人に裁判のビラを配る。
石川「お願いします」
原告たちの遺影の傍らで焼香する支援者。

163厚労省・会議室・一日目

スーパー　１日目

柚岡と泉南原告団、弁護団、澤田が並ぶ。
応対はたった一人の若手職員。

スーパー　労働基準局総務課

総務課Ａ「あの、お話は……」
柚岡「とっくに申し入れしてるんだよ、今日来ることを」
総務課Ａ「ええ、ですね」
柚岡「一人で対応するって、無礼と思わんか」
総務課Ａ「いや、あの、まあちょっと通常……」
柚岡「何や。そんな事情認めへん。あかん。こんなもん、始まらんわ。呼んできてくれ、たくさん。役職、呼んできてくれ、役職を」
　柚岡、激怒する。
柚岡「失礼と思わないか。大阪からとっとこ、とっとこ朝一番に起きて来てんのに」
総務課Ａ「こういった形ですね、まああの、訴訟継続中の案件ではございますもので、その……」
柚岡「そんなもん、関係ない。後で言うわ」
総務課Ａ「ちょっとあの、私のほうで承って……」
柚岡「だったら余計に人数そろえて来んとあかんでしょうが」
　南、立ち上がって机を叩く。
南「あなた、言ってきてください、早く。私たちは訴えたいんです。時間がないんです。外にもいろいろやりたいことがいっぱいあります」
総務課Ａ「まあ、あの、訴訟中の案件でございますので、直接の担当の者はちょっと来るのは……」
澤田「長妻さん、長妻さんだって、Ｂ型肝炎だって会ってるやないですか、原告の方と係争中のうちに。それについてはどう、そう言うなら、それはどうなんですか。それについて答えてくださいよ。何で長妻さんは会ってるんですか」
　答えられず、下を向いたままの総務課Ａ。

164厚労省・会議室・二日目
スーパー　２日目
泉南原告団、勝たせる会、澤田が並ぶ。
応対は若手職員が一人増えて、二人になっている。
スーパー　労働基準局総務課
総務課Ｂ「私、あの、シモノと同じ労働基準局総務課のタカマツと申します。よろしくお願いします」
南「お名刺、下さい」

総務課B「あ、ちょっと名刺今、持ち合わせてないので申しわけありません」
澤田「名刺、後でいいですけど、総務課の方ではね、全然違うじゃないですか。昨日だって言いましたよね、担当を、安全衛生部の方ですか。その方で、石綿対策室もありますよね、厚生労働省は。なぜその人たちが来ないんですか」
山田「要望、要望、聞き取りますって言うてるけども、要望一点、厚労大臣に会いたい」
南「会いたい。私たちは厚労大臣に会って、この被害のことを話して、それを聞いてもらいたい。それが私たちの願いなんですよ」
山田「これもうえらい問題やで。大問題やで、これもう。これだけばかにされて、ばかにされてきて、なおこの対応やったらもう……」
腕時計を確かめる総務課A。
南「時間の無駄ですよ」
総務課A「本日は申しわけないんですけども、これで終了とさせていただいて」
山田「話を進めていこう、進めていこうとしてるん、こっちは。終了なんかないで、始まってないのに」

165 厚労省・会議室・六日目
スーパー　6日目
口ごもりながら説明する総務課A。
総務課A「あの、一応ですね、皆さんのご要望、申し入れについてはお聞きしておりますので、で、まあ当然、その都度ですね、報告はしておりますので。で、ええ、まあ、あの、明日ということで、まあ一応ですね、お話についても、あの、一応まあこういった申し入れ書も毎回いただいておりますので、あの、一応、あの、一通りですね、お聞きしておりますので、で、あの、一応ですね、もう明日で最後という形にして……」
伊藤泰司の声「いやいや、それ、それはどういう意味ですか？」
総務課A「もう……」
伊藤泰司の声「いや、こちらが疑問を投げかけているのに、それにも答えずに話し合いを打ち切ろうとしているということでいいんですか？」
総務課A「あの……」
伊藤泰司の声「何を断ろうとしてるわけ、あなたたちは？」

総務課Ａ「いや、あの、今回ですね、あの、まず、このまあ申し入れ書でいただいてるですね、これについてまああの、しかるべき大臣及びしかるべき役所の方との面談、対話ということで、あの、いただいておりますので、あの、それについてはですね、もちろんもう既に、あの、上げておりますし、その、また、今お聞きした内容もですね、報告はいたしますので。で、あの、その上で、その、まあ、明日ですか、その、ご回答いたしまして、で、一応、その、まあ、双方意見としては、(作り笑いを浮かべながら) その、出尽くしたかなというところでもありますね」

居並ぶ原告団も失笑。

伊藤泰司「出尽くしてないから、出尽くしてないから質問、出してんじゃない」

166 厚労省・会議室・七日目

スーパー　7日目

原告の話を聞く総務課Ａ、総務課Ｂ。

スーパー　原告遺族　松島加奈

松島「私たちは、この石綿、アスベストという病気にかかるとね、どんなものか、どんな苦しいもので、どんなものかということをね、やっぱり厚労省の方、大臣さんの方に本当、切実、わかってほしいんですよ。同じ人間ですやんか。あなたも切れば血が出る。私も切れば血が出る。身分は違うと思います。大学も出られてね、専門学校出て立派なところにお勤めですんでね、私らは貧乏であんな石綿の仕事しか知らないから、石綿の仕事しかやってませんので、ほかのことわかりませんけど、身分は違いますけど、人間ですでしょう。もしあなたたち親兄弟に石綿関係で、どっかで石綿を吸われてね、石綿の病気になられて家族が苦しんでる姿を見ればね、きっと私たちの気持ちもわかっていただけると思うんです」

消耗しきっている総務課Ｂの表情。

スーパー　原告家族　谷光弘子

谷光「自分たち国民やのに、六〇人ぐらいのちっこい原告やからいうて、そんな邪険にされたら、めっちゃ気悪い」

167 厚労省・会議室・一三日目

スーパー　13日目

166

スーパー　安全衛生部計画課

安全衛生部計画課A「安全衛生部計画課というところに」
不明「安全衛生部」
伊藤泰司「計画課ですか」
安全衛生部計画課A「はい、在籍しております。よろしくお願いします」
伊藤泰司「総務課ではなくて、お二人とも」
安全衛生部B「安全衛生部でございます。はい。よろしくお願いします」
　赤松タエの話を聞く。
タエ「すいません。もう私も安心して、あの、夜中に起こされて、トイレに行ったりしたら、生きてるかなってのぞきに行って、ああ息してはる、してて寝てて、また私が安心してまた横なって……」

168厚労省・会議室・一六日目

スーパー　16日目

安全衛生部C「私、申し遅れました。労働基準局安全衛生部のヒラチと申します。よろしくお願いします」

スーパー　労働基準局安全衛生部

安全衛生部D「同じく、ヤマダと申します。よろしくお願いします」

スーパー　労働基準局安全衛生部

　山田直美の話を聞く。

スーパー　原告遺族　山田直美

直美「あの、腹水がたまって、もうお腹の内側を竹槍で突かれてるほどの痛みやと言って、もう何も食べれなくなって、もう骸骨のように痩せてきて……かわいそうなぐらいもう……いつもつらくて……」

169厚労省・会議室・一九日目

スーパー　19日目

スーパー　安全衛生部

安全衛生部E「安全衛生部のマツシタと申します。よろしくお願いします」

スーパー　安全衛生部

安全衛生部F「同じく、厚生労働省安全衛生部のサイトウと申します。よろしくお願いいたします」
　満田ヨリ子の話を聞く。

満田「家で死なせてくれて言って、ある日、まあ、一人で。私は下におったんですけども、主人は覚悟をして、自分の部屋で。いつもベッドの下にね、ビニールを敷いてるんです。洗面器置いて。喀血を絶え間なくもう出るんですよね、所構わず」

170厚労省・会議室・二〇日目

スーパー　20日目

伊藤泰司「お名前」

スーパー　安全衛生部計画課

安全衛生部計画課G「安全衛生部計画課のキムラと申します。よろしくお願いいたします」

伊藤泰司「はい」

スーパー　安全衛生部安全課

安全衛生部安全課A「厚生労働省安全衛生部安全課のノダと申します。よろしくお願いいたします」

　武村絹代の話を聞く。

武村「本当にひとりの人、一個人としては一生懸命働いた親ですけど、こうしてアスベストで命を落としていって、本当に悔しいですね」

171厚労省・大会議室・二一日目最終日

スーパー　21日目最終日

　大会議室に集まった泉南原告団、弁護団、支援者、運動関係者。

　その最前列に柚岡。

　対する厚労省側は総務課A・Bの二名のみ。

　伊藤泰司が要請書を提出する。

伊藤泰司「そしたらこれが要請書です。届いてると思いますけれども」

総務課A・B「はい」

伊藤泰司「お配りしていますように……」

　柚岡が声を上げる。

柚岡「いや、その前によ、出てきたん二人だけかいな」

伊藤泰司「ちょっと待ってください」

柚岡「え、シモノさん」

伊藤泰司「ちょっとお待ちください」

柚岡「いやいや、まずは議題に入る前に二人しか……」

伊藤泰司「議題に入りませんから」

柚岡「ちょっと、黙れおまえは。二人だけかいな、出てきてるの。何でやねん。こんだけ来てんや

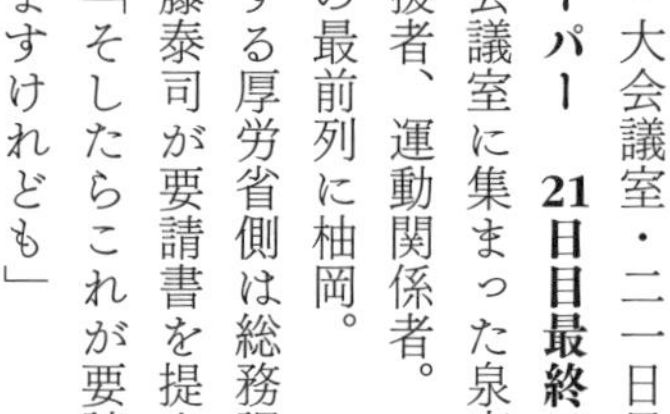

171

ぞ、俺ら」
　鎌田弁護士が伊藤を制して、柚岡に委ねる。
柚岡「何で全部来えへんの。労働安全、それどうなっとんねん。アスベストはどうなった、その前に。何で来ないんだ。同じこと二一日間言うてんやぞ、我々は。腹立つ」
　憤懣やるかたない柚岡。
鎌田弁護士「本来であればですね、せめて今日、大臣なり責任ある部署の人がここに来ていただいて、被害者、遺族来ておりますんで、その声をしっかり聞いていただく。裁判所で三度にわたって責任が認められながら、その救済を放置して被害者が一人ひとり亡くなるのをただ単に見ている。それが今の厚生労働省がとっている対応です」
総務課A「まあ、本件については、その、最高裁で係争中でございますので、ええ、まあ、裁判当事者同士が裁判以外の場で直接面会するっていうのは適当ではないと考えておりますので、我々が……」
谷真介弁護士「裁判してなかったら会うんですか」
総務課A「はい？」
谷真介弁護士「裁判してなかったら会うんですか」
総務課A「それはあの……」
柚岡「みんな裁判しても会うてるやんけ、厚労省は」
支援者「裁判したって会ってますよ、さっき有明が農水省と一時間話ししてきましたよ」
谷智恵子弁護士「今、水俣で、上で、あれですよ、担当者と会ってますよ」
支援者「あんたたちだけじゃないですか」
谷智恵子弁護士「今日、石原さんだって出てきたんでしょう。それぞれのところで、大気だって、水俣だって、諫早だって全部担当の者が、人が会ってね、で、しかも現地に行きますわ、対応しますわって言うて、それぞれ自分とこの責任の範囲内できちっと解決するためにね、それが十分かどうか別にして、それぞれ対応してるやないですか。どうして環境省と、厚労省と違うんですかね」
藤本「兄はもう毎日毎日苦しんで、いつ亡くなるかわかりません。先日も医者に行って、簡単に死ねる薬くれって言ったそうです。それが何で、今日来てみたら、また同じことの繰り返し。私もう情けないです、これでは。これ帰って兄にどない報告しようかな思うて今、頭の中、もう怒りで満ちてます」
怒りと落胆の中で閉会する。
谷智恵子弁護士「また、来ます」
総務課B、憔悴した表情でドアを開けて送り出す。
憮然と出て行く柚岡。

○最高裁に向けて

172
2陣原告　水本美代子
谷智恵子弁護士が原告たちの写真を撮って回る。
スーパー　最高裁に原告の近況を知ってもらうため写真を撮って提出する
谷智恵子弁護士「にこっと笑ってください」
水本、満面の笑み。
谷智恵子弁護士「いけたかな？　ど真ん中より」

173
2陣原告　上野幸代

174
2陣原告　松山尋子
谷智恵子弁護士「難しい顔せんと、ちょっと笑うてよ」
松山「フフフ」

175
原告　江城正一
谷智恵子弁護士の声「いきまーす」

176
2陣原告　藤原ミヨコ
谷智恵子弁護士「いきますよ」

177
原告　松本玉子
谷智恵子弁護士「汗、こないかいてた、ハハハ」
松本「このとおりやし」

178
原告　岡田陽子
谷智恵子弁護士「いきます」
岡田「はい」

179
原告　古川昭子
谷智恵子弁護士「にこっと笑うて、フフ」
古川「ハッ、ハハ」

174

180原告　原まゆみ
谷智恵子弁護士「もうちょっと笑うて、フフ」

181 2陣原告　中田秀子
谷智恵子弁護士「難しい顔してんな」
　娘が見守る。
中田「へへ」

○2陣原告　松本幸子

182 2陣原告　松本幸子宅
　スーパー　原告　松本幸子宅
　谷弁護士と共に松本宅を訪れる柚岡、石川。
　玄関に出てくるパジャマ姿の松本幸子。
谷智恵子弁護士「痩せた？」
松本「え？」
谷智恵子弁護士「何か、痩せたね」
松本「痩せた、痩せた」
監督の声「こんにちは」
柚岡「痩せた、痩せた」
松本「もう胸も骨ばっかり」
谷智恵子弁護士「うん。御飯食べれてる？」
松本「まあまあ」
谷智恵子弁護士「うん」
松本「ここでええの？」
谷智恵子弁護士「うん」
柚岡「もう、ほんまに」
　谷弁護士、パジャマのボタンをとめる。
谷智恵子弁護士「ちょっとボタンを、フフフ」
松本「すいません」
谷智恵子弁護士「はい」
　スーパー　原告　松本幸子
　カメラに向かう松本。
谷智恵子弁護士「よし」
柚岡「娘さん、一緒やったかな？」
松本「はい」
谷智恵子弁護士「そうそう、娘さんね」
柚岡「一緒やった？」
松本「うん」
柚岡「そら、安心やな。ずっと仕事行ってはるもんな」
松本「六時頃帰ってくる」
柚岡「ああ、そう。偉いな」
谷智恵子弁護士「中村先生、電話してきたりして

182

ますか」
松本「ああ。この頃、大分御無沙汰や」
谷智恵子弁護士「大分、御無沙汰、フフフ」
松本「赤ちゃん、できたやろう？」
谷智恵子弁護士「できたんや」
松本「どっちができたん？」
谷智恵子弁護士「男の子やと思うよ」
スーパー　新婚の中村弁護士の話題で笑顔になる
松本「ほうほう」
谷智恵子弁護士「よう知ってるやん」
柚岡「はい。じゃあ、元気でな。大事にしてや」
松本「ありがとうございます」
谷智恵子弁護士「娘さんにもよろしく」
松本「はい」
柚岡「（不明）やね、娘さんね」
松本「お茶も出しませんで」
柚岡「いえいえ」
谷智恵子弁護士「いえいえ、そんなん。ほんじゃ、さようなら。失礼します」
監督の声「どうも」

○原告　江城正一

183 江城家・リビング

スーパー　原告　江城正一

妻・静子と酸素吸入器を整える江城。

柚岡の声「上がります」
監督の声「はい」
静子の声「すいませんな、暑い中」
柚岡の声「奥さん、体調悪いんやて？」
静子の声「すいません。ごめんなさい」
柚岡「しんどいんやろ？」
柚岡、リビングに入ってくる。
柚岡「すいません」
江城「生きてますよ」
柚岡「生きてまっか。よかった」
帽子をとって、髪をなおす柚岡。
柚岡「この総会、注目されててマスコミいっぱい来る。今、ＮＨＫやったけど。まあ放送関係者からは、そんなに簡単でないよと。簡単に勝てる話でもないよっていうことが、ちらほら聞こえてきてる。もう早い話が、全面敗訴の可能性もある。これは厳しいけどね。まあ、そうなったらなったでね」
江城「なったって我々今まで闘うた、闘いなので」
柚岡「我々は、ああ、すいませんでしたって引き下がります言うて、おとなしいしてられへんから」
江城「うん」
柚岡「僕が聞いてるんでは、九月四日の弁論、開きます。で、南和子と岡田陽子は、排除」
監督の声「え？」
柚岡「これはもう論議の対象にしないっていうことをはっきり言うて、悲しいことに敗訴確定しました、この二人は。この最高裁判決の後にですね、東京の判決もあってんですよ」
江城「別の？」
柚岡「国賠訴訟ね。神奈川の二陣も始まるんちゃう？　昨日から二審が始まっとるやん、昨日はね。
　九州でしょう、目を海外に転じると韓国、イタリアのトリノで、この間も懲役一六年とかでやられて、一人死んでもうて、何やら男爵。会社倒産してしもたんですけど。それの判断も泉南の後へ続くんですよ。世界的な動きになってきたんです、この泉南の最高裁判決が全部に影響してくる。負けるわけにはいかんなと思ってんやけどね」
監督の声「じゃ、いろいろお聞きして」
江城「はい」

イラスト・タイトル
原告　江城正一
父の代に韓国から日本へ　いち早く帰化
戦後は石綿工場経営者となる

　監督の質問に耳を傾けている江城。
監督の声「江城さんのお父さんもお母さんも兄弟も、何名もアスベストで亡くなってらっしゃるじゃないですか」
江城「僕で六人、待てよ。キヨミちゃんと……、六人やね。六人、アスベストの系で亡くなってます。親父と兄貴、肺がんで、これもアスベストいろてたからね。だから考えてみれば、江城一家は結局、抹殺されたもんや、アスベストに」
監督の声「ねえ。江城さんは日本人であるっていう感覚と韓国人であるっていう感覚と、割合でいえばどっちが大きいんですか」
江城「日本人のほう大きいよ」
静子の声「日本人やもんな」
監督の声「え？」
江城「日本人のほうが大きい」
監督の声「日本人でしょう」
江城「それ、理由簡単。民族を捨てたん、親父が」
監督の声「お父さんが」
静子の声「お父さんが捨てた」
江城「民族を捨てて日本へ来たんや。結局、儒教のあの精神が嫌やったねん、もともと儒教の精神が。やたらに死人と先輩を敬ってな。まあ親父がそれは言うてたんで。僕らはそれいらんこうで生まれたんやからな。だから親父は民族を捨ててこっち来たんや」
監督の声「江城さんは、自分はもう帰化したから日本人の感覚ちゅうか、日本人であると思ってると？」
江城「ちょっと先生」
監督の声「はい」
江城「これ、必要ないんちゃうん、こういうことは？」

監督の声「いろいろ、つまりアスベストの問題の中に、在日の人たち……」
江城「いや、それでだからな、この間、澤田君にも言うたんよ。やたらにな、部落と韓国人の働いてるとこ多かったって言うからな、私の見た目ではそれはなかったって言うたんよ」
柚岡「まあね、江城さんね、確かに言われるのようわかるんやけどね。ただね、人口比で見たら、人口の比率ね、で見たらやはりあれですね、在日韓国人がこの仕事に携わってるのはやっぱり多いね、僕もずっと調べました、多いね」
江城「それは多いと思うわ。というのは、すぐ就職できたから」
柚岡「そうやな」
江城「それは、ほかの仕事あっても就職できなんだ」
静子の声「結局、えらいとか、汚いとかな、そういう仕事をほとんどの韓国人がやってた……」
柚岡「そうなんや」
江城「肥担ぎとか」
静子の声「そうそう」
監督の声「肥担ぎ。昔はね」

183

江城「うん。ほんでサカモト紡績は肥担ぎやっとったんや、あの社長は」
柚岡「戦前のことを知ってる古川さんあるやろう、原告のおばあさんよ、八四歳の。彼女はね、江城さん、同じこと言ったわ。ごっつい仲よかったと。そやけど一方でな、嫌な話もいっぱい聞いてるで、俺は」
江城「大阪の人は皆、ええ人多かったんや。生活ね、助け合うたり、和気あいあいとするとこ」
柚岡「自分はそない言うて、差別受けへんかったって今も言うたし、俺、そうやったと思うんや、あんたの場合。俺のね、子どもの頃から若いとき、あなたを時々見かけてるんよ」
江城「差別せえへんけどね……」
柚岡「そのときな、どんな印象やったか。俺の周辺はな、やっぱりあんたを怖がった。あんたは一定の、何ていうかな、ぐっと胸張って生きてたわ。みんな怖かったんちゃうかと思うで」
静子「やんちゃやったんやろ？」
柚岡「おお、やんちゃや。一番やんちゃくれやしよ」
江城「今でも……」
柚岡「そやからね、あんたの前で公然と差別するような、そんなよっぽどないと思うで、俺は」
江城「だから今でもな……竹やりの傷とな、あいくちの傷とあるよ、ここに」
柚岡「あんたは大体、そんなとこ生きてきた人やからな」
江城「線路石の石持ってな、向こうの顔打ってばあんという具合で……」
柚岡「それは幾つのときや？」
江城「それは小学校五年のときかな」
柚岡「小学校五年のとき」

コップの水を飲み干す江城。

江城「そやけどな、結局、平和も大事やけど、自分自身も大事にせなあかん。自分が病んでみて初めてわかったわ。痛い、苦しい、母ちゃん言うたかて、本人は知らんねんもん。こっちはわかってても」
静子の声「それはそうです」
江城「それはあんたの勝手言われたってしゃあないやん。そやさかい、今度の裁判勝ってやな、あの世へ逝きたいんよ。小さい位牌一個ぐらい残しとくけど」

静子の声「ほんまにな、そやけどよ」
　江城の穏やかな表情のストップモーション。
　　スーパー　江城正一
　　　２０１６年３月16日死去

○最高裁判決日

184 最高裁判所・外観
　スーパー　２０１４年10月９日　最高裁判決日（提訴から８年目）

185 最高裁判所・前
　それぞれ遺影を胸に、入廷を待つ原告団。

186 裁判所正門への道
　原告団、最後の入廷行動。

「大阪泉南アスベスト国賠訴訟　最高裁は人の『いのち』を第一とする判断を」と書かれた横断幕を持って最高裁判所へ向かう。

　支援者たちが沿道で拍手しながら送り出す。

拡声器の声「絶対に勝ってこいよ」

187 泉南市役所・パブリックビューイング
　スーパー　泉南市役所
　一堂に会し、原告団の入廷行動を見つめる泉南原告団、弁護団、支援者たち。
　報道陣も詰めかけている。

188 最高裁判所正門前
声「通路をあけてください！」

　奥田弁護士、伊藤明子弁護士が旗を持って中から飛び出してくる。

奥田弁護士、伊藤明子弁護士、旗をそれぞれ開く。

奥田弁護士の旗「勝訴」。

伊藤明子弁護士の旗「最高裁　国を断罪」。

湧き起こる拍手。

幾重にも取り囲んだ報道陣のカメラ、マイク。

拡声器の声「万歳！　勝ったぞ！　勝ったぞ！　万歳！　万歳！　勝ったぞ！」

支援者たち「万歳！　勝ったぞ！　勝ったぞ！　万歳！　万歳！　勝ったぞ！」

　柚岡も支援者とともに万歳をする。

188

189 泉南市役所・パブリックビューイング
拍手する原告たち。
中継先からの拡声器の声「万歳！　万歳！」
手を取り合って喜ぶ、泉南の仲間たち。
山田哲也の感無量の表情。

190 泉南市役所・記者会見場
壁には「大阪・泉南アスベスト国賠訴訟最高裁判決報告」と書かれた横断幕が貼られている。
スーパー　原告団共同代表　山田哲也
山田「生前の父は、自分のことよりも人のことっていう父でした。今日のこの判決をいただいたからって帰ってくるわけではありません。闘病中の苦しみも、苦しんだまま何も理解できずにあの世に逝きました。ただ、自分のことよりも人のこと。恐らく、天国でみんな喜んでる姿見て、少しは救われたかなと」
山田、涙がこみ上げる。
山田「みんな、この原告たちは病気が重篤化してきて、判決いただいても治りません。悪くなるばっかりで。本当に今日ここに来てない原告は、家はそこです。先週は元気な姿、見せました。今日は来れない。そんな原告がたくさんいてます。ともかく、ほっとした判決、ほっとしたっていう面もありますけども、恐らく今までの国の対応、これに怒りを持ってる原告がほとんどです」

191 厚生労働大臣の記者会見を伝えるテレビ
スーパー　厚労省　午後4時すぎ
中継　大阪・泉南アスベスト訴訟　最高裁〝国民の命を重視〟
塩崎恭久厚生労働大臣
塩崎「えー、この国の責任が認められたことに対して、重く受けとめております」

192 厚生労働省・面会室
スーパー　判決日夕方　厚労省
詰めかけた泉南原告団、弁護団、支援者たち。
役人に正式に要請書を手渡す芝原弁護団長。
芝原弁護団長「私は総意を代表してお渡しします」
スーパー　早期解決と厚労大臣の面会を正

190

192

式に要請

原告団「よろしくお願いします」
柚岡「お願いするんちゃうで」
　役人を問い詰める弁護団。
村松弁護士「重く受けとめるって今、言われたっていうことは、どう重く受けとめるかが、今問われてますよ。じゃ、直接会って話を聞いて謝罪するしか、謝罪はないでしょう」
小林弁護士の声「テレビカメラに向かって謝罪して、一体それが謝罪になるんですか。生身の人間が来てるんですよ」
　聞いている厚労省役人A。
小林弁護士「その方たちに向かって謝罪するのが筋じゃないんですか。テレビカメラに向かって謝罪するのは、誰でもできますよ。会う勇気がないんですか」
小野寺弁護士「まあ、待ちましょう。そのかわり、しっかりした返事、持ってらっしゃいよ、子どもの使いじゃないんだから」
不明「そんなことで済むと思うな」
　厚労省役人A、B、室外へ出る。
　ワイプ。

193
同

　厚労省役人A、B、戻ってきて着席。
スーパー　すぐ戻ってきて……
役人A「あの、今ちょっと、安全衛生部に行ってですね、少し相談をしてきましたけれども……」
声「大きい声で言ってくれないとな」
役人A「はい、安全衛生部に行って相談してきましたけれども、まあ今、今日、一部敗訴の部分と、あと差し戻しの部分がありまして、そこについて、あの、まあ、厚労省だけでも決めれない点もありますので、法務省など関係省庁とも相談した上で、あの、対応方針を今後決めるってことで、とりあえず今日のところは、あの、まあまだ、（一陣差し戻し裁判の）訴訟当事者ってことでちょっと直接はお会いしてお詫び、今日はちょっと申し上げることができないと。ですので……」
小林弁護士「ここで差し戻しの話、しませんよ。差し戻し審でどうだこうだなんて話、ここでしませんよ」
　泉南側と厚労省役人Aのマルチスクリーン。

193

柚岡「精査してないのに、何で厚労大臣は謝罪したんや」
役人A「あ、ですから、その、国の責任を……」
柚岡「精査してないんだろう、あなたのほう」
役人A「詳しくはですね」
柚岡「詳しくも何も」
村松弁護士「だけど責任は認めたっていうことは、わかったから厚労大臣も謝罪したんじゃないの？」
役人A「ええ、そう……」
聞いている厚労省役人A。
小野寺弁護士の声「人間として対応しなさいよ。あなたを人間として我々は信頼したいよ」

スーパー　首都圏建設アスベスト訴訟弁護団長　小野寺利孝弁護士

小野寺弁護士「だけど、そうやってね、何か体張ってね、ここで食いとめるみたいな態度されると、あなたは人間かと、あなたに人間の良心があるでしょう」
厚労省の役人たちを見つめる佐藤ら原告たち。
小野寺弁護士の声「官僚だっていい仕事したいと思ってやってんでしょう。これまで争ったことはいいよ。だけどもうこれ以上ね、争う道はないんだから」
小野寺弁護士と厚労省役人Aのマルチスクリーン。
小野寺弁護士「あとは官僚の、人間としての良心が問われてるよ。そう言ってらっしゃい、室長に」
伊藤明子弁護士の声「早く行ってください」
小野寺弁護士「もうあなた、そこで頑張るのやめなさい」
伊藤明子弁護士の声「もうやめて、早く行ってきて」
小野寺弁護士「我々のほうも、もうこれ以上怒りがもう本当にこらえ切れなくなるよ」
伊藤明子弁護士の声「早く」
声「早く、スタンドアップ」
小野寺弁護士「なんで立てないんだ」
声「早く行ってきてください」
声「早く行ってください」
厚労省役人AとB、立ち上がって退出。
佐藤の声「連れてきてくださいね」

193

小野寺弁護士の声「しっかり務め果たせよ」
南の声「本当ですよ」
佐藤の声「連れてきてくださいよ」
南の声「しっかり聞いてきて」
　ワイプ。

194
同　スーパー　そして数分後……

役人A「すいません。ちょっともう一度相談してきたんですけども……」
村松弁護士の声「大きい声でやって」
役人A「はい。もう一度相談してきましたけれども、まだ、あの、やっぱり差し戻しもありますし、ちょっとどうしても今日はまだお会いできないってことで」
村松弁護士の声「明日は会うか？」
役人A「いや、明日ってわけにはあれですけど。まず方針が決まってからじゃないとお会いできないってことでございますので」
　説明を聞いている原告、弁護士、支援者たち。
村松弁護士「何の方針？」
役人A「すいません」
　鎌田・八木弁護士と役人Aのマルチスクリーン。
八木弁護士「精査せんと金、払えるんか。税金やろう。いい加減にせえ！」
役人A「まあ、繰り返しになってしまいますけども」
八木弁護士「泊まり込むよ、今日。泊まるぞ」
役人A「今日はちょっと」
不明「冗談ちゃいまっせ」
　支援者、弁護団。
一同「十時にしよう、十時」
村松弁護士「明日十時、もう一回来る」
佐藤「もう一回、来ます」
　困った表情の役人A。
村松弁護士の声「その時に必ず会う」
川崎の声「それだけちょっと、返事だけもらえやん？」
役人A「ただちょっと、明日でもちょっと難しいと思いますので」
村松弁護士の声「難しくないって。あなたじゃなくて、責任者が出てきて、難しいなら難しいっていうことを」
　弁護団たち。
鎌田弁護士「見通しをちゃんと伝えるべきじゃないですか、少なくとも見通しを」
村松弁護士「あなただったらさ、全然。いつになったらどうなるなんて、対応できないでしょう？」
　役人A。
佐藤の声「もうついて行きますよ、同じことやん。また帰ってきて同じことやん。そんな同じ返事、聞きたくないわ。川崎さん、ついて行って」
　役人A、B、立ち上がって退出。
スーパー　3度目の退場……
南の声「しっかり言うてきてくださいよ、黙ってんと」
佐藤「川崎さん、ついていってよ」
　ワイプ。

195　同
スーパー　そして4度目
役人A「もう一度、話を、室長にお伝えいたしまして、それで、まあ立場としては、あの、繰り返しになってしまうんですけれども、あの、国としては、一陣のほうもあるんで、ちょっと二陣はもう判決出てるじゃないかってことはわかるんですが、そこは、あの、一方の原告の方だけちょっと会うっていうのもなかなか難しいってことであるんですけども」
　岡田、村松弁護士と役人Aのマルチスクリーン。
村松弁護士「じゃ、明日はいい？　明日十時に私たち来ます」
役人A「はい」
村松弁護士「必ずもう一度、今度こそ責任者がここに来て対応する。我々も強い決意で言うからそのつもりでもう一回、もう一回っていうか、もう、伝えといてください。必ず十時来ますよ。厚労省としてこの事態をきちっと検討をして、みんなの原告のこの思いがね、きちっと伝わって責任ある回答がある、そういう状況をきちっとつくってください。いいですか」
　会釈をする役人A、B。
不明「お疲れでした」
不明「どうも」

不明「交渉はこれで終わります」
不明「お疲れさま」

タイトル　昭和47年以降に就労した佐藤健一　赤松四郎　西村東子の3名は賠償の対象から外れることが最高裁判決で確定した

196　官邸前・翌日朝

スーパー　判決日　翌朝

佐藤「(昭和)四十七年以降(に就労)は、私は切られました」

スーパー　原告団共同代表　佐藤美代子

佐藤「私はここ八年半ほど共同代表として一生懸命、私の力の許す限り、一生懸命闘ってきました。代表をしてる以上は、私の後ろに原告のみんながついていることを考え、その人たちのために私はこの勝利判決を心に受けとめようと、昨日は記者会見で私はそれを認めました。でも、一晩たち私は、ゆうべは一睡もできず主人の遺影に、パパ、負けたけどごめんね。パパ、怒ってないよね。パパが裁判に入ることをすごく反対してました。私に、俺はアスベストの仕事は誇りに思って一つも恥ずかしいことなかった。俺はアスベストの仕事を誇りに思って仕事したんや。私は国賠訴訟に主人に内緒で入りました。そのとき、主人は私に子どもが成長し、生活もできたじゃないか。おまえ、何か不服あったか？　私に言いました。おまえに苦労かけたか？　私は、パパ、パパのおかげで私は生活もできた。子どもも大きくなった。でもね、でも、パパの苦しむのをどこに言いに行ったらいいのか、言うていくとこがないんよ。だからね、私、パパに内緒で訴訟に入ったんや、ごめんね。でも主人は、おまえ、そんなにお金が欲しいんか。何も不自由なく生活したのに、まだおまえ、お金が欲しいんかって。私は主人に言いました。パパ、私、お金じゃないよ。私はパパの苦しむのを二十年ずっと見てきた。ずっと見てきたのにまだこのまま見ていくんか。私には耐えられへん。そんな気持ちで訴訟に入りました。でも、昨日家を出るときに、私は仏壇に、パパ、今日判決が出るけど、どんな判決が出るかわからん。パパ、勝っても負けても怒らんでね。見守ってね。仏壇に手を合わせて出てきました。でも、でも私、今日だけ泣かせてください」

197 厚労省前

佐藤「私ら三人、私、赤松さん、西村さん、これ四十七年以降ではねられてんや。その三人はね、裁判中に亡くなってんや、原告やん。それが認められんのは私は、人前ではね、気のきいたこと言ったけど」

インサート　映像

スーパー　前日　判決後の記者会見にて

佐藤「私たち女性共同代表三人、皆、外れました。だけど、みんなのために勝利したことは、心の中から喜びたいと思います」

涙があふれる佐藤。

佐藤「本心はそうじゃない！　悔しくて」

監督の声「正直な気持ち、みんなに言ったほうがええね」

佐藤「言ったらあかんよ」

監督の声「言ったほうがいいって」

佐藤「最高裁の記者会見では、みんなが勝ってよかったって言ったんや。それを……」

監督の声「いや、だから、だからね、落とされた人もいるっていうことだけは言うとかんと、みんなわからんもん」

佐藤「思うけどね。思うけど、代表してる以上は、私の背中にいっぱい原告がおるんや。その人のことを喜んであげなあかんのや」

198 厚労省・面会室

スーパー　厚労省　約束の午前10時

役人C「どうも」

役人BとCが着席。

村松弁護士「精査した結果、どうなりましたか」

役人B、Cに対峙して着席している原告団、弁護団、支援者たち。

伊藤明子弁護士の声「まずその前に、今回の担当なのかどうかというところから確認させてください」

役人C「担当ではございません」

佐藤「ええ！」

不明「ええ！」

197

不明「ええ！」

○塩崎厚労大臣との面会

タイトル　2週間後
塩崎厚労大臣から　謝罪するので面会に来るようにとの連絡があった

199
「市民の会」事務所
監督、「市民の会」事務所に柚岡を訪ねる。
柚岡「ああ、どうも」
監督の声「すいません、急に」
柚岡「はいはい。いやいや、こちらこそ」
監督の声「ちょっとちょっと、いや、私びっくりしまして、聞いて」
柚岡「ええ、どう思います？　あれは」
監督の声「いや、私はもう、いや、もう唖然としてて」

タイトル　しかし国は柚岡一禎の同行を拒否した

200
「市民の会」事務所
柚岡「もう一つあります」
監督の声「はい」
柚岡「それは、あの、原さん、あなたのことだったんですよ」
監督の声「ええ、ええ、ええ、ええ」
柚岡「会見場に入れたくないというのが」
監督の声「え⁉」
柚岡「はい。彼らの意向のようです。納得いかないですね、これは」
監督の声「何を怖がってんでしょうね。心底謝罪っていうふうな雰囲気、伝わってきませんもんね、これじゃあね。そうですか。あやあ」

タイトル　弁護団の粘り強い交渉の結果　監督一人だけ同行を認めさせた

201
東京駅構内
東京駅に到着した原告たち。
スーパー　２０１４年10月27日　面会当日　東京駅
監督「よいしょ、よいしょ」
監督、原告たちに背後から声をかける。

南「はい、はい」
監督「差し支えない？　差し支えない？」
南「こんにちは」
監督「お迎えに来たんです」
南「あら、ありがとうございます」

202 東京駅構内

佐藤、谷光、松島、山田、立ち話をしている。

佐藤「私らの発言のときはマスコミ、のけるんで」
谷光「え、そうなん？」
佐藤「そう、そうやで。私ら言いたいこと言うからな。その言いたいこと言うために……」
谷光「テレビに映るから見といてなって言うてきたのに」
佐藤「違うの。岡田さんと山田さんのときだけがマスコミ入る。私らの発言はマスコミのけてじゃないと」
山田「みんな、みんないてるから」
谷光「うん、うん」
山田「俺、発言っつっても、ほんまあれやで。せっかく一生懸命つくったのに、もう全部こう、変えられて」
谷光「何かあかんかったみたいね」
山田「うん」
佐藤「それはね、カメラの前での発言やから、のかせん」
山田「そう、そう」
佐藤「私らカメラ入ってないから、言いたいこと言えって（柚岡さんに）言われてる。そやで。言いたいこと言うてええんやで」
山田「ハハハ」
佐藤「そうやけん、山田さんと岡田さんの文面見てごらん、おとなしい文面やで」
山田「まあ、勝たせてもらったやん、言うたかて。勝ったっていうよりも、勝たせてもらった、やっぱあるんや、弁護団のほうに、支援者にも。そらまあ言うこと聞かなあかんのかなっていうのもあるんやわ。でもやっぱりな、言いたいことは言いたいしな」
佐藤「そりゃそうよ。言いたいことな、言いたいこと言いたいわよ。そのためにここまで来たん、八年もね」

203 厚労省・地下食堂

岡田陽子が撮影担当の藤原に答えている。

岡田「穏便にっていうか、直接は言われてないですけど、その方向なんだろうなって思って、きつい言葉は」

藤原の声「え、じゃあ、言いたいこと書いたわけじゃないんですか、読む言葉は？」

岡田「言ったらだめです。書いてないです。フフフフ。そんなきついこと言ったら、今日は穏便にっていう日やからって、多分そう違います？私の言葉と違います」

204 厚生労働大臣室内

スーパー　面会時間は30分だけ

スーパー　取材カメラが認められたのは最初のセレモニーの15分だけだった

塩崎、にこやかに誰かに話しかけている。

塩崎「実は、私の息子も弁護士なんです」

不明「ああ、素晴らしい」

205 同

塩崎厚労大臣が謝罪文を読み上げる。

塩崎厚労大臣「まず、昭和三十三年から、昭和四十六年まで、石綿工場における健康被害を防止する対策を国が怠ったと最高裁判所が判断をしたことにつきまして、極めて重く受けとめ、国の責任が認められた皆様方に対して、心よりお詫びを申し上げたいと思います。本当に申しわけございませんでした」

原告たちに向かって頭を下げる塩崎厚労大臣。

いっせいにたかれるカメラのフラッシュ。

206 厚労省前（夕）

武村絹代が抑えていた本音をぶつける。

武村「腹立って。今までのこと考えたらね、あんなん当たり前のことで、それは職務を果たしてるだけのことで、謝罪すんのは当たり前やねん。それにな、何で私らがほんまにこうして出向いてやで。厚労省の人間をまず、来させたらよかってん、ね。その上で、大臣が忙しいんやったらさ、厚労省の室長とかね。石綿対策委員のあの人たちをよこして、まずは本当に原告の皆さんにお詫びしますって、それが先やってんや。ほんまはね、私らね、のこのこ来たくなかってんけど。そういうことです」

207 東京駅・コンコース（夜）

谷光弘子へインタビュー。

谷光「そうやね。何かみんなの話聞いてたら、ただのパフォーマンスだけだったんやろかっては思うけど、でも、何か自分たち素人には、ずんってくるもんはありましたよね」
監督の声「あった？」
谷光「うん。そんなん信じたらあかんって思いはる人もあるかもわかれへんけど、でも、私は何かすごいうれしかった」
監督の声「うれしかった？」
谷光「うん」

208 同・構内（同）

ホームへ向かい、足早に歩く松島へインタビュー。

松島「よかったです、今日は」
監督の声「いや、でもね。ものすごい気になるんだけど、松島さんは本当に、大臣の言葉が届いたっていうふうに思う？」
松島「思うてます。はい。私は素直かな。ハハハ」
監督の声「え？　いやいや……」
松島「ものすごく感動して涙が出たもん」
監督の声「多くの人がね、みんなそう思ってるみたいやけど……」
松島「涙が出て、もう感動」
監督の声「そう。そういう感じは受ける。じゃあ別に……」
松島「よかったと思てます」
監督の声「ねえ」
松島「優しい方やと思てますよ。私らと同じ人間で、痛みのわかる人やと思てます」
監督の声「思った？」
松島「信じてます。いい方向に向かうことを信じてます」

209 同・新幹線ホーム（同）

原告団たち、新幹線に乗り込む。

佐藤「（新幹線に乗り込みながら）ありがとう」
武村「（新幹線に乗り込みながら）またね」

不明「ありがとうね」

タイトル　２０１４年12月26日　１陣高裁差し戻し公判が開かれ　和解成立

タイトル　塩崎厚労大臣の泉南謝罪訪問が決定した

○塩崎厚労大臣泉南謝罪訪問

210 原告　松本幸子の集合住宅・外観

取材記者たちが集まってきている。

スーパー　２０１５年１月18日　原告　松本幸子宅

211 松本幸子宅・中

松本幸子の遺体が純白の布団に安置されている。

スーパー　大臣の謝罪訪問先に選ばれたが容態が急変　３日前に亡くなった

安らかに眠る松本幸子のデスマスク。

長女 浜野美幸の声。

浜野の声「最後はね、痛み止めの薬が麻薬系やから、もうわけわからんようになってて、頭がね」

浜野が谷智恵子弁護士に母の最期の様子を語る。

スーパー　長女　浜野美幸

浜野「亡くなった日の朝は、もう幾ら呼びかけても返事なくて、ただ息が早かった。熱がすごい、三九度ぐらい出てて。で、点滴始まったらだんだん意識出てきて、ほんで、おばらが来てくれたときちょっと応答できて、ほんならその後また呼びかけに反応なくなって」

親戚の男性の声「仏さんは何か言いたかったんかな。姉がどうやって尋ねたら、涙流したんや。かわいそうやったな」

212 松本幸子宅・外

塩崎大臣一行が現れ、松本幸子宅に入っていく。

カシャカシャカシャカシャという、カメラのシャッター音。

213 松本幸子宅・中

塩崎厚労大臣が入ってくる。

塩崎厚労大臣「どうも、失礼いたします」

市民の会・林「こちら娘さんです」

浜野「娘の美幸です」

塩崎厚労大臣「そうですか。塩崎でございます。どうも」

浜野「前、失礼します」

母の遺体の枕元に座る浜野美幸。

浜野「(白い布を) 取ったほうがよろしいわね」

塩崎厚労大臣「あ、はい」

浜野「取りますね」

浜野、松本幸子の顔にかけられていた白い布を取る。

浜野「三日前に亡くなりました」

塩崎厚労大臣「ええ」

浜野「はい」

塩崎厚労大臣「よろしいですか」

浜野「はい」

焼香し、数珠を手に合掌する塩崎厚労大臣。

塩崎厚労大臣「お具合があんまりね、よろしくなかったとは聞いておりましたけども、何とか生前中にお目にかかって、お詫びを申し上げればと思って今回お邪魔をすることにしとったわけでありますけども、三日前ですかね、お亡くなりになられたということ、本当に残念でありますけども、本当に今回のアスベストの件につきましては、国の規制が十分ではなかったっていうことを最高裁もはっきり認めたところでありますので、心からお詫びを申し上げたいと思ったところでございます。まあこんな形になってしまいましたけども、改めてお詫びを申し上げたいというふうに思います。お一人でお住まいになってらっしゃったんですか。ご一緒?」

浜野「はい、一緒です」

塩崎厚労大臣「ああ、そうですか」

浜野「もう、体が悪くなってから一緒に住むようにしました。さんざん苦労して、裁判のことでも」

塩崎厚労大臣「はい」

浜野「早くね、解決してほしかったです。本人は最後はもう病気が苦し過ぎて、裁判のことなんかもう諦めてました」

塩崎厚労大臣「この判決が出た十月ですかね」

浜野「はい」
塩崎厚労大臣「その頃のお具合はどうだったんでしょうか」
浜野「もうかなり悪くなってましたんで、そういう勝利の喜びとか、そういうことはもう一切口にせず」
塩崎厚労大臣の声「ご葬儀はいつ？」
浜野の声「今日、通夜で、明日、告別式です」
塩崎厚労大臣「ああ、そうですか」
塩崎厚労大臣「一応、名刺をご霊前に置いてまいりますので、よろしくどうぞ」
浜野「ありがとうございます」

214 松本幸子宅・外
　浜野、記者たちに囲まれ取材を受けている。
記者A「娘さんのお立場として、せめて亡くなられる前に訪問っていう気持ちがあったんじゃないかと推察するんですけれど、その点いかがですか」
浜野「いや、別にそんな、望んでません」
記者A「というのは？」
浜野「謝っていただいても。うん。別に今の大臣がアスベストのね、盛んだった時代に大臣だったわけではないですからね」
記者B「裁判が終結したことについては、報告されました？」
浜野「はい、知ってました」
記者B「どういうふうに受け取っておられました？」
浜野「何の感想も口にしなかったです。もうかなり体が悪くなってましたんで。喜びどころではなかったです」
記者B「それより、やはりもうしんどくて、しんどくて？」
浜野「そうです、はい」

215 あいぴあ泉南・集会場
塩崎厚労大臣「改めて、深くお詫びを申し上げたいと思います。本当に申しわけございませんでした」
　国側一行、会場に居並ぶ泉南原告団に頭を下げる。
スーパー　泉南市　あいぴあ泉南
国側の政治家が立ち上がって発言しようと

214

する。

国側の政治家「えー」

スーパー　謝罪の場が設けられたが　原告との面会はわずか40分間に限られていた

さえぎる柚岡。

柚岡「ちょっと、ちょっと一つお願いあるんですよ。今日ね、せっかくの機会だから、原告の話を塩崎さん、しっかり聞いていただきたいんですよ。ところが時間が四〇分しかない。それで、塩崎さん以外の方の発言はできるだけ短くお願いしたいんです」

原告が次々と訴える。

武村「今、思えば（亡き母は）あんな恐ろしいところでよく働いていたものだと」

南和子と塩崎大臣のマルチスクリーン。

南「吐くことも、吸い込むこともできず、そしてしまいにはそうした息苦しさの中で苦しみながら亡くなっていくということは、周辺住民もとっても、いても立ってもおられません」

岡田「だから、自分がなったときに、その金額で本当に子どもを養えるのか」

山田「ここにいてる原告は、本当に汚い言葉を出しますが、今頃何言うてんねんって気持ちでいっぱいなんです」

塩崎厚労大臣「えー、何人かの皆様方から生のお声を聞かせていただきました。ありがとうございました。

まあ、私も随分、議員立法をたくさんやってきた人間でありますが、弁護士の先生方に、ぜひ具体的に」

席に座って聞いている村松弁護士の憮然とした顔。

塩崎厚労大臣の声「どの法律をどう直すか、そのところを」

塩崎厚労大臣「具体的に書いていただくことが、それに応じた法改正の条文で、条文までいかなくても、ポイントだけでも出していただくことが一番大事なことと思います。私は正直言うと、和解協議でそういう具体的な提案はなかったのか」

席に座って聞いている原告団、弁護団。

塩崎厚労大臣の声「いうことを事務方に実は聞いたぐらいです。聞いたけれども何も具体的にはなかったと聞いたもんですから」
塩崎厚労大臣「ああ、じゃあ、そういうことかなと思ったら、案の定、皆さん方からこうやっていろんなお話が出てきてる」

216 同・閉会
国側の一行、深々と頭を下げている。
国側の人の声「今日はありがとうございました」
芝原、立ち上がる。
スーパー　泉南アスベスト弁護団団長　芝原明夫弁護士
芝原弁護団長「あの、弁護団から、救済新法についての意見書をもう既に出してありますのでね、その辺は事務方のほうに一度聞いてください」
南和子も立ち上がる。
南「すいません。近隣曝露ももっと内容的なものをいろいろと入れていただきたいんですが。でなかったら、なかなか救済されないような状態なっておりますので、ぜひそのほうもよろしくお願いいたします」
塩崎大臣と国側一行、一礼して出口へ歩いていく。

佐藤の声「大臣、待ってください」
国側の人の声「どうも皆さん、すいません」

217 同・廊下
塩崎厚労大臣の声「はい、はい」
カメラ、塩崎と佐藤がいるところへ向かう。
佐藤「お返事とってもうれしかったです、来ないと思ってたから」
塩崎厚労大臣「いやいやいや、とんでもない」
佐藤「それをいただいて、ありがとうございました」
塩崎厚労大臣「お約束ですから」
佐藤「ありがとうございました」
塩崎厚労大臣「また、何かあったら来てください。はい」
佐藤「はい。ありがとうございました」
国側の人「佐藤さんも元気でね、元気でね、佐藤さんね」
塩崎、にこやかにポケットから名刺を取り出す。
塩崎厚労大臣「名刺を差し上げておきますから、連絡ください」

佐藤「はい、ありがとうございます」
　満足げに去って行く塩崎大臣。
国側の人「じゃあね、またね。また、東京にも来てください」
佐藤「うん。ありがとうね。どうもね、皆さん、ありがとうございました」
　国側の人たち、佐藤に握手を求める。
国側の人「佐藤さん、お疲れさまでございます」
佐藤「はい、ありがとうございました。お気をつけて。ありがとうございました」
　別の男性、背後から佐藤に声をかけて、名刺を差し出す。
不明「佐藤さん、地元でやってる。何かあったらまたご相談ください」
佐藤「はい。ありがとうございます」
不明「失礼します」
佐藤「はい。ありがとうございました。お気をつけて」

218 通夜の式場
　読経の声が流れる。
　祭壇の松本幸子の遺影。
　焼香する柚岡。

スーパー　その夜　松本幸子さんの葬儀が行われた

219 佐藤宅
　インタビューに答える佐藤美代子。
佐藤「私、泉南あいぴあで、終わった後、みんながもう、大臣らがもう引き下がっていくときに私は走って追いかけていって、大臣待ってください。待ってくださいって走って、追っかけていって、で、大臣が立ち止まってくれて、佐藤さんですねって言っていただいて。それでそのときに、線引きされたことは本当に残念で、何て、残念に思いますとか言って、だけど最高裁の判決は、もうそれは仕方がないから、うん、それはわかってくださいねって私の手をとりながら言っていただいて、うん。佐藤さんの気持ちもよくわかりますって。よくわかりましたって言って。これからも、うん、いろいろあるでしょうけども、もし東京にまた来ることがあったら、またお会いしましょうねって言っていただいて、そのときにすごいうれしくなって、う

219

ん。ええ。もう、もう今、自分の気持ちに怒りなんかないです。うん、うん」

220
岡田宅

インタビューに答える岡田陽子。

監督の声「緊張の糸がピンと切れたとか、そんなことはない？」

岡田「緊張の糸じゃなくて、ただただ疲れてる、しんどい感じがして、ほとんど一日ごろごろ。ここ何日間か、一歩も外へ出てません、フフフ、玄関越えてませんっていう状態、フフフ」

監督の声「あら。そうですか」

岡田「うん」

監督の声「あら」

岡田「終わったなっていう感じは、一つ区切りはついたなっていう感じはありますけど、終わったっていう感じはない。だって、認められたのは一部ですもの。私ら、私も南さんも全然、最初から認められてないし。で、労働者でありながら、四七年を境につらい思いをしてる人もいてますし。

和解のときに、こちらから要求がなかったからどうのっていうお話が出てたんで、それやったら、弁護士さん要求出してるみたいですけど、あの場でそういうふうな言い方をされたんで、それやったら堂々と要求を出しますっていうことで、弁護士さん、いろいろ考えてくれてるとは思います。腹立ちましたもん」

221
「市民の会」事務所

インタビューに答える柚岡。

柚岡「実は、達成感余りないんですよ、私は。自分の怒りをストレートに国側に投げる人、または裁判官にストレートに訴える人は一人もいなかったんですよ。怒りどころかですね、自分のしんどい咳出るの抑えたって言うんですよ、裁判。で、弁護士が用意した文書を淡々と読む。それが自分の仕事だと、役目だっていうふうに思ってるんですね。そう思わせられてるとあえて言いますと、思わせられてると。

司法で職を得ている人たちが、自分たちの職場を整然と守るっていうことに力を尽くしていることである。結局、司法村じゃないんかと、僕は弁護士さんには言うたことある。それは原

220

子力村ならぬ、司法村」

○分配金

222 樽井公民館・螺旋階段

スーパー　2015年1月25日　泉南市樽井公民館

223 集会場

「大阪泉南アスベスト国賠訴訟　第27回原告団総会」と書かれた横断幕。

司会の柚岡と、弁護団代表、原告団代表が並ぶ。

柚岡「それではね、第六十、えっ？　二十七回。二十七回の原告団総会を行います。多分ですね、今回が、えー、最後になりますね、村松さん。最後の原告団総会になります」

聞いている原告団の人々。

柚岡の声「えー、終わりました。八年半のですね、長い裁判闘争でした」

柚岡のアップ。

柚岡「そういうことで、今日は最後の締めくくり、分配。いよいよですね、勝ち取ったお金の分配ということになります」

村松弁護士「さっきの確認事項にありましたように、国から支払われた金額のうち一定の部分を引いたのを皆さんのほうに分配するという、こういうことになります。そこでまず、幾ら払われたのか。ちょっと端数は除きますと、国からは八億二九〇〇万円余りが支払われました。で、そこからですね、先ほどの確認事項の中でまず弁護団費用があります。それから『市民の会』の運動資金。これも当初の約束、五％。四一〇〇万円」

じっと聞き入っている原告団の人々。

村松弁護士の声「これ全部引くとですね、分配金の総額は、約五億六二〇〇万円ということになります。これをみんなで分けたいと、こういうことでございます。

それから二つ目。裁判で残念ながら、認められなかった原告っていうか、被害者の方が七名おられます、御存じのようにね。それで、みんなで闘ってきたんだから、全部もうその人たちも一律だというのも一つの考え方かもしれません。しかし、やはり裁判の結果を全く無視するわけにもいかない。しかし、一緒にやってきたという中で、今、あの、提案させていただいているのは、同じ症状で亡くなった方の認容額からですね、大体二〇％から五〇％の範囲で減額した金額をその方の、まあ基準の賠償の金額にしようと」

柚岡「先ほどからの分配金の問題ね。村松さんの報告に基づいて皆さん、こんなんどや、あんなんどや、泉南言葉で話してください。はい、どうぞ」

会場の原告たち、手が挙がらない。

柚岡「ないはずないで、ほんま」

佐藤「何か聞きたいことある人は今聞いとかな、後でどうこう言うても、もう後では通じらへんよ、今じゃないと。うん」

南「どんどん言うてください。何でも構いません」

原告遺族の岸秋江がマイクを持って話す。

岸「みんなのおかげでこんなになって、本当に弁護士さんやら、柚岡さん、ほんまに、助ける会の人らにね、やっぱりお礼が言いたかったです。皆さん、本当にありがとうございました」

原告たちから拍手が起こる。

柚岡「それを言われると、厳しい意見が出にくい。こんなんあかんやんけっていう話でもいいよ。え？」

岸「こんなね、勝つっていうあれを、イメージなかったので、とってもうれしかって、やっぱり近所の人も喜んでいただいて、おめでとうって言うてくれてね。あの、うれしかったです」

柚岡「あの、ありがたいですけど」

佐藤「この分配金に対して不満がある人、うん。それを今言うとかな、後では通じらんっていうこと」

柚岡「はい、水本さん、どうぞ」

会場にいた女性がマイクを持って質問。

水本「分配金の課税、税金について教えていただきたいです」

鎌田弁護士「損害賠償金なので、税金はかからない」

柚岡の声「丸取りや、丸取り」

佐藤「健康保険料が上がるとか、そんなん、所得によって」

村松弁護士の声「ない」

佐藤「ないんですか」
村松弁護士の声「ないです」
佐藤「ない」
芝原弁護団長「申告する必要もないです。うん。慰謝料だからね。心の傷に対する賠償やから、それは必要ありません」
柚岡「湖山さん、何かわからんそうな顔してるぞ。はい、お願いします」
湖山の声「さっぱりわかりません」
柚岡「さっぱりわからない。はい。村松さんの説明が下手かな」
柚岡「じゃあ、そういうことで、えー」
佐藤「すいません。一言、言わせてください」
柚岡「どうぞ、どうぞ」
佐藤「皆さん、今まで大変お疲れでした。一生懸命やってもらってありがとうございました。先ほど岸さんからも言葉が出たんですけども、私もこの勝利して、私は外されたけど、まあみんなの勝利のことを考えて、最高裁まで行って、これを勝利したことには、すごい弁護士さんの力があったからここまで来れたのはもう確かに私はそう思います。本当に、弁護士の皆さん、ありがとうございました。皆さんからもお礼、言ってください。ありがとうございました。ありがとうございました」
　会場から拍手。
　芝原弁護士、村松弁護士、会釈。
柚岡「この決議に反対の方」
　会場から手が挙がらない。
柚岡「はい、それでは賛成の方」
　原告たちの手が続々と挙がる。
柚岡「はい、ありがとうございます。決議されました」
　会場から拍手。

○柚岡一禎の思い

224
「市民の会」事務所
　カメラに向かって心情を吐露する柚岡一禎。
柚岡「まあ、一般には立派な判決だったっていう評価がされているんです。当時は判決出た、出た、喜んで一緒に拍手した口なんですけどね。後で判決の中身をしっかり見たときにですね、周辺住民とかですね、また非労働者、現業で仕

224

でも、終わりました、これはね。でも終わったから新たにまたね、進まんといかんと思うんですけど、生煮えの感じではあるんですよ」
監督の声「ああ」
柚岡「はい」
柚岡の遠くを見る目、ストップモーション。
スーパー　2016年4月26日　柚岡一禎に石綿曝露による胸膜プラークが発見された

○レクイエム
スーパー　岡本郡夫（享年57）2008・12・13死去
スーパー　佐藤健一（享年64）2009・6・6死去
スーパー　青木善四郎（享年83）2009・12・1死去

事しなかった人の被害は全く、これは全くなんですよ。もう一顧だにしなかったっていうのが最高裁の判決ですね。これはね、僕は非常に、この判決そのものを問うだけのね、問わなければならない大きな問題やと思いますね。

もう一つはね、その労働者、じゃ全部、国による救済の対象なったんかというと、そうでもなかったですね。昭和三十三年から四十六年という一三年間に現業についた人たちに絞ってしまったという。ここにね、国の悪意を感じますね、僕は。石綿っていうのは、日本で生産されたのは明治の終わり四十年代からついこの間まで、二〇〇六年までやったんですからね。文字どおり百年の被害なんですが、それを言わないで短い期間に限定してしまったっていうことはですね、これは片手落ちというような言葉で済まない、大きな問題やと思いますね。これに対する怒りはもっとなければ、あっていいんじゃない、なければならないと思うんですけども、案外ですね、これは、それは残念だったけどっていうことで流されてしまうっていう面がありました、今回ね。

スーパー　前川　清（享年79）
２０１０・12・24死去

スーパー　原田モツ（享年80）
２０１１・８・25死去

スーパー　岡田春美（享年76）
２０１２・２・４死去

スーパー　西村東子（享年73）
２０１２・２・19死去

スーパー　赤松四郎（享年75）
２０１２・６・27死去

スーパー　辻野久男（享年88）
２０１２・12・１死去

スーパー　藪内昌一（享年71）
２０１３・７・28死去

スーパー　仲谷親幸（享年72）
２０１３・８・９死去

スーパー　松島正芳（享年72）
２０１３・11・６死去

スーパー　禰占マス（享年81）
２０１３・12・27死去

スーパー　亀岡三郎（享年73）
２０１４・９・21死去

スーパー　松本幸子（享年79）
２０１５・１・15死去

スーパー　高山良子（享年80）
２０１５・４・27死去

スーパー　井上國雄（享年85）
２０１５・７・26死去

スーパー　松山尋子（享年75）
２０１６・１・７死去

スーパー　藤原ミヨコ（享年81）
2016・3・14死去

スーパー　江城正一（享年83）
2016・3・15死去

スーパー　寺西千世子（享年80）
2016・5・25死去

○スタッフ

監督……………原　一男
製作……………小林佐智子
撮影……………原　一男
構成……………小林佐智子
編集……………秦　岳志
整音……………小川　武
音楽……………柳下美恵
音楽録音………臼井　勝

撮影（大阪）……………神東良之　長岡野亜
武田倫和　広瀬義和
岡崎まゆみ　友長勇介
撮影（東京）……………満若勇咲　高嶋俊宏
小林應恭　園田順一
北川帯寛　森谷真澄
藤原敏史　島野千尋
題字……………千葉健太郎
イラスト……………南奈央子
編集（ver.1）……………小林義弘　長尾有樹
編集（ver.2）……………糸賀祐介

編集助手……………岡崎まゆみ
制作……………島野千尋
宣伝美術デザイン……千葉健太郎
Webデザイン……古谷里美
資料作成……………佐藤寛朗
翻訳協力……………Don Brown
字幕翻訳……………荒木拓郎・Leilani Rapaport
字幕制作……………秦　岳志

字幕制作助手………岡崎まゆみ
海外コーディネート…黒岩久美
海外映画祭交渉……砂入博史
資料提供……………かもがわ出版
株式会社プラネックス
協力…………………大阪芸術大学映像学科教職員＋学生＋ＯＢ
助成…………………大阪芸術大学　藝術研究所
この作品は大阪芸術大学藝術研究所の共同研究補助費で制作されました
本研究はＪＳＰＳ科研費三四四〇五の助成を受けたものです
This work was supported by JSPS KAKENHI Grant Number 34405
協力…………………泉南アスベスト国賠訴訟原告団
大阪アスベスト弁護団
大阪泉南地域のアスベスト国賠訴訟を勝たせる会
泉南地域の石綿被害と市民の会

©Shisso Production 2017

（シナリオ採録：岡崎まゆみ　小林佐智子）

泉南アスベスト訴訟関連　年表

1907年	栄屋石綿が泉南で操業開始
1937年	国による保険院調査開始（〜1940年）
1956年〜59年	泉南地域の石綿被害実態調査
1960年	旧じん肺法制定、わが国初の石綿肺がん症例報告（泉南の石綿工場労働者）
1965年〜1970年	いざなぎ景気　アスベスト輸入量増加
1971年	旧特定化学物質障害予防規則制定　石綿が有害物質の一つに指定
1972年	WHO・ILOがアスベストの発がん性警告
1974年	アスベスト輸入量ピーク
1980年頃	泉南地域の石綿紡織品、全国シェア約80％
1983年	アイスランドがアスベストの全面使用禁止
1986年	ILOが石綿条約採択（日本は2005年まで批准せず）
1987年	学校校舎にある吹付アスベストが社会問題に
1995年	青石綿・茶石綿の輸入・製造・使用禁止

2004年	白石綿の原則使用禁止　全石綿の使用が原則禁止に
2005年6月	クボタショック（大手機械メーカークボタの工場跡地で、アスベストによる周辺住民の健康被害が発覚）
2005年11月	泉南最後の石綿工場が閉鎖
2006年5月	石綿工場の元従業員や家族・近隣住民などが、アスベスト被害について国の責任を問う全国初の国賠訴訟を提起（1陣訴訟・被害者26名）
2008年	疾走プロダクションの撮影開始
2009年9月	2陣訴訟（被害者33名）提起
2010年5月	1陣訴訟・1審判決〔大阪地裁〕、国の責任を認める原告勝訴の判決
2011年8月	1陣訴訟・控訴審判決〔大阪高裁〕、原告逆転敗訴
2012年3月	2陣訴訟・1審判決〔大阪地裁〕、再び国の責任を認める原告勝訴
2013年12月	2陣訴訟・控訴審判決〔大阪高裁〕、国の責任を認める原告勝訴
2014年10月	最高裁判決。国の責任を認める原告勝訴の、2陣訴訟確定〔最高裁〕、1陣訴訟は大阪高裁へ差し戻し　27日、塩崎厚生労働大臣が原告に謝罪
2014年12月	1陣訴訟の和解成立〔大阪高裁〕
2015年1月	厚生労働大臣が泉南の地を訪れて改めて謝罪
2017年3月	映画『ニッポン国VS泉南石綿村』完成

【巻末付録】映画「チラシ」デザイン集

「シネマヴェーラ渋谷」上映チラシ

二〇一六年二月八日　『ニッポン国泉南石綿村　劇場版　命て　なんぼなん？』Blu-ray（一二三分）完成。

二月九日　大阪芸　大映画館で泉南関係者による完成試写会。

二月十三日・二月二十七日　東京シネマヴェーラ渋谷で二回だけ特別上映された幻の通称「二時間版」。

原一男監督対談集刊行記念特集
『フィクションとドキュメンタリーのボーダーを超えて』に合わせ
原一男監督の新作、遂に公開！

古くから石綿産業が盛んだった大阪泉南。最盛期の 60 年代には 200 以上の工場があり 2000 人以上が働いていたが、粉塵の排気装置がある工場は少なかった。粉塵を大量に吸い込むと、20 ～ 40 年の潜在期間を経て中皮腫や肺がんなどを引き起こすため「静かな時限爆弾」と呼ばれるアスベスト。その危険性を知りながら規制を怠ったとして、2006 年、被害者たちは国を訴えた。
この度、2008 年の大阪地方裁判から 2014 年の最高裁判決まで、6 年に渡って石綿禍の被害者と裁判を追い続けた原一男監督が、『ニッポン国泉南石綿《アスベスト》村～劇場版 命て なんぼなん？～』を完成させた。ドキュメンタリーとしては『全身小説家』以来 22 年ぶりの新作であり、昭和の「遺産」によって棄民にされてしまった市井の人々の姿に迫る、原一男の新境地といえる作品である。
上映日 ① 2/13 (Sat) 17:30 - ② 2/27 (Sat) 11:00 -

TEL: (03) 3461-7703
http://www.cinemavera.com
＊詳しくは劇場HP・窓口まで
〒 150-0044
渋谷区円山町 1-5 KINOHAUS 4F
TEL:(03)3461-7703
http://www.cinemavera.com

問われる正義―すべてのアスベスト被害に司法救済を！
アスベスト訴訟の全面勝利をめざす関西大集会
―泉南国賠訴訟、尼崎クボタ訴訟、関西建設アスベスト訴訟（京都・大阪）を結んで―
9月14日（金）午後6時30分～8時45分
大阪府立ドーンセンターホール（天満橋南）
ドキュメント映画界の巨匠、原一男監督によるアスベスト訴訟記録映画を上映します（60分版）
「いのちって、なんぼなん？泉南アスベスト禍を闘う」
いまなお、毎年数千規模で発生がつづくアスベスト被害。大阪・泉南はアスベスト被害の原点、建設は最大のアスベスト被害の現場、尼崎クボタは最大のアスベスト公害。すべての裁判勝利によって、早期の被害救済と万全な規制と対策を勝ち取りましょう。
資料代 500円
大阪泉南アスベスト国賠訴訟原告団・弁護団
関西建設アスベスト京都訴訟原告団・弁護団
兵庫尼崎アスベスト原告団・弁護団
関西建設アスベスト大阪訴訟原告団・弁護団
連絡先 大川・村松・坂本法律事務所 06-6361-0309

「大阪府立ドーンセンターホール」上映チラシ〈表〉

二〇一二年九月十三日『命てなんぼなん？泉南アスベスト禍を闘う』Blu-ray（六〇分）完成。

九月十四日 大阪泉南、兵庫尼崎、関西建設、アスベスト原告団弁護団主催のドーンセンターホールで上映。五百人の会場が満杯になり、その後の運動に活用される。

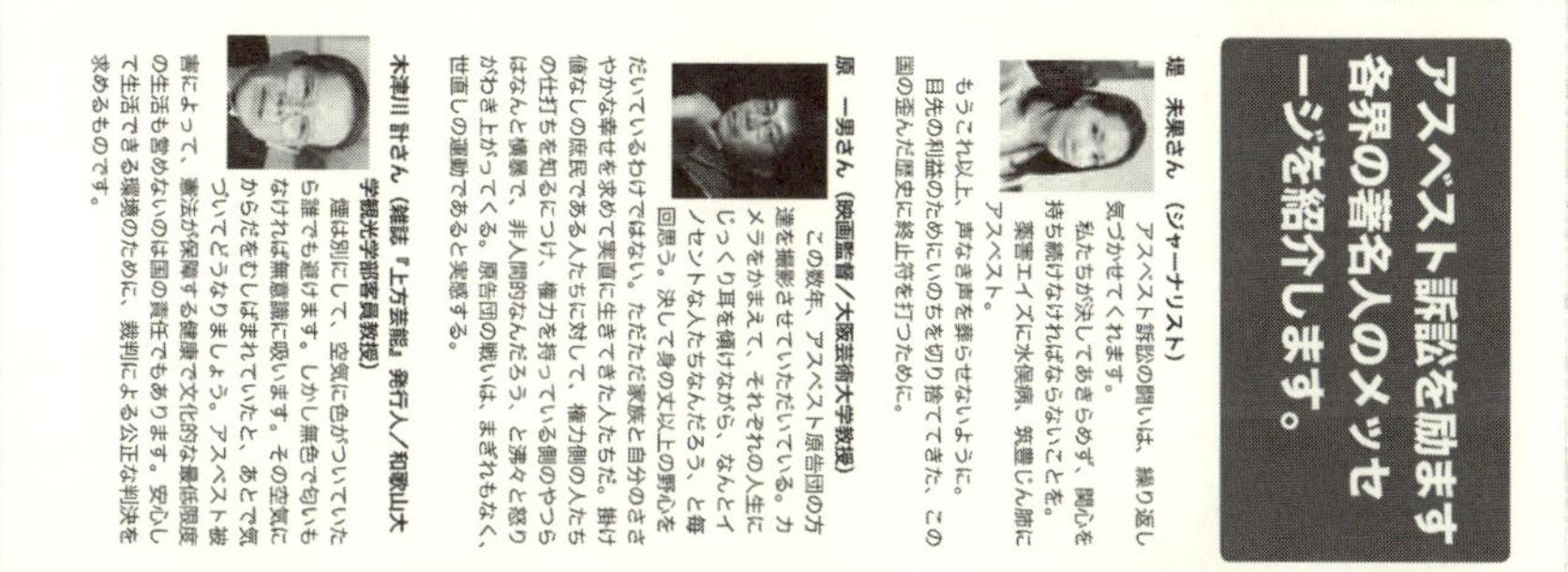

アスベスト訴訟を励ます各界の著名人のメッセージを紹介します。
堤 未果さん（ジャーナリスト）
アスベスト訴訟の闘いは、繰り返し気づかせてくれます。
私たちが決してあきらめず、関心を持ち続けなければならないことを。
薬害エイズに水俣病、筑豊じん肺にアスベスト。
もうこれ以上、声なき声を葬らせないように。
目先の利益のためにいのちを切り捨ててきた、この国の歪んだ歴史に終止符を打つために。
原 一男さん（映画監督／大阪芸術大学教授）
この数年、アスベスト原告団の方達を撮影させていただいている。カメラをかまえて、それぞれの人生にじっくり耳を傾けながら、なんとイノセントな人たちなんだろう、と毎回思う。決して身の丈以上の野心をだいているわけではない。ただただ家族と自分のささやかな幸せを求めて実直に生きてきた人たちだ。掛け値なしの庶民である人たちに対して、権力側の人たちの仕打ちを知るにつけ、権力を持っている側のやつらはなんと横暴で、非人間的なんだろう、と沸々と怒りがわき上がってくる。原告団の戦いは、まぎれもなく、世直しの運動であると実感する。
木津川 計さん（雑誌『上方芸能』発行人／和歌山大学観光学部客員教授）
煙は別にして、空気に色がついていたら誰でも避けます。しかし無色で匂いもなければ無意識に吸います。その空気にからだをむしばまれていたと、あとで気づいてどうなりましょう。アスベスト被害によって、憲法が保障する健康で文化的な最低限度の生活も営めないのは国の責任でもあります。安心して生活できる環境のために、裁判による公正な判決を求めるものです。
柳田 邦男さん（ノンフィクション作家）
この国は国民の命を本気で守ろうとしているのか。水俣病、筑豊じん肺、そしてアスベスト惨禍を軒並みに拡大したのは誰か。
国の不作為責任の糾弾なくして安全・安心社会は作れない。
益川 敏英さん（京都産業大学理学部）
アスベスト公害をはじめ、一般に公害は理不尽にも何の罪も無い市民に襲いかかる悪魔の牙である。意識的隠蔽等の行為の許されざる犯罪行為は別にしても、加害者の不注意・怠慢により被害を大きくしてしまう点も一つの特徴である。被害者の苦しみを思うとき、彼らに然るべき処罰が下ると同時に被害者の救済も円滑に且つ速やかに実現されなくてはならない。
この世に生を受け、共に暮らす我らはそれを強く望んでいる。
宮本 憲一さん（元滋賀大学学長）
アスベスト災害は史上最大の産業災害です。使用禁止を遅らせて被害を拡大し、いまだに被害者の完全救済をしない政府の責任をこの裁判で明らかにしなければなりません。それは国民の責務です。
湯浅 誠さん（NPO法人自立生活サポートセンター・もやい事務局長）
「知ってた！できた！でも、やらなかった！」という言葉からは、いろんなことを思い出します。私が取り組んでいる貧困の現場でも、たいていのことは「できたのに、やらなかった」数あまたの不作為から生じています。それを見逃せば、同じことが繰り返されます。こうした「見えないことに便乗する」あり方を止めていきましょう。
「石の綿」

「大阪府立ドーンセンターホール」上映チラシ〈裏〉

『石の綿』（マンガで読むアスベスト問題の入門書）の紹介。

『命て　なんぼなん？　泉南アスベスト禍を闘う』チラシ〈裏〉
『石の肺――アスベスト禍を追う』の著者佐伯一麦氏の解説。

命て　なんぼなん？を観て

作家　佐伯一麦
『石の肺　僕のアスベスト履歴書』著者

私は、作家専業となる前の二十代から三十代の初めにかけて、1980年代に首都圏で電気工として主にビルや集合住宅の改修工事に携わってきた。アスベストが吹き付けられている天井裏に潜っての作業もずいぶん行い、大阪泉南アスベスト国賠訴訟の行方はずっと注視し、裁判の傍聴もおこなってきた。

原一男監督による『命てなんぼなん？　泉南アスベスト禍を闘う』を観て、そこで会った原告の人たちの姿に懐かしく接するとともに、その多くが亡くなってしまっていることに遣りきれない思いを抱いた。

2010年5月、大阪地裁での「勝訴」の報に接して、喜びを抱いたのも束の間、国の控訴によって落胆に変わった。その折の弁護団の焦燥感も映像は伝えている。そして、2011年8月の大阪高裁での「国の規制措置には一応の合理性があった」と原告側逆転敗訴とした不当判決。厚労省は、ほかの首都圏建設アスベスト訴訟などでも、防塵マスクの着用を義務付けるなどの対策を行ってきたと主張してきた。だが、私も体験した実際の現場は、多くが下請けの零細企業や一人親方が担っているので、アスベストの危険性は十分に伝わっておらず、マスク着用の徹底も現場の労働者には行き届いていなかった。裁判官に、アスベスト職歴の実態に向き合ってもらうことが、何よりも肝心だと思う。

そのために大きな力を持つのは、今回の記録映画に映し出された被害者の日常の姿なのではないだろうか。洗濯物を抱えて息を切らしながら階段を上る。激しく咳き込みながら風呂に入る。病を得て、なお笑いをうしなわないけなげな姿。存命中に解決を、と静かに訴える聡明な態度……。それらが下からの低い視点に構えたカメラによって淡々と描かれる。よくここまで踏み込んで撮影した、という思いも抱かされる。両者の葛藤の果てに、よほどの覚悟と信頼関係が生まれてのことだろう。

それを観て、アスベストに携わって働いてきた、近接して生きてきた人びとの誇りと、それを踏みにじられた悲しさとに、深く思いを致さずにはいられなかった。誰もが人並みの幸福を求めて、真面目に一所懸生きてきた人の姿が共通して浮かび上がる。それは、私が知っている職人たちの姿でもあった。

東日本大震災後、私の住む仙台市では、被災したホテルの解体工事で、発がん性の高い茶石綿が敷地境界で通常の4500倍にも上って測定され大問題となった。だが、アスベスト工場で働いてきた、また近接した住民、アスベストに携わってきた建設労働者は、そうした環境で、マスクもせずに日々の生活を送ってきたのである。〈夫の仕事場に弁当を届けたときに、姿が見えないほどにアスベストの粉塵が舞っていた〉という今回の映像での証言に、「国の役人や裁判官たちは、二、三日でも建設現場に出て働いている姿をみてほしい。できるならば、背広を脱ぎ作業着を着て働いてみてほしい。今はアスベストの粉じんはないが、それでも建築現場にどれほどの粉じんが舞っているか分かるはずだから」と首都圏建設アスベスト訴訟の資料の中で切々と訴えていた建設労働者の言葉が重なった。その声の切実さに、社会全体が耳を傾けて欲しい。まずは、この映画を観て欲しい。

アスベスト訴訟は、水俣病訴訟、薬害エイズ訴訟につながり、これからの原発事故訴訟の行方も占う。高度経済成長期の負の遺産から目を逸らさずに直視することは国民の責任でもある。

国は知ってた！できた！でも、やらなかった！

国は、実に70年以上も前の1937年から泉南地域を中心とする石綿工場の労働衛生調査（保険院調査）を実施、戦後も繰り返し調査を行い、深刻な被害実態をよく知っていました。しかし、国は、アスベストの経済的有用性を最優先して、その規制や対策を長期間にわたって怠ってきたのです。
この「国の怠慢」こそが、アスベスト被害をこれほどまで拡大した最大の原因です。
大阪・泉南アスベスト国賠訴訟は、2006年5月、被害防止のための規制や対策を怠ってきた国の法的責任の明確化と全面的な被害救済を求めて提訴しました。
現在、第1陣訴訟は最高裁判所、第2陣訴訟は大阪高等裁判所に係属中です。

出演　大阪泉南アスベスト国賠訴訟原告団・弁護団・勝たせる会
監督　原一男　撮影　原一男・神車良之　構成　小林佐智子　音楽　渡邉崇・栗脇紀奈
「大阪泉南地域のアスベスト被害と石綿村百年史シリーズⅢ」2012年度DVD作品　67分
制作助成　大阪芸術大学藝術研究所　制作　疾走プロダクション

『命て　なんぼなん？　泉南アスベスト禍を闘う』チラシ〈表〉
撮影を開始して足かけ五年、延々とひたすら撮り続ける疾走プロに対して、さすがに原告団から声が上がる。運動に使えるような一時間以内のものを作ってもらえないだろうか？　その要望に応えるべく、三百時間以上の撮影映像の編集に取りかかり、奇跡的と思える六〇分版が誕生する。

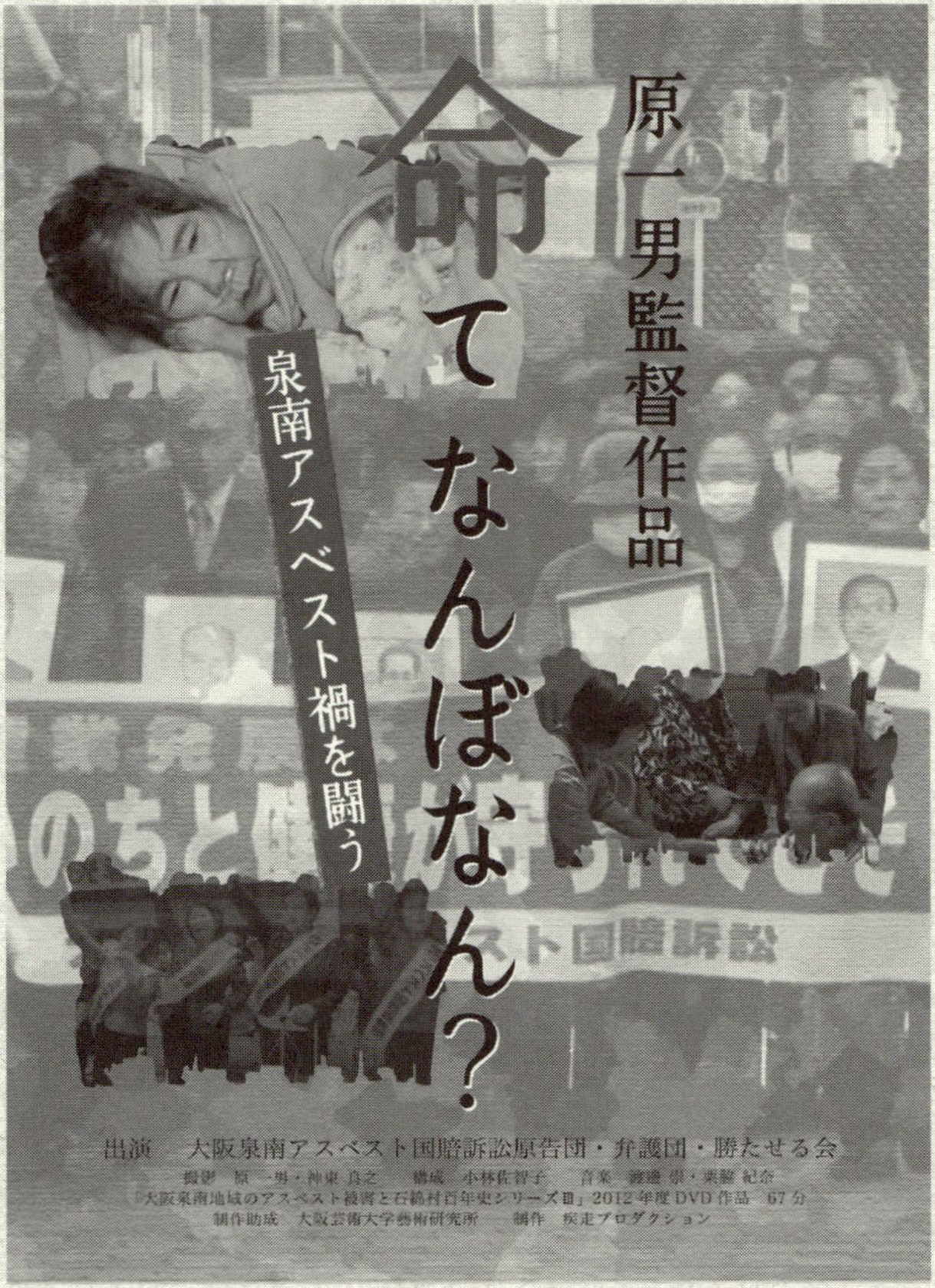

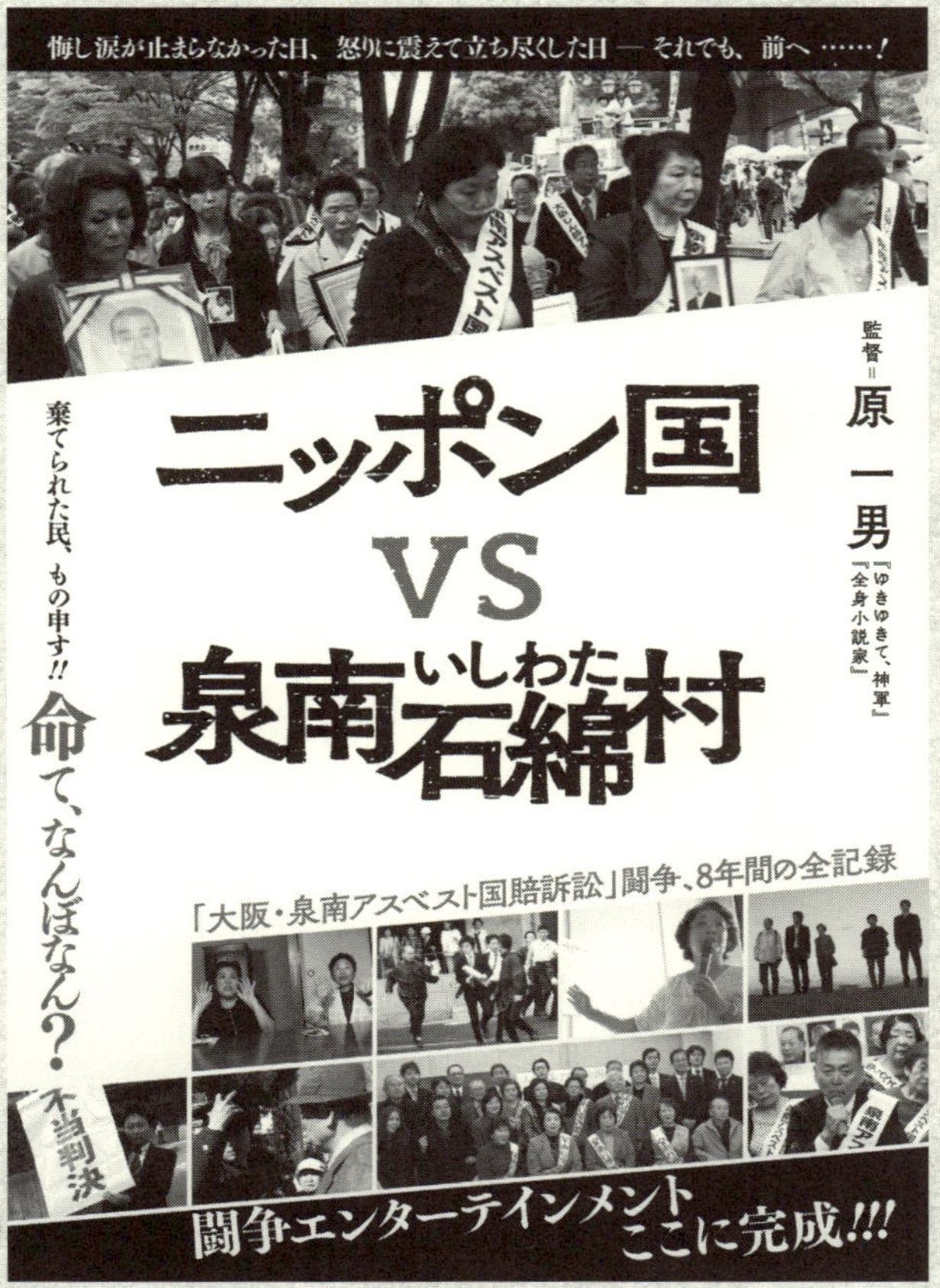

『ニッポン国VS泉南石綿村』完成版 ティザーチラシ1弾〈表〉
二〇一七年四月五日、大阪芸大映画館で完成版Blu-ray（三時間三七分）。泉南関係者による完成披露試写会。
四月二二日東京アテネフランセで関係者に初お披露目。

『ニッポン国VS泉南石綿村』完成版 ティザーチラシ1弾〈裏〉
二〇一七年、いよいよ上映開始！ と謳ってから、長い道のりが始まった。
その過程で二分短縮。

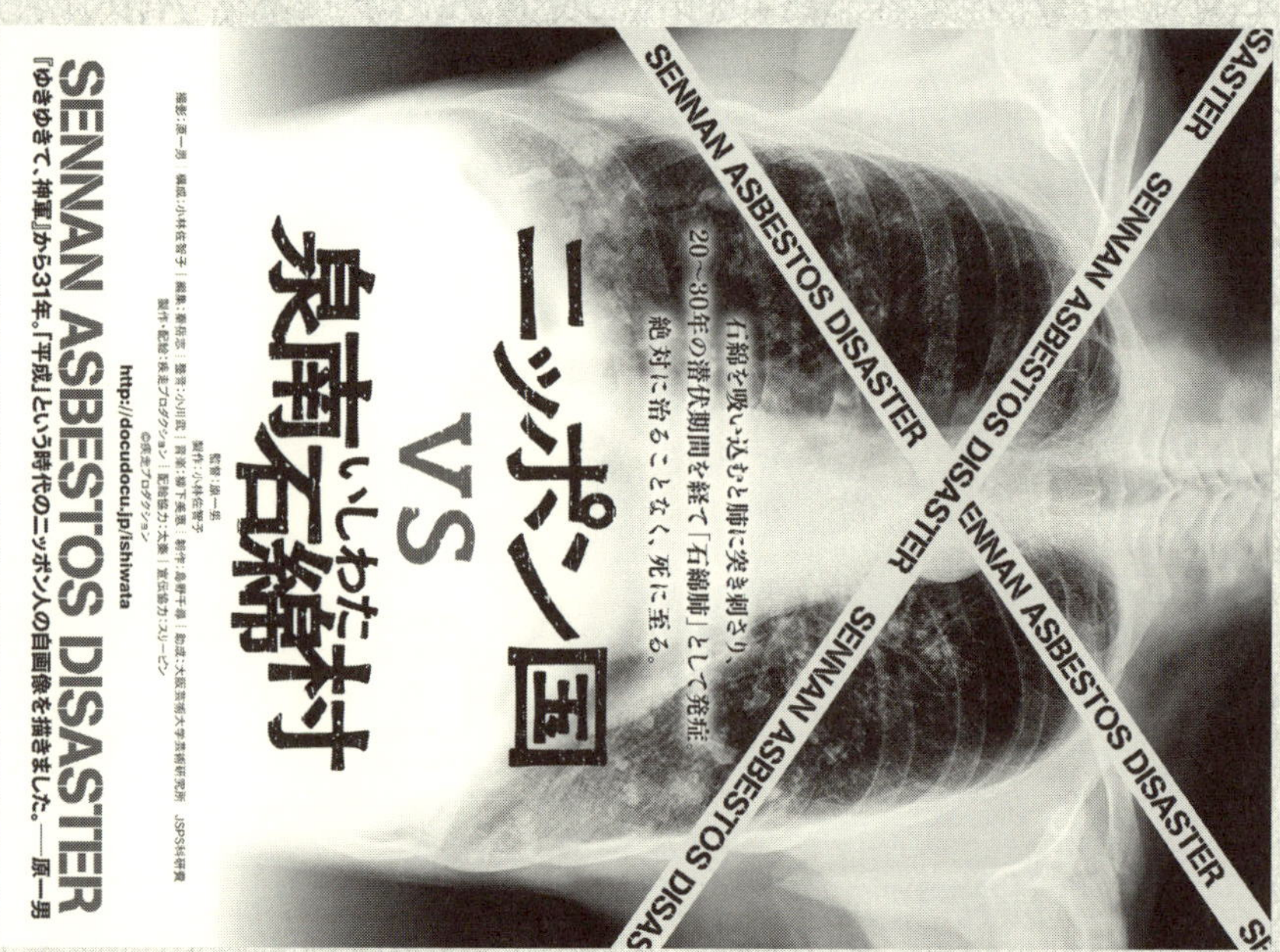

『ニッポン国VS泉南石綿村』ティザーチラシ2弾〈表〉
石綿肺の恐ろしさを訴える鮮烈なデザイン。石綿肺で亡くなられた原告の方のレントゲン写真の画像を使わせていただいた。今度こそ本当の完全版Blu-ray（三時間三五分）完成。

『ニッポン国VS泉南石綿村』ティザーチラシ2弾〈裏〉
ティザーチラシとしてはガッツリと読ませる系。情報として「2018年3月ユーロスペースにて公開！」の文字が初めて登場。

『ニッポン国VS泉南石綿村』本チラシ〈裏〉
やっと情報解禁。二〇一八年三月十日［土］ユーロスペース 他全国順次公開！

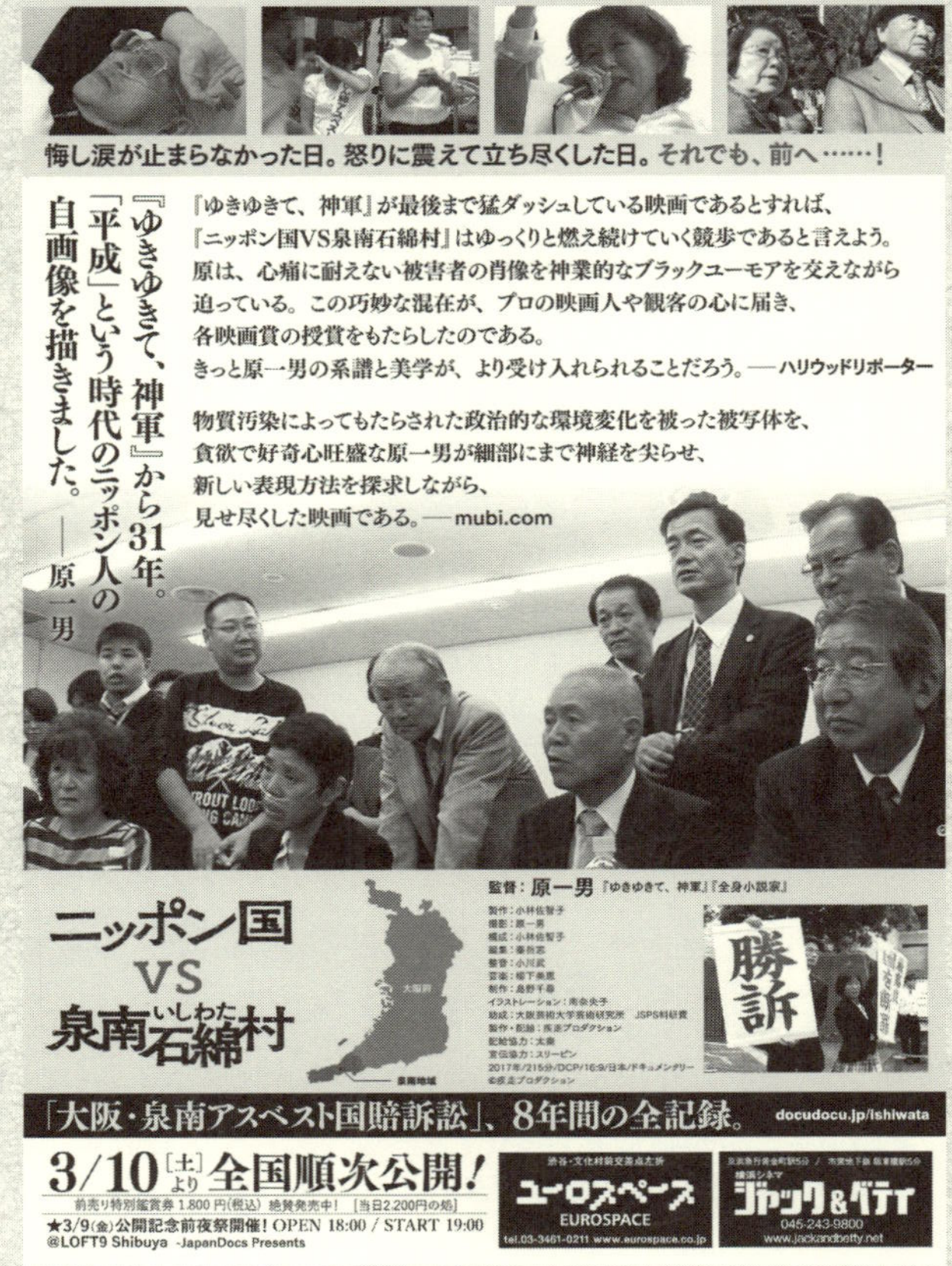

『ニッポン国VS泉南石綿村』本チラシ〈表〉
ティザーチラシとはまた一転、明るくユーモラスな登場人物のイラストで構成されている。
闘うって、素晴らしい！ そう呼びかけてくるようなチラシ&ポスターのデザイン。

おわりに

私たち映画人は、作品は監督のものである、という考え方を持っている（はずだ）。同時に、作品はチームワークで作るものである、とも思っている。映画は分業で作られるからである。監督の映画センスがどんなに優れていても監督一人では映像化できず、そのイメージを映像化するには分業システムがあってこそなのである。

　という前提で言うのだが、今作ほど、その分業システムがありがたいと思ったことがない。ドキュメンタリーだから劇映画ほどスタッフの数は多くないのだが、それでも参加してくれたスタッフの働きには瞠目に値するものがあった。いや、これは儀礼的に言っているわけではない。あのシーンは、あのスタッフが、こんなふうにやってくれたから充実したシーンになったのだ、とはっきり記憶している多くの場面がある。

　編集マンを誰に依頼しようかと随分悩んだ。まず、『ゆきゆきて、神軍』『全身小説家』で名カッティングを魅せた鍋島惇に頼もうか？　常々「僕は日本映画によくある日本的情緒が嫌いなんだ」と口癖のように語る鍋島。その鍋島の、まさに、ドライ、いやハードボイルドチックなリズム感があったればこそ『神軍』『全身』は傑作になり得た、と思っている。だが、……どうも今回は鍋島ではないのじゃないかなあ、と思い悩んでいた。

　その頃、秦岳志という編集者の名前を度々耳にしていた。秦は佐藤真と組んでいた人、というのが気がかりだった。というのは、佐藤真は私と犬猿の仲だったからだ（犬猿の仲の由来はここでは省略する）。佐藤真と組んだ人が私とうまく組めるかなあ、と心配だったのだ。まあ、会ってみて判断するか、というノリで会ってみたのだが、この人に決めようと気持ちは固まった。そしてその判断は正しかった。

　今作の主人公たちは〝普通の人〟だ。〝普通の人〟である所以とは、彼らの感情の表現には節度があり、決して激しくない。いや作品の中で激しい感情を表現している場面はあるが、奥崎謙三と比べてみると、やはり折り目正しい(?)。そんなデリケートな感情の表現を秦は、実に丁寧に紡いでくれた。構成は私の相方の小林佐智子。小林は『映画監督　浦山桐郎の肖像』(関西テレビ、一九九八年)で、その構成力を遺憾なく発揮して傑作に仕上げてくれたので全面的な信頼を寄せている。その二人が組むのだから最強のコンビだった。今回は、さらにもう一人、超最強の助っ人が存在したのだ。私が主宰したＯＳＡＫＡ「ＣＩＮＥＭＡ塾」の受講生の岡崎まゆみ。今回撮影したテープは六百数十時間。その中から「このシーンは、どうですか?」「このカットは?」と探し出してくれたカットが、後半からラストにかけて畳みかけていく展開にもの凄く役に立ったのだ。現場で私がいくらゴールデンカットを撮ったとしても、編集時に見つけ出し本編に組み込まれなかったとしたら、そのカットは死蔵ということになる。彼女の功績はいくら褒めても褒め過ぎるということはない。

順序が逆になったが撮影現場。後半、〝怒りの柚岡さん〟が建白書を持って総理官邸に乗り込もうとするくだりはカメラを三台、続いて厚生労働省に突入しようとするくだりはカメラを二台で備えた。両方の現場でＢカメを任せたのは森谷真澄。武蔵野美大を卒業して映像作家を目指していた。被写体に手持ちカメラでがむしゃらに肉迫するというカメラワークがドキュメンタリーの基本である、と私は信じているのだが、まさに森谷は小柄だが実にフットワークがいい。そこを買ったのだ。その私の期待に見事に応えてくれた。本作の中で最大のアクションシーンである総理官邸前と厚労省前のダイナミックなカットは、実は森谷がものにしたカットである。現場でのカメラをもう一人、紹介しておきたい。カメラマンというより現役の映像作家の藤原敏史。塩崎厚労大臣が謝罪するから原告団に面会にくるようにという展開になり、大臣が謝罪したシーンの後、原告たちに、どうだった?　と聞くシーンがあるが、その一つが藤原が撮ったカットだ。さすがに映像作家だけあって原告団に放つ質問が実にシャープなのだ。まだ、いる。満若勇咲。彼は大阪芸大の私のドキュメンタリークラスの学生だった縁だ。さらにＯＳＡＫＡ「ＣＩＮＥＭＡ塾」の受講生だった長岡野亜。二人は今やプロ。着実に私の狙いを酌んでカメラワークをこなしてくれた。

さらに音楽の柳下美恵。無声映画の即興伴奏で固定ファンが多いが、今回は映像を見ながら、即興に限りなく近いノリで音楽を作ってくれた。

そしてポストプロ・プロデューサーとして参加した島野千尋。映画作りという作業は山ほどもある超雑多な作業の連続だが、的確にこなせる今時稀有なセンスを持っていることと、周りが苦しく空気がどんよりしたときに持ち前のユーモア感覚で場を和ませる才覚とを評価して、参加するように要請した。少々口うるさいが、まあ我々の仕事は、口うるさく嫌われ役を引き受ける人が必要だから、適材適所というわけだ。

作品の外側にいてアレコレと協力してくれる人も重要である。ポスター、チラシなどのデザインを一手に引き受けてくれている千葉健太郎。私の好みをよく引き出してもらってありがたい。チラシのデザインに関してだが、まだ編集中に、登場人物たちを似顔絵ふうなイラストにしたい、と決めていた。千葉から紹介された南奈央子、彼女の画が期待以上で、登場人物たちの特徴を実にうまく摑んでいて、すっかり魅了された。ホームページのデザイナーの古谷里美。遊び心をさりげなくデザインに込めるセンスが楽しい。

そして忘れてはならないのが出演者でもある〝泉南の人たち〟。私の気持ちとしては今作はれっきとした、ご当地映画だと思っている。だから泉南の地で是非とも〝先行ロードショー〟をやって欲しかった。〝泉南の人たち〟にとっても晴れがましい舞台になるはず、との私の想いは、どうやら違っていた。リーダー格の柚岡一禎に、やりましょうよ、と持ちかけたが「泉南では、国家賠償訴訟の裁判闘争のエネルギーは既に風化してるんや」と聞いてガックリ。なんとか気を取り直して「だったらなおのこと、もう一度運動のエネルギーを起こさないといけないですよね」と返した。私の説得を受け入れて、というわけではない。柚岡の中に、このままではいけない、という焦りがあったはずだ。「やりましょう」と言ってくれた。

それからの〝泉南の人たち〟の頑張りに眼を見張った。率直に言って最高裁判決後、元の生活に戻っていった原告が多いなか、さ、上映運動をやろうよ、という呼びかけに応えてくれる人の数は少ない。その少ない中に、アスベスト疾患が進んでいる人もいるわけだが、沿線の駅にポスターを貼ろうよ、街宣車を仕立てて街の中をスピーカーでPRして走り回ろうよ、とアイデアが飛び出す。ホントに頭が下がる思いだ。劇場は地元の「イオンシネマりんくう泉南」。買い物エリアは、ああ、こんなに人口がいたんだ、と驚くくらいに賑わう。だが残念ながら劇場へとはなかなか足が向かない。原告団の一人が子どもが観たがっているからと連れていった『スター・ウォーズ』でさえ、観客数三人だったのよ、と驚く始末。そんな中を、何とか劇場に来てもらおうと〝泉南の人たち〟がチケットを売ってくれたのだが、一族郎党や友人、近所の人たちに声をかける人海作戦。これまでに、かくも熱心にチケットを売って頂いた私たちの作品は、実は今回が初めてなのだ。

みんなで力を合わせて、というありふれた言い方がかくもリアルに感じ取れたのは今作が初めて。それはかつてない、映画を作ってきて良かったなあ、という幸せ感を私に与えてくれた。そして、よおし、もっと頑張ってこれからも映画を作るぞ、という意欲を駆り立ててくれている。

最後にこの本の企画を受け止めて、ご尽力頂いた現代書館の皆様、編集スタッフの佐藤寛朗と金村詩恩にお礼を申し上げたい。

二〇一八年二月　　原　一男

原 一男 〈フィルモグラフィー／受賞歴〉

1972年

『さようならCP』

Goodbye CP

CP（脳性麻痺）者の急進的な団体「青い芝」の人々の生活と思想をカメラに収めた、原一男監督の第一作。

障害者だからといって自ら片隅でこっそりする生き方は、障害者差別を容認することになると考え、その不自由な体を積極的に人前にさらしていく。

1974年

『極私的エロス・恋歌1974』

Extreme Private Eros: Love Song

「私にとって映画はコミュニケーションの方法」という原が、かつて一緒に暮らし子どもまでをなした女を追って沖縄へ行き、彼女が自力出産を行なうまでを捉えた作品。

「極私」の極致へと到達した未踏のドキュメンタリーとして、原一男の名を一躍知らしめた問題作。

「生きることの原点を描ききった」「見る者を強烈にとらえてゆさぶり続ける恐ろしい映画」「真実を見ることの衝撃」などの絶賛を浴び、日本列島のいたる所で若者の強烈な支持を集めた。
＊フランス・トノンレバン独立国際映画祭グランプリ受賞

1987年

『ゆきゆきて、神軍』

The Emperor's Naked Army Marches On

87年の日本映画界を震撼させた驚愕の作品。

天皇の戦争責任に迫る過激なアナーキスト・奥崎謙三を追った衝撃のドキュメンタリー。

神戸市で妻とバッテリー商を営む奥崎謙三は、たったひとりの「神軍平等兵」として、“神軍”の旗たなびく車に乗り、今日も日本列島を疾駆する。

生き残った元兵士たちの口から戦後36年目にしてはじめて、驚くべき事件の真実と戦争の実態が明かされる……。

平和ニッポンを鮮やかに過激に撃ち抜いた原一男渾身の大ヒット・ドキュメンタリー。
＊日本映画監督協会 新人賞
＊ベルリン国際映画祭 カリガリ映画賞
＊毎日映画コンクール日本映画優秀賞、同監督賞、同録音賞
＊報知映画賞 最優秀監督賞
＊シネマ・デュ・レエル（パリ・ドキュメンタリー国際映画祭）大賞
＊日本映画ペンクラブベスト1位
＊キネマ旬報ベストテン2位（読者選出1位、読者選出監督賞）
＊ブルーリボン賞 監督賞
＊ヨコハマ映画祭ベストテン1位、同監督賞
＊おおさか映画祭 特別賞
＊くまもと映画祭 特別企画製作賞
＊映画芸術ベストテン1位

1994年

『全身小説家』

A Dedicated Life

『ゆきゆきて、神軍』から7年、94年の日本映画各賞を総なめした大傑作。

小説『地の群れ』などで知られる、作家・井上光晴の生を描く長編ドキュメンタリー。

約40年にわたって創作＝小説と格闘し、92年5月ガンに散ったひとりの小説家の「虚構と真実」が、インタビューを中心とする従来通りの記録映画的な部分と「イメージ篇」と名付けられた一種のドラマを交えて綴られる。

5年もの歳月を費やした原一男監督の意欲作で、埴谷雄高、瀬戸内寂聴などの作家が登場するのも興味深い。
＊日本映画批評家大賞 作品賞
＊報知映画賞 作品賞
＊毎日映画コンクール 日本映画大賞
＊日本アカデミー賞 特別賞
＊藤本賞 藤本賞・特別賞（小林佐智子）
＊キネマ旬報ベスト・テン 日本映画第1位、日本映画監督大賞
＊日本映画ペンクラブ ベスト1位

2005年

『またの日の知華』

The Many Faces of Chika

『ゆきゆきて、神軍』で知られるドキュメンタリーの鬼才・原一男が手掛けた初の劇映画。激動の70年代を舞台に、吉本多香美、桃井かおりらがひとりのヒロイン・知華を演じ、4人の男たちとの愛を4つの章に分けて描き出す。

編者紹介

原 一男◉はら・かずお

1945年6月、山口県宇部市生まれ。東京綜合写真専門学校中退後、
養護学校の介助職員を経て72年、小林佐智子と共に疾走プロダクションを設立。
同年、『さようならCP』で監督デビュー。74年、『極私的エロス・恋歌1974』を発表。
セルフ・ドキュメンタリーの先駆的作品として高い評価を得る。
87年、『ゆきゆきて、神軍』を発表。大ヒットし、日本映画監督協会新人賞、
ベルリン映画祭カリガリ賞、パリ国際ドキュメンタリー映画祭グランプリなどを受賞。
94年、小説家・井上光晴の虚実に迫る『全身小説家』を発表。
キネマ旬報ベストテン日本映画第1位を獲得。05年、初の劇映画『またの日の知華』を発表。
後進の育成にも力を注ぎ、これまで日本映画学校(現・日本映画大学)、早稲田大学、
大阪芸術大学などで教鞭を執ったほか、映画を学ぶ自らの私塾「CINEMA塾」を不定期に開催。

疾走プロダクション◉しっそうぷろだくしょん

1972年、原一男と小林佐智子が設立。1987年、法人化。
公開された作品はいずれも高い評価を得ており、
各地の国際映画祭でレトロスペクティブが開催されている。

『ニッポン国《こく》VS《ヴィエス》泉南《せんなん》石綿《いしわた》村《むら》』製作《せいさく》ノート
「普通《ふつう》の人《ひと》」を撮《と》って、おもしろい映画《えいが》ができるんか？

2018年3月20日　第1版第1刷発行
2018年7月10日　第1版第2刷発行

編者　原 一男＋疾走プロダクション
発行者　菊地泰博
発行所　株式会社現代書館
〒102-0072 東京都千代田区飯田橋3-2-5
電話 03-3221-1321　FAX 03-3262-5906　振替 00120-3-83725
http://www.gendaishokan.co.jp/

印刷所　平河工業社(本文)／東光印刷所(カバー)
製本所　鶴亀製本
ブックデザイン　伊藤滋章

校正協力：渡邉潤子・早川 綾

ISBN978-4-7684-7649-9
定価は表紙に表示してあります。乱丁・落丁本はお取りかえいたします。

活字で利用できない方のための
テキストデータ請求券
『ニッポン国VS
泉南石綿村』
製作ノート

現　代　書　館

永尾俊彦…………著

国家と石綿　ルポ・アスベスト被害者「息ほしき人々」の闘い

明治期から殖産興業を支え、近年まで使用していた石綿。健康リスクが明らかになった後でも、なぜ日本だけ被害者が増えたのか？　日本での石綿使用の歴史から大阪・泉南地区での健康被害国賠訴訟までを詳解。被害者たちの肉声を通して日本を再考するルポルタージュ。　2700円＋税

原 一男…………編

映画に憑かれて　浦山桐郎　インタビュードキュメンタリー

戦後日本映画の名作『キューポラのある街』『非行少女』『私が棄てた女』等をつくり、吉永小百合、和泉雅子、大竹しのぶ、藤真利子等の女優を育て、酒と映画を熱愛して逝った伝説の映画監督・浦山桐郎。今村昌平、鈴木清順他60名のインタビューで原一男が彼の全貌に迫る。　4600円＋税

土本典昭・石坂健治…………著

ドキュメンタリーの海へ　記録映画作家・土本典昭との対話

『水俣―患者さんとその世界』『水俣一揆』『ある機関助士』など数々の秀作のドキュメンタリー作品を撮り続けた土本典昭の生い立ち、それぞれの作品論や製作経緯を石坂健治が聞き出す。ドキュメンタリー映画の快楽とは何か――巨匠・土本典昭が語るその生涯と映画術のラスト・メッセージ。　3600円＋税

土本典昭フィルモグラフィ展2004実行委員会…………編

ドキュメンタリーとは何か　土本典昭・記録映画作家の仕事

「土本典昭フィルモグラフィ展2004」のシンポジウムを収録。「国境を越える真実、土本典昭とアジアのドキュメンタリー」（キム・ドンウォン）、「記録とは何か」（佐藤忠男＋黒木和雄）、「あるプロデューサーの証言」（高木隆太郎＋時枝俊江）、「テレビとドキュメンタリー映画」（田原総一朗＋森達也）他。　2000円＋税

森 達也…………著

「A」撮影日誌　オウム施設で過ごした13カ月

オウム広報副部長荒木浩を中心に「オウムの中から外を見る」という視点で施設内部を記録したドキュメンタリー映画「A」の撮影記録。外からのマスコミ報道では知られざるオウム内部の映像は驚きと新鮮さに溢れ、ベルリン映画祭、山形ドキュメンタリー映画祭等で話題をさらう。　2000円＋税

森 達也＋安岡卓治…………著

A2

オウム広報部荒木浩を軸に内部から描いたドキュメンタリー映画の話題作「A」に続く第二弾は、山形国際ドキュメンタリー映画祭で特別賞と市民賞を受賞。地域住民やマスコミのバッシングを受けるオウム信者の日常生活や地域住民との交流の姿を通して、何故にオウムに留まるのかに迫る。　1700円＋税

森 達也・代島治彦…………編著

森達也の夜の映画学校

東京・BOX東中野で開催された「森達也の夜の映画学校」のシンポジウムの面白い話を収録。お相手は、是枝裕和、黒木和雄、緒方明、石井聰亙、樋口真嗣、庵野秀明、荒木浩、松江哲明、小池征人、寺嶋真理、綿井健陽、吉岡忍他。多士済々の顔ぶれで映画が楽しくなる本。　2200円＋税

定価は2018年3月1日現在のものです。